大学経営とマネジメント

新藤豊久

東信堂

まえがき――大学の職員として

　大学の職員という立場から学生の成長を見守り、教員とは異なる事務という手段をもとに、教育や研究を推進し支援することで、学生の活動や取り組み、そして学生の夢や志の実現に向けて後押しをしてきた。
　大学の経営にしろ、大学の事業計画や業務遂行にしろ、私たちのマネジメントに関わる何らかの基準となる物差しやメジャーなどがあれば、自分たちは何に立脚して考え、行動しているのかを確認できるし、自身の態度決定や考え方の機軸を構築することが可能になる。そのような行動や考え方の指標が必要ではないかと考えて、本書のなかで論考を展開している。
　もしも、こうした挑戦や取り組み、考え方が、読者の皆様の関心や疑問の解決に少しでもお役に立つのであればと願い、本書の刊行を企図した次第である。

1. 本書の成り立ち

　大学経営とマネジメント、そして、ガバナンスとの関係やその構造について、大学行政管理に関わる立場から日々考え続けてきた。筆者が、日常のなかで手がける仕事をとおしマネジメントを行うに当たり、その都度、自分の責任を遂行することを目的に、自身の基準となる判断や意思決定の軸の獲得と考え方を身に付けたいと追い求めてきた。
　マネジメントと意思決定の関係やその方法やプロセス、手段を例にとっても、目の前の事項に関わる問題にばかり注意していると、その背景にある大きな課題に目が届かなくなる。幾つもの問題をまとめて、その問題の中心を貫く解決方法を考えるとき、初めて、多くの問題の背景にある課題の解決に繋ぐことが可能になる。このような思考と方法の模索や考え方の体系を捉え直すことを自身の課題として、仕事や実務の底流に置くことが必要であると

考えてきた。

そのために、幾つかのテーマを追いかけて、多くの知見に学び、自身の考え方を含め、論理展開の大枠を捉え直して、新たな概念に融合する方法と試行を繰り返してきたように思う。

このような自分自身の大学人としての判断、行動に関わる考え方を手に入れたいと考えて、これまで様々なテーマについて、多くの実務家の先輩の知見や先行する研究者の皆さんの論文等をもとに、改めて検討し、考え直して論考してきた内容が、今回の『大学経営とマネジメント』の下に収束し、生きて流れていると思う。

２．各章が独立した論文

各章の成り立ちは、筆者がこれまでに発表してきた独立した論文等の原稿をもとに再構成しており、重複する文書が出現している。一書とするに当たり、この点について検討を試みたが、今回は敢えて該当する箇所を訂正せず、その時々の考え方をできるだけ生かす方向で編集した。新しくデータも加え、読者の便宜を図るべく文章や言葉を補い、説明を加えることを方針とした。

３．全体を４部構成

「大学の成果」と「大学経営」、「マネジメントとガバナンス」、「大学職員と経営マインド」の４つの大きなテーマを、４部構成として、各部に幾つかの章を立てる形態とした。

第Ⅰ部　大学の成果とは何か

第１章から第２章では、大学の成果とは何かについて検討を加えている。大学のなかに限らず企業や行政府、自治体等においても、成果という言葉を安易に使う傾向があり、大学経営評価指標と大学の成果指標との差異は意識されないで使用されているように感じてきた。

大学の成果とは、大学の卒業生や自らの教育や研究、事業活動等をとおした様々な社会への変革を促すことであり、社会を変えることであると捉えている旨を論じている。

第Ⅱ部　大学経営とは何か

第3章では大学経営学を問い、新たな領域を立てるべきであると唱えた。第4章では、FDやSDの意味や意義は大切であるし、今後とも重視すべきであるが、FDやSDを大学改革に繋げるために、新しくUD（University Development）という概念（言葉）を提起し、大学の発展に向けたFDやSDの個々の活動の合力が必要であると論考した。そして第5章では、大学経営人材を育成するためには、各人がマネジメントの考え方を取り入れることが必須であることを強調した。

第Ⅲ部　マネジメントとガバナンス

第6章から第8章までは、統治（ガバニング）という概念からマネジメントがその統治をさらに前進させる新たな概念として登場したことを述べた。そして、マネジメントは企業等の経営のなかで、責任をもとにした独創や再生、実行力を核として重用されてきた。しかし、社会や組織への責任を顧みなくなったとき、マネジメントに対するチェックや点検、規律、監督という機能や構造をもつガバナンスが、また再び新たな概念として問われるように変化してきた。付章は、論稿の発表の場である『教育学術新聞』の編集部との意見交換により、マネジメントとガバナンスとの関係を改めて整理し、読みやすく書き直したものである。

第Ⅳ部　大学職員と経営マインド

第9章の大学経営と大学職員の流動化では、大学経営資源に対するマネジメントに参加する大学職員を、教育や研究の各資源と同様に知的資源として捉えて、大学職員の流動化が、大学や組織に異文化の考え方や刺激を与える重要な役割を果たすことを論じている。第10章の経営マインドでは、個人のマインドと組織のマネジメント、意思決定との領野に経営マインドがあり、その育成はマネジメント能力の琢磨にあると考察した。

4．それぞれのテーマを今後も追究

大学職員には、従来の教員が手がけてきた教育や研究の領域では覆いきれないエリア（部分）が生じたとき、その新たなエリアについて、リカバリー

をかけ、フォローアップすることが求められるようになってきている。

具体的に、1999年10月に、産業活力再生特別措置法が施行され、大学内で発見、生み出される知識や技術、意匠等の知的財産を知的所有権（特許権、著作権、商標権、意匠権、等）の形で大学が保護することを自覚し始めた。大学が公共性を一方に担保しながらも、新たな経営スタイルを模索するようになった。大学の研究成果等を保存・管理し、研究を推進・支援するために各組織（企業や自治体、行政府等）との連携を始めた。産官学連携、地域連携等の展開により研究と各種の連携を推進・支援し、知的財産の獲得・開発を行い、事業開発へと進展してきた。これまでは教育研究事業の副次的機能であった知的財産活用事業（受託研究や受託開発事業）、あるいは補助金獲得、ファンドレイジング等の機能が、新たな大学の収益を確保する事業活動の一環として組み込まれるようになり、業務内容も変化してきた。

新規に登場した業務としては、IR（Institutional Research）、研究支援・推進、RA（Research Administrator）、産官学連携、地域連携、国際連携、ファンドレイジング等がある。大学事務は事業開発や企画立案、事業展開に必要な業務や仕事の拡大に力点が置かれるように推移した。

これからも、ここに提示したテーマや関連する課題をこれまでと変わらず、追究していきたいと考える。

5．大学行政管理学をめぐる環境と自身の立脚点

ここで、筆者の所属する大学行政管理学会に触れてみたい。大学という場で、新たな領域の専門性の必要を主張して、大学行政管理学という従来になかった概念を立て、大学行政管理学は構想されている。大学行政管理学の対象となる企業経営（Business Administration）や公共経営（Public Administration）の領域に、マネジメントは必須となり、行政の領域にも応用されている。大学が社会の必要とする人材を育成することから、大学は公共性を帯びた機関として位置付けられる。そして、大学を経営・管理する上で、大学の事務組織には行政の使命である公共の目的を実現することや、法律等で制定された内容を実行することが求められる。大学職員には、事業、経営に関する企画

や計画について実行力があること、実現する力があることが必要となる。特に今後は、例えば社会連携に関する事業、学生支援に関する事業等の開発や事業開拓に向けて、その計画イメージをもとに具体的な概念を展開して、現実の社会に向けて再現する力となる構想力が求められる。

6．なぜ改革が必要か

　学生の未来を創るためには、大学が現状のままでいることは極めて大きなリスクをもつことになる。問題のない組織がないように、問題のない大学もありえない。

　個々の大学では現状を見直し、着実に歩を進めるために教育改革プログラムを必要としている。その下には、多くの学生たちが参画する多様な課題解決型のプロジェクトがあり、実践活動へと具体化している。教育改革プログラムを、現在から未来への架け橋として、未来創造型事業と認識し重点的に位置づけることにより、教育改革の一端が時宜を得て社会的変化を促すことに結びつくことがある。

　常に現状を点検し、業績や結果に対して評価し直すことを重視し、日々の改善と新たな提案や企画を育てることにより、小規模ながらも着実な教育改革を毎年積み重ねることができる。大学が実施する小さな改革は幾つもの年月を経て、やがては大きな改革を導き、21世紀の社会を変えるような契機となる可能性をもっている。

目 次／大学経営とマネジメント

まえがき―大学の職員として i
　図表一覧（xiii）

第Ⅰ部　大学の成果とは何か 3

第1章　大学の成果とは何か
　　　　――大学経営評価指標を基にした成果志向 5

　はじめに 5
1. 指標とは何か 5
　　1.1　評価の視点（6）　　1.2　指標とは何か（7）　　1.3　指標導入の事例――西瓜の糖度の話（8）
2. 経営評価指標と成果指標 9
　　2.1　経営指標とは何か（9）　　2.2　成果とは何か（11）　　2.3　経営評価指標と成果指標（11）　　2.4　大学の成果（13）
3. 大学経営評価指標とは何か 14
　　3.1　大学経営評価指標研究会（14）　　3.2　大学経営評価指標（14）　　3.3　大学経営評価指標の特長（15）
4. 大学の自己点検・評価と大学経営評価指標 17
　　4.1　PDCAサイクル（17）　　4.2　組織としての評価体制、評価結果の活用（18）　　4.3　大学経営評価指標と社会との関係（19）
5. 成果指標を取り入れた仕事の進め方 21
　　5.1　目標到達制度（21）　　5.2　投入志向と活動志向（22）　　5.3　目的志向と成果志向の構造（22）　　5.4　個人マネジメントへの意識（24）　　5.5　経営マインドの養成（25）　　5.6　大学職員の機能と役割（26）
　おわりに 27
〔注〕（28）　〔参考文献〕（28）

第2章　大学経営への成果指標の活用
　　　　――〈大学経営評価指標〉の導入とその成果 31

1. 大学の情報公開と評価の変遷 31

2. 教育の現場における成果意識の向上 ………………………………… 32
3. 成果とは何か ……………………………………………………………… 33
4. 成果指標：良い変化の把握 ……………………………………………… 35
5. 大学経営評価指標
　　——大学の成果を導くための目印、チェックポイント ……………… 37
6. 大学経営評価指標の導入事例と実績 …………………………………… 39
7. 大学改革と教育改革プログラム ………………………………………… 41
〔注〕(44)

第II部　大学経営とは何か　45

第3章　大学経営学の必要性　47

　はじめに ……………………………………………………………………… 47
1. 大学経営学の必要性 ……………………………………………………… 47
　　1.1　大学経営学構築の背景 (48)　　1.2　大学経営学の定義、目的と意義 (49)
　　1.3　企業と大学の相違点 (50)　　1.4　大学経営の内側 (50)　　1.5　大学経営の外側—脱近代の大学経営 (51)
2. 大学経営学の分野・領域と大学の目的 ………………………………… 52
　　2.1　〔学〕と〔論〕の差異 (52)　　2.2　大学経営学の分野・領域 (53)　　2.3　学問的な裏付けによる支援 (54)　　2.4　大学の使命と経営目的 (55)
3. 大学経営論から大学経営学へのプロセス ……………………………… 56
　　3.1　大学経営論から大学経営学へ (56)　　3.2　大学経営学の実践編と理論編 (57)　　3.3　大学経営学の課題 (59)
　おわりに ……………………………………………………………………… 60
〔注〕(61)　〔参考文献〕(61)

第4章　UD概念構築の試み
　　——大学の発展力について　63

　はじめに ……………………………………………………………………… 63
1. UD研究について ………………………………………………………… 64
　　1.1　研究の背景 (64)　　1.2　問題意識 (66)　　1.3　構造的な問題 (67)

1.4　本研究の視点 (68)
2. SD、FD から UD の未来へ ………………………………………………… 72
　　2.1　UD 研究へのアプローチ (72)　2.2　SD、FD の再構築と大学力、UD の定義 (73)　2.3　UD の構築に向けて (74)　2.4　モデリング (76)　2.5　UD の今後 (77)
　おわりに ……………………………………………………………………… 78
〔注〕(78)　　〔参考文献〕(80)

第5章　大学経営人材の方向とマネジメント ……………………… 83
　はじめに ……………………………………………………………………… 83
1. 大学経営と大学職員のマネジメント ……………………………………… 84
　　1.1　非営利組織の「運営・行政」から「経営」へ (84)　1.2　大学経営と大学職員 (85)　1.3　大学のマネジメント (86)　1.4　経営資源としての人材 (87)
2. 大学職員の業務（仕事）と大学経営専門職への位置付け ……………… 89
　　2.1　専門的要素と非専門的要素の混在 (89)　2.2　専門職と専門職化への阻害要因 (90)　2.3　大学行政（管理）職、そして大学経営専門職 (92)　2.4　業務（仕事）の標準化とジョブ・ディスクリプション (93)　2.5　業務管理力から実行力・問題解決力へ (94)　2.6　経営戦略と大学組織改革 (95)
3. 大学職員の使命と研究、その役割について ……………………………… 95
　　3.1　知識社会での大学職員の使命 (96)　3.2　大学職員の研究活動 (96)　3.3　研修と人的資源の蓄積 (98)　3.4　大学職員の本分、義務、使命 (99)　3.5　大学職員として期待する役割、人材と能力 (100)
　おわりに ……………………………………………………………………… 101
〔注〕(102)　　〔参考文献〕(105)

第Ⅲ部　マネジメントとガバナンス ……………………………… 107

第6章　大学マネジメントからガバナンスへ
　　　　――概念の差異 ………………………………………………………… 109
　はじめに ……………………………………………………………………… 109
1. マネジメントとガバナンスの差異 ………………………………………… 110
　　1.1　マネジメントの概念 (110)　1.2　ガバナンスの概念 (112)

2. わが国のガバナンス論の論議経過 ································· 113
　　2.1　統治(ガバメント)とガバナンス (113)　　2.2　大学の自治論からガバナンス論へ (114)
3. 大学ガバナンス論 ·· 116
　　3.1　主なガバナンスへの言説 (116)　　3.2　海外との比較 (117)
4. 大学マネジメントとガバナンスの構造 ······························ 118
　　おわりに ·· 122
〔注〕(123)　　〔参考文献〕(125)

第7章　私立大学のガバナンス改革とマネジメント
　　──概念と具体的提言·· 127

　　はじめに ··· 127
1. ガバナンスとマネジメントへの問題意識 ··························· 127
2. 社会のなかの大学──大学の公共性 ································ 130
3. 私立大学のマネジメントとガバナンスの構造 ····················· 132
4. 意思決定機関としての理事会に係る問題 ··························· 135
5. 私立学校法の問題点 ·· 138
　　5.1　理事会の役割と責任、権限の委譲 (139)　　5.2　評議員会制度の改善 (139)　　5.3　監事の役割と責任、選任について (140)
6. ガバナンス改革──大学が社会の信頼を得るために ············ 141
　　おわりに ··· 143
〔注〕(143)　　〔参考文献〕(144)

第8章　私立大学のガバナンス概念と構造
　　──社会からの信頼 ·· 147

　　はじめに ··· 147
1. ガバナンスへの視点 ·· 147
2. ガバナンス概念の認識の背景 ··· 148
3. 私立大学のガバナンスの構造 ··· 150
4. 私立大学のマネジメントとガバナンスの機能不全 ··············· 152

5. マネジメント概念とガバナンス概念の相互補完 ………………… 154
6. 公共によるガバナンス ……………………………………………… 156
7. 社会から信頼を獲得 ………………………………………………… 158
   おわりに …………………………………………………………………… 160
〔注〕(161)　〔参考文献〕(161)

[付章] 私立大学のガバナンス
── マネジメント概念との差異について ……………………… 163

1. 大学マネジメントを誰がチェックするか ………………………… 163
2. 概念の差異について ………………………………………………… 167
3. 注目されるソーシャル・ガバナンス ……………………………… 171
4. 社会に信頼される大学を目指して ………………………………… 174
〔注・参考文献〕(177)

第Ⅳ部　大学職員と経営マインド ……………………………… 179

第9章　大学経営と大学職員の流動化 …………………………… 181
   はじめに …………………………………………………………………… 181
1. 大学職員の流動化と大学経営の方向 ……………………………… 181
   1.1 大学の諸活動の原点を見直し、学生支援を追加 (181)　1.2 経営資源の見直しと開発 (182)　1.3 大学職員の流動化の現状 (184)　1.4 大学組織、経営組織の評価と再構築 (188)
2. 知的資源の循環と流動化 …………………………………………… 189
   2.1 知識資源（教育・研究資源）の開発 (189)　2.2 人材流動化の意義 (190)　2.3 流動化の影響と知的資源の循環 (191)　2.4 大学職員のネットワーク形成 (193)　2.5 流動化への準備 (194)
   おわりに …………………………………………………………………… 195
〔注〕(197)　〔参考文献〕(198)

第10章　経営マインドの養成
——大学職員養成に向けて ... 201

はじめに ... 201

1. 大学における運営から経営への意識変化 ... 202
2. 組織とマネジメント ... 203
   2.1 組織体と経営マインド（203）　2.2 意思決定の在り方とマネジメント（205）　2.3 マネジメントと責任（206）　2.4 学習とコミュニケーション、そして信頼（206）
3. 経営意識をもった大学職員の育成 ... 207
4. 経営マインドとは何か ... 208
5. 経営マインドの構造 ... 210
   5.1 個人マインドと組織マネジメント（210）　5.2 自己形成と仕事の組織化（211）　5.3 経営マインドの構造（212）
6. 経営マインド養成の実際 ... 213
   6.1 経営マインド養成の〈対象〉（213）　6.2 大学全体を見る総合的な観点（214）　6.3 分析のスタイル—数字の持つ背景を把握（214）　6.4 戦略を立てられる人材の育成（215）　6.5 大学の業務と職場学習（ワーク・プレイス・ラーニング）（216）
7. 経営マインドから長期的将来ビジョン形成へ ... 217
   7.1 組織行動と〈目的志向〉（217）　7.2 長期的将来ビジョン形成（217）

おわりに ... 218

〔注〕（219）　〔参考文献〕（219）

あとがき ... 221
   初出一覧（225）
   事項索引（227）
   大学名索引（232）
   人名索引（233）

＊図版作成：新藤豊久Ⓒ2016

図表一覧

●第Ⅰ部第1章
- 図1　マトリクスへの位置付け......6
- 図2　大学のマネジメントと評価・測定—精神的な活動に関わる抜粋......10
- 図3　使命設定・目標体系化の例—大学経営評価指標（UMI）......15
- 図4　大学経営評価指標（UMI）使命3—「学生生活の支援」......16
- 図5　マネジメントサイクルとUD......19
- 図6　経営評価指標とマネジメント......20
- 図7　手段と目的、並びに指標の設定......23

●第Ⅰ部第2章
- 図1　大学経営評価指標研究の背景......35
- 図2　大学経営評価指標研究（自己点検・評価マネジメント）システム導入大学例......40
- 図3　大学改革のサイクル......42

●第Ⅱ部第3章
- 図1　〔学〕と〔論〕......53
- 図2　学問フィールドのモデル......58

●第Ⅱ部第4章
- 図1　FD・SDのPDCAサイクルによるUDへの展開についてのイメージ図......65
- 図2　大学成長力向上......74

●第Ⅲ部第6章
- 図1　マネジメントサイクルとUD......111
- 図2　大学マネジメントとガバナンスの構造......119

●第Ⅲ部第7章
- 図1　大学マネジメントとガバナンスの構造　円環図......133
- 表1　日本の各組織体のガバナンス構造について......135

●第Ⅲ部第8章
- 図1　ガバナンスの広がり......151
- 図2　大学のマネジメント中心の配置図......153

- 図3　大学発展への系統図 ……………………………………………… 155
- ●第Ⅳ部第9章
  - 表1　関西大学（採用実績） ……………………………………………… 185
  - 表2　学校法人 立命館（採用実績） …………………………………… 187
- ●第Ⅳ部第10章
  - 図1　意思決定の在り方とマネジメント ……………………………… 204
  - 図2　マネジメント組織と環境 ………………………………………… 209
  - 図3　個人マインドと組織マネジメント ……………………………… 211
  - 図4　自己形成と仕事の組織化 ………………………………………… 212
  - 図5　経営マインドの構造 ……………………………………………… 213

大学経営とマネジメント

第Ⅰ部
大学の成果とは何か

第1章　大学の成果とは何か
── 大学経営評価指標を基にした成果志向

はじめに

　私たちの大学が掲げる事業目標及び目標に基づく計画設定は、その実行に当たり教育や研究、学生支援への取り組み、社会貢献を果たすことを上位目的としている。その背景には、次のような観点から活動し実施する特長がある。

　私たちの仕事は何かを実施したことが大切なのではない。どれだけの時間を投入したかも重要ではない。自分自身の仕事が、学生の未来をつくるという大きな目的に向かって、どれだけ貢献し達成できたかが問われるだけである。大学教育力や学生の満足度向上に、あるいは、キャリア形成や学習到達目標の支援・改善等が、学生の思考や行動にどのように変化をもたらすことができたかを、自分自身に問うこと、まさに成果を求める考え方が問われている。

　加えて、大学のステークホルダーからは、諸活動の実行に際して大学の発展とともに、大学そのものが社会へ働きかけることにより社会を変容するといった、大学組織の本質的成果を向上することが求められている。

1. 指標とは何か

　事業の企画に基づき初期段階では、理念に基づき目的意識を明確に、積極的に実行されていた計画も、時とともに理念や目的意識が希薄になり、誰のために、何のためにという本来の姿から遠い状態となり、すっかり受身になってしまう。このように単に事業の継続、あるいは制度の導入だけが目的化されてしまう状況を指して、手段と目的の倒立、あるいは、手段と目的の転倒と言う。このことを、筆者は、大学行政管理学会の一研究会である〈大学

経営評価指標研究会〉で学んだ。

　事業を実施するとき、このことを特に留意しなければならない。これを防ぐには、評価を行うという考え方が必要になる。当初の理念や目的に立ち戻るには、大学に限らず事業の対象となる組織（事業者）、あるいは、対象の組織や地域等に属する人々に起こる行動や状態そのものを、良い変化、変革をもたらすものとして捉える思考や行為が基点となる。

1.1　評価の視点

　評価とは、人や事象といった対象（能力、内容、性質等）について、優先順位、良し悪し、高低などの価値観を与える思考が基底にあると捉えている。評価には、主観と客観の2種類の方法があり、事実や状態を数値やデータで把握する客観的評価と比較し、主観的評価の場合は、個々人の価値観の相違により異なる結果となる。そのため組織的評価を行う際には、評価の客観性を確保するため価値観の共有化が必要になる。さらに評価の尺度、基準作り、

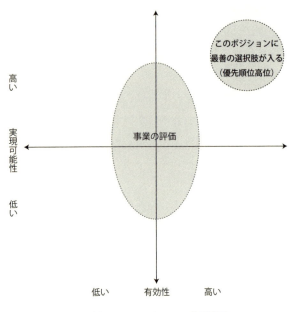

図1　マトリクスへの位置付け

使用の際には組織としての共通認識が重要となる。

　評価の際には、幾つかの視点を要素として設けておくと理解しやすい。例えば、実効性、必要性、効率性、公平性、有効性等が挙げられる。具体的に、実効性は活動量だけでは測れないが、人々の意識や影響について質問紙法（アンケート）による意識調査等で測定できる。必要性は、目的の妥当性や組織への関与を求める度合等で測定できる。効率性を考えるなら投入コストではなく、どれだけ組織に貢献したかを利益、あるいは回収コスト等で測定できる。公平性は、受益者や負担者との関係及びバランスを設定するといった視点から測定できると考える。図1のように評価軸を2種類の要素に決めれば、2次元のマトリクス図のなかでも要素がもつ意味を比較し、その結果を位置づけることが可能になる。

1.2　指標とは何か

　指標とは物事の状況、状態を判断し、評価する際の目印や基準、計測する際に用いられる道具や目盛であり、物差し、メジャーやバロメーターであると筆者は捉えている。

　私たちの事業の目的を明確にする上で、現在の状況を具体的に客観化して把握するには、現状を数値化し、誰からも見やすく明らかな状態をつくる作業が、指標の設定ということになる。

　人々の心や頭のなかにある事業への考え方を計画に移し、目的を果たす際に必要となる実行経過点、目標実施における基準点、物差し等を示すことにより、スタートから通過点、進捗プロセスを含めた終了時、その後の経過観測までの全体を、他者に見えるようにすること、視覚化することが指標の一つの意義である。

　例えば事業の目的を考えるとき、意図するものの効果を知り、社会や周囲の状況として変容を知るための指標を作り、設定することは、事業の実施により、対象となるもの（人、組織、物、自然）の状態をどれだけ変化させたか、あるいは、行動を変化させたか否かを測定可能にする意義をもつ。さらに加えて、意図する効果を設定することで、意図していなかった効果や変化も知

ることができるようになる。

　企業には経営や財務状態について、財務諸表の数字を用いて数値化したものを、財務指標として捉える考え方がある。この考え方を私立大学に当てはめれば、大学の経営分析を行う際に、定量的データとして客観性をもって活用できるものには、財務比率（人件費比率、人件費依存率、教育研究経費比率、管理経費比率、減価償却比率等）がある。企業とは異なり、大学の職場では、現在財務比率のことを財務指標と呼ぶことはないが、財務指標と捉える考え方が成り立つ。経営の結果は最終的に財務に現れる。決算報告書の消費収支計算書や貸借対照表に表れる財務比率を財務指標と捉える理由はここにある。

　このように、大学に関わる事業を評価する指標には、財務指標のような定量的な指標と意識調査（アンケート）のような定性的指標とがある。組織が社会や周囲にどれだけの変化をもたらしたか、自らの成果を知る際に、定性的指標は主観的ではあるものの、変化を広がりや深さとして知らせる役割をもつ。定量的指標は客観的で測定可能なデータを提供する。そして、これらの指標を現状把握のツールとして目標値（目安値）を設定し、事業実施後において、その都度目標値をどれだけ上回ったか、下回ったか、その達成度として捉え、成果を判断し次の評価へと繋げる。このような循環は、後でも述べるPDCAサイクルとして機能させることができる。

1.3　指標導入の事例―西瓜の糖度の話

　指標導入の事例を以下では紹介する。今から20〜30年前まで西瓜の甘さは、実を切り開いて、食べなければわからなかった。ところが、西瓜に含まれる糖分の割合（糖度）を測る試験キットが開発され、測定装置が造られることにより実を切らずに甘さを知ることが可能になった。その理由は、甘さを知るメジャーである糖度を屈折率により測定する技術開発がなされたことにある。甘さの指標の一つである糖度の基準値（数値）を、西瓜を破壊せず数多くの消費者への味覚調査（意識アンケート）等を用いて、糖度試験の技術開発の分野に応用したことにより導かれたものである。

　このように、ある指標（基準値、数値）が定められれば、その測定方法や装

置が、生産地の試験場、集荷場等に導入されることになる。これにより、栽培地の農家等の生産者から市場の仲介人、さらには全国各地の消費者の側へと取り込まれるといった変化が生まれる。デパートの果物売場や果物専門店では商品の説明用に糖度表示が用いられるなど、流通社会の様々な場において対応方法に工夫が施され、消費者の生活に変化をもたらしてゆく。

以下は、糖度の指標導入による対象（人）ごとの行動変化であり、成果である。これは糖度測定という考え方及び、導入への各層での期待値であり、指標導入の成果でもある。

〈指標導入による対象ごとの行動変化〉 ⇒ 成果
・生産者にとって、糖度とは、新品種の導入、栽培方法の改良ポイントである。
・仲介業者にとって、糖度が高ければ、青果市場での評価が高まり、セリ値が上向きとなる。
・消費者にとって、糖度とは、購買意欲の促進情報として取り入れられる。

2. 経営評価指標と成果指標

2.1 経営指標とは何か

大学の経営は、大学の諸資源を循環させることで、組織の維持・発展を図る意思決定機能であるとともに、マネジメントサイクルの重要なプロセスである。そして、こうした大学経営の結果としてだけではなく、さらに、その上位の概念として、学校法人が設置する諸学校のうち、とりわけ大学では、大学の成果という考え方が大切である。大学の成果は、大学の卒業生や大学から生起した教育や研究及び社会貢献等からの新たな知見を糧として、次なる日本や世界を動かし循環させ、社会を変革させるという意義をもつ。

経営指標とは、組織の経営に伴う事業活動の過程と結果を、多様な観点から評価し、それらを統合して活動の全般と各局面で評価する際に必要とされ基準となるメジャーである。

経営に関する指標は、「経営指標」と呼ばれることも、「経営評価指標」と呼ばれることもある。事業の目的や成果のスケール（大きさ、範囲）により、それぞれ個人（職位）や大学組織（部門）、あるいは、学校法人全体で指標が用いられる局面やケースで異なる呼称となっている。

また、図2のように大学構成員の精神的活動により、大学の事業成果を問うようなマネジメントには目標や計画、その事業結果への評価や測定方法が必要とされ、その上でさらにマネジメントのスタイルが分かれて体系化されたものになってゆく。大学が経営する各種事業のプロセスやコスト、スケジュール等フェイズごとに、評価、測定を行うときに使用するものが経営評価指標である。

変化する組織の経営を評価する際、認識や価値観を共有化できるコミュニケーションツールが、組織内の構成員には求められている。したがって、目指すべき成果を測定できるコミュニケーションツール、あるいは、共通言語として経営評価指標が求められている。

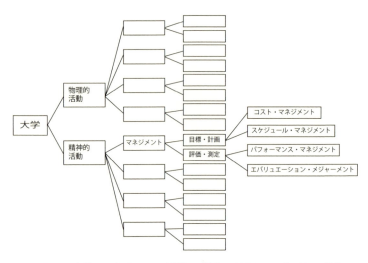

図2　大学のマネジメントと評価・測定──精神的な活動に関わる抜粋

2.2 成果とは何か

　成果とは、私たちが対象とする自然や組織、人に、何かを意図して働きかけることにより、周囲の人々に従来とは異なる考え方、並びに、行動や動きに変化をもたらすことである。対象とは、人の場合や組織、物や自然の場合もある。つまり対象が物や自然の場合は、対象について働きかける側の変化及び受容する側の変化も相俟って重要である。こうした人や組織の思考転換や行動変化を指して成果と考える。さらに人々の発想の転換や行動変化をとおし、社会の変容を導くことがより上位の成果である。

　ドラッカーは次のような5つの質問を挙げて、成果を問うことを教えている。

（1）われわれの使命とは何か？
（2）われわれの顧客とは誰か？
（3）顧客は何を価値あるものと考えるか？
（4）われわれの成果（アウトカム）とは何か？
（5）われわれの計画とは何か？

　　　　　（P.F.ドラッカー 他著『非営利組織の「自己評価手法」―参加型マネジ
　　　　　メントへのワークブック』ダイヤモンド社、1995年）

　私たちの大学の事業が、組織の個別活動となり、個々人の仕事となり、作業と呼ばれる段階に落とし込まれていったとき、私たちは、大学経営の上位目的である社会への貢献を忘れてしまいそうになる。社会への貢献が大学の本務であることを忘れないためにも、私たちの事業や活動、仕事をとおした社会変容への成果の達成度合[1]を測定しなければならない。成果を測定することで、組織活動を振り返る契機がつくられ、組織の次の展開へとフィードバックされることにより、事業等の貢献度や実効性を把握できると考える。

2.3 経営評価指標と成果指標

　大学では教育、研究、学生支援等に関わる多くの事業を実施しており、大学の実務組織では、これらの事業経営の資源として、人、モノ、金、情報、知

識をマネジメント対象にして活用し、事業目標の進捗状況や各事業の経営状態を把握するために比較、分析に経営評価指標等を用いている。経営評価指標は、各種の事業経営を中心にした目的や手段となる指標を設定することにより、活性化を促進する一つの手法である。そうして、これらの各種事業経営が目標を達成し、大学組織全体として経営結果を生み出す。その経営結果からさらに大きな目的である大学の成果を生み出すために、戦略的には経営評価指標が使用される。その上で、さらに大きな目的である大学の成果を獲得するという考え方から生み出された指標が成果指標と呼ばれると筆者は捉えている。

ことに現在が未来の始まりであるように、20年、30年先をイメージすることができなければ、今そこにある事実や現象しか見出せないし、語ることができない。組織の成果を経年変化として見てゆけるのが、成果指標であり、長期的展望に立ち社会変容に臨むマネジメントの大切な概念である。

◇成果指標＝アウトカム指標＝目標達成には、価値観が伴う。
⇒組織内で大学（組織）の〈価値観の共有化〉が必要になる。
⇒施策や事業の実施によりステークホルダー（利害関係者）へもたらす効果、社会変容を促した成果を表す指標

大学の成果は、大学の学生をはじめとするステークホルダーをとおした社会の変容を導くことであり、その大学の成果を測る指標が成果指標である。

これらの数字の背景にある社会動態や政策、歴史の事実、法律や規制の根拠となる考え方への理解が必要であり、空間軸や時間軸で、数字を語れなければ、成果指標といえども数字は数字以上の意味をもたない。その意味で、成果指標とは、顧客に起こる良い変化を把握するための情報（数値やデータ）の基準である。

大学はその成果を生み出すのに比較的長い時間を必要とするが、経営を基本とした各種事業の展開は、平常業務に落とし込まれ、月次、四半期、年次ごとに評価され、軌道修正し、見直される。そうしたときに、大学が各種事

業の経営施策を設定し、実行するに当たっては、何が達成できれば成功と呼べるのかを判断できなければ、評価はできない。何を目的に活動するかを決める際に、目的の達成度というメジャー、物差しとして「経営評価指標」は設定される。そして大学が、社会への何らかの事業成果を追い求めるとき、事業ごとに大学経営の目的達成や経営評価に関する指標を設定する方が、成果について言葉で記述することよりも事実や状況を理解しやすい。

　何よりも目標達成に向けて重要なことは、組織での価値観の共有である。もともと価値観というものは個別にもつものであり、個人生活を主体に考えるときには、価値観を共有すること自体にあまり意味をもたない。しかし、組織の事業展開という場では、組織目的の下に幾つかの目標を設けて、事業の意義や組織の価値観を共有することにより、組織や個々人の目標達成に向けた針路を決定する。成果を生み出すという責任に基づくマネジメント体制の構築が、組織や個々人の価値観の共有を可能にする。

2.4　大学の成果

　大学の事業で最も大切なことは、大学の顧客をつくることである。それは大学に自ら進学したいという学生、あるいは進んで来たいという卒業生、企業等の人々をつくることである。そして、大学の成果とはこの顧客に起こる変化であり、大学が社会へ働きかけることにより社会の変容を導いた事実を指す。よって成果は組織の外に現出するものであり、良い変化は社会や人々に役立つ行動をもたらすものと考えている。

　大学に進んで来たいという人々の価値を明らかにし、成果を測るメジャーを開発して自らを知るための規律を設ける考え方が成果指標である。

　大学が、ステークホルダー（利害関係者）とともに、大学経営の進捗状況や大学改革の進み方を見るには、入学者の獲得数、学納金、就職状況、教職員数、教員の論文点数、科学研究費の獲得額、等々があり、IR（Institutional Research）の考え方も参考にできる。

　大学という組織が成果を上げるには、大学固有の強みを発揮することであり、強みを集中することである。大学が企業、省庁や自治体等と協働連携し、

そのマネジメントによって強みを集中させる機会を開拓することにより、大学の成果を社会に生み出す可能性が拓かれてゆく。ゆえに、成果は大学という組織の行動を決める。

3. 大学経営評価指標とは何か

3.1　大学経営評価指標研究会

大学行政管理学会には、比較的多くの研究会が活動しており、そのなかの一つに筆者の所属する「大学経営評価指標研究会」があり、2002年9月に設置され研究活動を開始している。大学経営評価指標は、大学経営を具体的に点検・評価する仕組みや手法が見当たらない状況を打開する目的から、研究の背景を図3のように捉え、私たちの研究会が一般社団法人日本能率協会（JMA）に共同研究を依頼しともに開発したものである。

大学経営評価指標研究の目的は、次の①から③が主体である。
① 　事業の目的・成果の明確化、情報や課題の共有化
② 　成果を見える化・可視化して、大学経営状況把握
③ 　大学使命達成への手段の検討と効果把握の論理性の追究

3.2　大学経営評価指標（UMI:University Management Indicator）

大学経営評価指標は、指標値を把握することにより、自分の大学の経営状況や経営のもととなる教育改革の現状を知り、充実すべき方向性を定め、そこに到達する組織行動として具体的な計画を策定し実践する際に、具体性を示すことに効用がある。その上で、活動の結果をチェックし、さらなる経営戦略の見直しにリンクすることにより、大学経営や大学改革を刷新し、革新してゆこうとする考え方や道具そのものとなっている[2]。

大学経営評価指標とは、各大学の理念の下に置かれた使命（ミッション）とマッチングできるように設計されている。特に図3で示した12の大学使命群は、大学経営に重要な使命とは何か、検討を重ねた結果決定されたものである。大学使命の下に各部門使命を設け、基軸とした考え方の下に部門の経営

第Ⅰ部　大学の成果とは何か　15

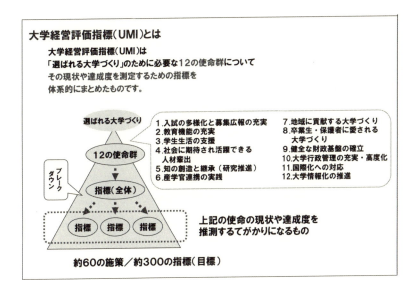

図3　使命設定・目標体系化の例──大学経営評価指標（UMI）

評価指標を置き、大学の実際業務にリンクするという構造を保ち、重要な機能を帯びて設定されている。

　一方で、評価制度について、2002年4月には「行政機関が行う政策の評価に関する法律」が、評価結果を政策に反映すること、並びに情報公開を目的に施行された。また、文部科学省の学校教育法改正（2004年4月1日施行）に基づき認証評価制度が開始されている。大学経営評価指標は、各認証評価機関の設定した基準項目の参考にされたとおり、先駆性と指標導入に係る創意工夫が認められた内容となっている。

3.3　大学経営評価指標の特長

　大学経営評価指標の大きな特長として、個別組織の使命・目標にマッチングできる数値、目盛として活用できる。その上で各認証評価機関の認証評価とも対応可能である。また、導入した私立大学の事例として、経営評価指標を大学の組織目標に反映できるように使命群設定を施していることから、さ

らに個別学部、各部署にブレークダウンし、実際に個人の職務目標に落とし込むことで、個人レベルでの進捗管理に経営評価指標が活用されている。

また、時間軸で思考することを可能とし、マネジメントに必要な組織（部署）の活動成果について経年変化を見ることができる。したがって、その結果を個々の業務改善や組織全体の業務改革に役立てることができる。

図4のように、12の大学使命群は、さらに分かれて部門使命と個別の経営評価指標へとさらに体系化されている。これで明らかなように大学経営評価指標の特長は、個々の指標（数値、基準値）の推移を見るだけではなく、指標（数値）と指標（数値）との関連について関係性を求めてゆくことにある。

このように12の大学使命群に分かれて、現状や達成度を測定するための全体指標の下に、個別の指標へとブレークダウンし、体系化されたものである。

現在、大学行政管理学会の大学経営評価指標研究会では、一般社団法人日本能率協会との協働により、本章で述べた大学経営評価指標を基に大学の改革、あるいは、変革型業務を遂行できる次代の実践リーダー養成プログラム

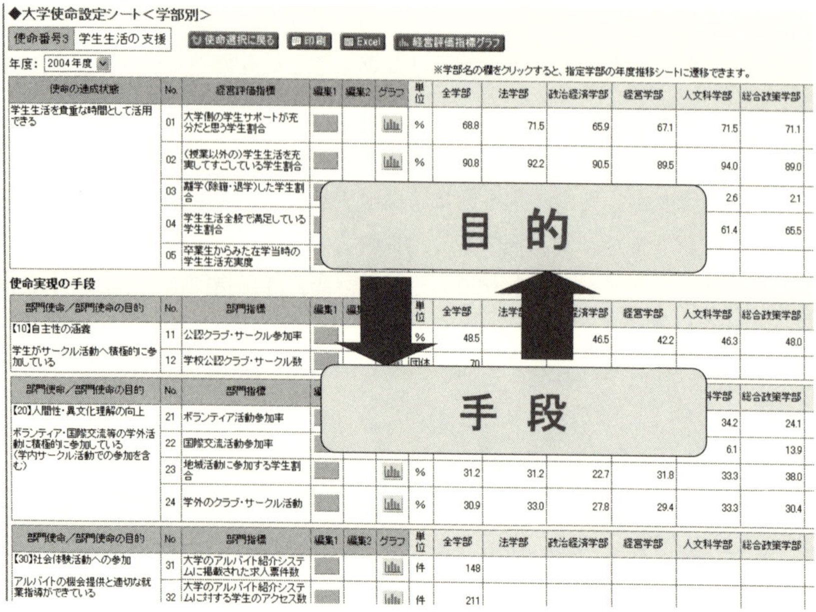

図4　大学経営評価指標（UMI）使命3―「学生生活の支援」

を策定中である。その概要については2012年9月上旬の大学行政管理学会にて発表しているので、関心のある方は一般社団法人日本能率協会に問い合わせ願いたい。

4. 大学の自己点検・評価と大学経営評価指標

　大学の経営や教育・研究等の自己点検・評価の取り組みは現在、大学院、学士課程や短期大学による学内の各種委員会、自己点検・自己評価委員会で実施されている。これに加え、2004年4月1日施行の学校教育法改正によって、第三者認証評価機関での認証評価の審査を7年に1度受けることが義務付けられている。

　また、自己点検評価・認証評価という概念には、客観的基準（値）や判断が求められる。この基準（値）として効用を果たすのが大学経営評価指標である。自己点検、自己評価という〈制度そのものの導入が目的の時代〉から、第三者による認証評価（アクレディテーション）という考え方に移行して、認証評価の結果やデータの活用が、〈大学の成果を上げる手段の時代〉へと大学は変化し続けている。

4.1　PDCAサイクル

　組織や人の行う事業活動には必ず目標がある。目標を定めて実現するに当たり、計画（Plan）を立て、実行（Do）、評価（Check）、改善行動（Action）が必要になる。これを大学でも行い、各学部や事務組織の部署、さらには個々人にも責任分担を行い、目標を小さく分担することで事業や職務を遂行している。

　しかし、多くの大学にはPDCはあってもAがない。Aに繋がらない。あるいは、Aに挑戦しない、といった組織的な体質や組織風土が見受けられる。ここで問われるのは、事業計画の結果ではない。前の事業そのものをどう検討し捉え直して、次の目的と目標を定め、行動計画を作った後の改善行動に伴う実行力である。その際に大事なのは、具体的改善行動をイメージできる

ことである。その上で改善行動への成果を期待し、想定した指標を設定することである。

　自己点検・評価活動を事例にするまでもなく、PDCAサイクルの下で大学は活動している。筆者は、これにSD（Staff Development）活動の成果、FD（Faculty Development）活動の成果が融合し、UD（University Development）[3]へと体系化されると考える。大学の諸活動を融合する機能をもつUDが構築され、統合力となり大学力の向上を推進すると想定している。

4.2　組織としての評価体制、評価結果の活用

　筆者の勤務する女子美術大学（2012年現在）では、学生たちの授業評価等により学生生活全般につき、学生の要望が細かく課題提示されている。さらに学生支援センターが系統的に整理し、毎年各事務部門や研究室・教職員に向けて要望項目を提出し、改善に向けた建策を引き出している。その結果を、芸術学部長、短期大学部長が取りまとめ「学生との協議会」を開催し、コミュニケーションを深めつつ改善を加えている。

　今後、図5のように大学の発展を目的に、マネジメントサイクル（PDCAサイクル）の手法をもとにUD（University Development）への展開を検討すべきであると筆者は考えている。具体的には、計画:Plan ⇒ 実行:Do ⇒ 評価:Check ⇒ 改善行動:Actionのサイクルを活用することにより、効果的評価体制を確立し、評価委員会には学外から第三者を評価担当に起用し、評価の適正化を図る方法である。改善策として、大学の評価体制としては評価委員会の下に少人数の評価部会を複数置き、前年度の事業計画について、新年度6月から評価に着手し毎年7月末までに評価報告を行う仕組みを検討することも重要である。

　現状把握と情報公開の観点から、学生アンケート、授業評価、採用企業の人事担当者や直属上司、卒業生へのヒヤリングや各種アンケートを実施し、公開していく観点を維持したい。そのため、経営評価指標等各種データには基準・平均値を設定し、客観化する手段とすべきである。

　評価結果を活用して、PDCAサイクルにより評価反映・施策改善を行う際

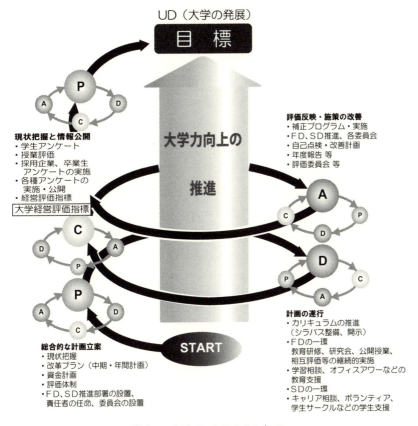

図5 マネジメントサイクルとUD

には、補正プログラム実施やFD、SD推進の観点から各委員会と連携し、改善計画を打ち出し自己点検を大学改革に結び付ける。また、反省点は即座に次の目標への提起として、学生のためのより効果的支援策実施へとスパイラルアップする体制を取ることが求められる。

4.3 大学経営評価指標と社会との関係

大学の経営評価指標という考え方そのものは、大学の教育力向上という視点を重視した構造をもっている。大学の成果は大学の教育改革や研究改革を

実行しつつ、大学に自ら望んで来たいという人々をつくることで初めて可能になる。そして学生の未来をつくることこそが大学の使命である。学生の未来をつくる過程こそが大学成長のドキュメントや証拠とも言える。大学が地域や産官学連携という協働ネットワークを拡充しようとする活動は、言葉を換えて言えば信頼ネットワーク構築の課題でもある。学生を中心に社会を見たとき、社会からの信頼を獲得することこそが大学の最大の財産である事実に思い至る。

　大学が社会変容を求めて組織行動を取ることを重視すれば、社会への成果をどのように思い描くかで、大学の取るべき行動目標が定まっていく。その意味で大学経営評価指標は、大学及び社会との成果測定の機能を併せて担保する関係にある。大学経営評価指標が、大学が社会の変容をもたらすという大学の本質的成果を跡付けてゆくとき、大学経営評価指標は大学の成長記録を示すという客観的意義を有する。

　その意味で、大学経営評価指標は図6のとおり、大学と経営評価との関係

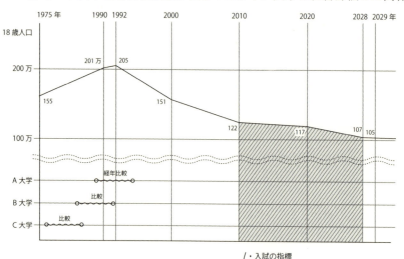

図6　経営評価指標とマネジメント

図であり、社会や企業、国との協働連携とその関係図でもある。そして、時代との関係（過去から現在）を示す大学成長の記録の様態を併せもつ。各大学の経年変化の比較という観点から言えば、大学の経営史を数値（基準値）で語る客観的役割も果たしている。

5. 成果指標を取り入れた仕事の進め方

　18歳人口が緩やかな右肩上がりの時代は、1990年の205万人をピークに遠く去り、以降右肩下がりの時代へ移り、2010年122万人から、2020年117万人、2029年には105万人へと減少する。わが国の高等教育は進学率が50％を超え、マーチン・トロウ（2000）のいう高等教育の「ユニバーサル」化が進行し全入時代へと変貌している。いつまでも秩序維持型の事業を遂行していては大学経営が成立しない。自ら個性を磨くとともに新たな価値創造こそをテーマに事業を行う時期に突入している。成果（目指す姿）を明確化し、定量化した指標をもとに目的設定を行うときである。

5.1　目標到達制度

　評価制度を導入し、一人ひとりに成果を求めている大学では、成果を志向した業務を展開しているのであり、目標が達成できれば組織の継続、発展が可能となる仕組みになっているはずである。

　組織目標を設定し、個人レベルにおいても事業や職務目標を設定するというシステム、いわば目標到達制度、あるいは、成果主義、業績評価等の考え方が組み込まれている大学は、学校法人産業能率大学の2006年度「大学職員人事制度実態調査」及び、2010年度「大学における人事考課制度（事務職員・教員）実態調査」によると、職員について2006年度の40.7％から、2010年度には62.4％と増加傾向[4]にある。

　ところが、仕事の進め方として、目標到達制度を導入している大学においても成果をイメージした目標設定ができていない。

　例えば、事業等を企画する際に、単に情報を分析し、予測することを企画

というのではない。企画とは、具体的に目的や目標、その背景、コスト意識、具体的な行動計画や促進・阻害要因を提示するものである。そして、何よりも成果（対象の変化）へのイメージが示されなければ企画とは呼べないと考える。

5.2　投入志向と活動志向

志向とは、人の気持ちや考え、意識が一定の方向に向くことであり、言い換えれば、人や組織の物事に取り組む際の考え方であり、姿勢、態度であり、方向性であると言える。投入（Inputs）志向は、活動（Outputs）志向と同じく、目的よりも導入や手段を重視する構造をもつ。投入志向では、例えば投入資源としていくらお金を使ったかが重要である。そして、活動（Outputs）志向は、投入資源を元手に何らかの事業活動を実施したか、誰々がどのような活動を実施したか、活動の実施の有無を問うことに主眼を置いた考え方である。あるいは、その活動量を重視する考え方である。

その一例として、予算獲得が仕事のすべてであり、その結果どのように周りの人々の動きが変わったかについて関心も寄せない。そのようなことが行政単位に限らず、私たちの大学業務でも部署によって散見された時代があった。できるだけ多くの予算を獲得できることが、管理職の腕の見せ所と考える姿勢が幅を利かせていた。

例えば、「〇〇センターの設立によって、学生利用が〇〇〇名まで増加した」という事例では、「〇〇センターの設立」は手段であって、資源投入を志向する考えをもとにした活動の有無と活動量を重視する考え方である。さらに、これが「〇〇センターの設立の影響により、学生の学習量が〇倍に増えた結果、学生のレポートのクオリティが高まった」等の実績として学生の行動変化をもたらしたならば、初めて成果が生まれたことになる。

5.3　目的志向と成果志向の構造

私たちが事業に取り組む際に、手段と目的等の構造を認識し、手段と目的、成果との違いを理解することが必要である。ここでは、図7のように手段と

第Ⅰ部 大学の成果とは何か 23

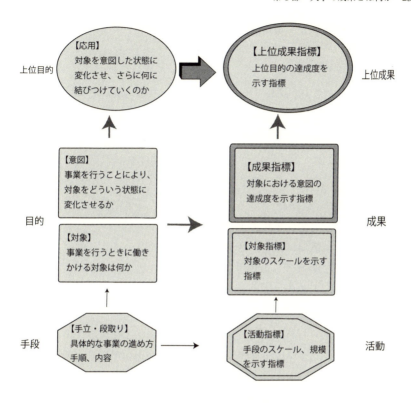

図7 手段と目的、並びに指標の設定

目的並びに、その指標の関連を図示した。図の中の活動指標は、目標を達成するための手段（手立て、段取りとしての事業の進捗やその方法、内容）のスケール（規模、範囲）を設定し、主として活動量等の大きさを示す。また、成果は目的を実現することにより生まれ、対象指標、成果指標として表現する。

さらに上位目的、上位成果の位置付けや構成を把握しておくと、目指すべきさらなる上位目的を見失わないですむ。

・上位目的《上位目的と目的との間にも、幾つもの段階的な目的がある。それぞれのフェイズで、行動変化が生まれたなら上位の成果が生じたことになる。》

↑〈上位目的が生まれたとき、目的は上位目的達成への手段に変わる。〉
・目的

　活動志向、目的志向、あるいは、成果志向との違いに留意すべきである。先述したとおり、お金をいくら使用したかを重視するのは投入志向であり、その金額を投入（導入）指標と考えることも可能である。手段の大きさを投入（導入）指標と捉えることは可能であり、活動は手段の実施結果であって、活動指標として認識される。働きかける対象への指標、すなわち対象指標にはその対象への意識、大きさ、スケール等を表す意味がある。そして、意図の達成度を示すものが成果指標となる。

　具体的に、大学職員は教育、研究、学生支援の目的遂行に向けて、事務という手段をもって関連する各種事業を実現することで、学生の成長という変化を成果として導き出すことに貢献している。このように、成果は目的の実現によって生まれる。

　また、一方の成果（Outcomes）志向では、組織の目的実現による成果を生み出すことが主体であり、目的実現により、組織全体や個別のセクション、そこで働く人々がどう変わったかを示す。さらにこれに加えて、ステークホルダー、組織外の人々の行動変化を成果と言う。その上で、社会の変化を促すことが上位成果として、より一層重要であるという認識の構造がある。そうした社会や人々の行動の変化を見るためには、文章も重要ではあるが、言葉だけで説明するのはわかりづらい。変化の推移を刻む数値として、あるいは、その状態の達成、未達成を知るための基準として評価に関する指標、評価指標を必要としているのが、大学の現状と言える。

5.4　個人マネジメントへの意識

　社会や組織の人、モノ、金、情報、知識といった資源を活用することで価値づけし、仕事を工夫して、創造的に動かすことをマネジメントという。マネジメントの本質は個々の責任であり、その責任の所在する根幹に個々人の認識、考え方、精神がある。マネジメントの行為には、有償、無償を問わず、

個人の内部における労力や時間等へのコスト（経費）や収支簿への意識が重要になる。そして、個人のマネジメントにはコスト（経費）への意識を育て、機能させる〈資源〉が必要であると捉えている。加えて個人マネジメントの精神のコスト（負担）には、他者へ無償で奉仕する贈与の考え方が重要であり、精神のコストに対応できる〈資源〉は、人々への信頼と人々からの信頼が中心にあり、人々に働きかける力や自分自身のモチベーションを高める工夫や創造が根源になっていると推考している。

社会や組織等の問題解決及びネガティブな要因について、積極的解決策を提案し実行してゆくために、自分自身が身につけておくべき、価値転換の方法・創造の源泉となるものを意識すべきである。精神のコストは誰かに要求すべきものではない。課題や問題について実際に解決方法を示し、自分自身の行動を変えることで人々の行動を変える。そのためにも、今日の大学改革に関わる実践リーダーの養成には必要な概念であると考える。

個人ないし組織の事業活動の実行に当たっては、基底として組織マネジメントを行っている個人をマネジメントするという考え方が必要である。個人についても、自分自身の内面や行動に関わるマネジメントを行うことが求められている。

5.5　経営マインドの養成

経営マインド[5]とは、大学の未来を見据え発展させる考え方、工夫や変革を促す、その心の在り方であると考えている。そして、経営マインドを、個人のマインドと組織体のマネジメントの重層的構造と関連性から考察し、その構造として、経営マインドを個人の成長のなかに位置付け、大学の発展に向けマネジメントのなかに生かす必要があると考えてきた。

大学職員には、大学の「運営」から「経営」への意識転換に合わせて、経営マインドの養成が必要になっている。

大学における経営とは、大学での教育、研究、学生支援をとおして社会貢献を行ってゆくことである。経営は、大学組織の発展をとおして、社会の様々な状況を変容させることにあり、個人の利己的判断や行動を助長するも

のではない。そのため、経営マインドを若い日から養成しておくことが必要である。

したがって、「経営」やマネジメント意識というものは、上位を問わず、中位から下位まですべての組織構成員が共通のマインドとしてもつべきものであると考える。ところが、この点を意識した職員が少ないことは、現在から将来に向けた大学経営の懸念材料となる。

経営マインドは、大学の長期的将来ビジョンを描くなかで養成されるものとして、組織全体を見渡して、20年から30年先を見るという長期的展望並びに、心の在り様と態度を決定する重要なものであると推考している。

5.6 大学職員の機能と役割

大学職員に求められる役割や機能を考えるとき、若いときには先輩から与えられた仕事の引き継ぎとその維持管理の業務遂行ができれば可であり、改善提案があればなお可とされてきた。一方で、一人の大学職員の成長プロセスから見た場合に、大学業務を改善、改革するという観点に立ったとき、初めて誰のための大学かという視点をもつようになる。旧来の教職員のための大学であることから脱却し、本来在るべき学生主体の大学、社会のための大学に向けた構造改革が必要であることに気付き始める。

私たち大学職員は、責任をもって行動するという認識をもとに、組織ミッションの遂行に使命感をもって活動できる自信をもつ必要がある。そして学生や教員のパートナーとしての自覚がなければ、大学という組織におけるプロフェッション（専門的職業）として、認められることはない。

プロフェッションとして目的を達成しようとするパーソナリティには〈目的志向〉が挙げられ、責任ある個人の生き方として目標設定を行い、困難や問題があっても屈することなく、成果を志向する特徴をもつ。私たち大学職員は職業人として、平素より専門的職業生活への志向として、組織における使命を優先することに邁進している。

目的志向では、組織の使命（ミッション）を遂行するために、組織における各種事業の目的を果たすことを追求し、組織の成果を生み出すことに意義を

認める。目的志向では、個人よりも組織への貢献を優先し、組織本位で考え組織志向となり、組織へ貢献するために自ら仕事の質を向上することが生き甲斐になる。この目的志向を踏まえて、さらにその上に成果志向は位置している。より上位の成果志向では、組織がさらに上位目的への志向を見失わないために、組織目的実現をとおした社会への貢献を責務としている。このように目的志向よりも成果志向をより上位に置いている。

　大学維持型業務も重要であるが、それだけでは2020年からの18歳人口激減の時代である〈ポスト2020〉を生き残れない。今後は大学変革型業務の推進機能と、大学改革の実践リーダーへと変貌する可能性とスキルを併せもつ役割を、これからの職員像として求められるようになる。

　大学職員に向けて、経営へのマインドを求める理由は一般職であろうと管理職や准経営職であろうと、将来の経営者への位相をたどることが予測されるからである。それらの人材に向けて教育や研修を行う理由は、ひとは成長することにより発想の幅や理念のもち方が転位するという考え方に基づいている。

　組織は優秀な人たちがいるから成果を上げるのではない。組織はその目標水準、志向の力強さや気風等によって、ひとの成長や自己開発を動機づけるから、優秀な人たちをもつことができ成果を上げられるのである。ひとの成長にはマネジメントの発想が重要であり、組織においても、戦略策定とその実践家等の有望人材を育成することによって、組織改革の持続が可能となる。

　専門的職業人として、社会の求める大学へと成長を求め続け、社会に認められる大学となり、社会の変容を実現するという大学の成果を志向し、実現への目的をもち、その目的の下に目標を準備することが必要になる。個人によって組織されている機関が、いかに個人の発意や参加を促し活用するかに、組織の発展はかかっている。

おわりに

　大学経営評価指標について、大学経営のトップも結果としてしか見てはいないし、部下たちも見ない。おそらくは過去の記録でしかないと思われてい

る。

　ところが、大学経営本来の事業の継続性や発展性、創造性という観点から経営評価指標を見たとき、初めて《大学の成長記録》と認識され経年変化を捉える重要な数字となる。大学創立の精神や使命と同様に、大切な数値となる。大学の使命：ミッションは、「未来に向けたメッセージ」であると解釈されるが、実際には「過去から現在を繋ぐ懸け橋」である。それと同様に、過去から現在を繋ぎ、正確に見直してから現在を未来に繋ぐものとして、経営評価指標がある。

　これを見るために職業人としての心構えや態度決定が重要となる。そのまずはじめに〈経営マインド〉が必要になり、大学や組織全体を見渡し、20年から30年先に思いを巡らし計画を行う経営感覚が必要となる。

【注】
1) 例えば、美術大学の卒業生のうち、美術教科書に掲載され歴史に名を残す人材輩出率の基準に10000分の1を置き、美術による社会への影響度合として捉えることは、社会変容を測定する際の一例と考えられる。
2) 井原徹（2008）は、大学経営評価指標研究会の草創期のリーダーであり、個別の指標が大学の教育改革力に繋がることを提唱している。
3) 「UD（University Development）概念構築の試み―大学の発展力について」、新藤豊久、『大学行政管理学会誌』、第14号：2010年度、pp. 61–70（2010）にて、UD概念の構築を提起し、SDやFDといった制度の他にも利活用できる制度等との関係を論考した。
4) 2010年度「大学における人事考課制度（事務職員・教員）実態調査」は、2009年7～8月に全国の国公立・私立大学計699法人に調査票を郵送し、226法人より回答を得たものを2010年2月にまとめ発表されている。
5) 筆者は、「経営マインドの養成―大学職員育成に向けて」『大学行政管理学会誌』第15号：2011年度、pp. 117–126（2012）にて、成果指標、あるいは、大学経営評価指標等を使いこなすには、個々人における経営マインドが必要であると論考した。

【参考文献】
　ドラッカー，ピーター・F.（Drucker, Peter F.）著　田中弥生訳　1996、『非営利組織の「自己評価手法」―参加型マネジメントへのワークブック』ダイヤモンド社。
　トロウ，マーチン（Trow, Martin A.）著　喜多村和之訳　2000、『高度情報社会の大学―マスからユニバーサルへ』玉川大学出版部。

福島一政　2010、『大学経営論―実践家の視点と経験知の理論化』日本エディタースクール出版部、pp. 37–61。
井原徹　2008、『私立大学の経営戦略序論―戦略的経営プラニングの展開』日本エディタースクール出版部、pp. 13–31。
新藤豊久　2011、「大学経営への成果指標の活用―〈大学経営評価指標〉の導入とその成果」、『大学マネジメント』vol.7, no.7：2011,10（通巻第76号）、pp. 13–19。

第2章　大学経営への成果指標の活用
―― 〈大学経営評価指標〉の導入とその成果

　〈大学経営評価指標〉を理解するに当たり、大学経営や実務の現場で用いられるマネジメントの概念が必要となる。本章では教育改革や大学改革への道筋を示すために、1970年代から現在までの流れを俯瞰し、高等教育の現場に成果指標の導入・活用が有効であることを指摘した。

1. 大学の情報公開と評価の変遷

　わが国の大学教育や改革の歴史を振り返るとき、大学の情報公開や評価の変遷について、大きく次の3つの時代に区分[1]することができる。

　1970年代までは、大学の教育や研究の情報はできるだけ外部に見せないで、非公開が当然とされていた。大学の教育改革や経営についても、インプット（Inputs：施策や事業に投入された資源、人や金〈予算〉、時間や投資）中心の時代であった。そして、1980年代から1990年代に入ると、大学は人々や社会に向かって開かれ始め、特に大学と産業界との連携が少しずつ認知され、情報も徐々に公開されるようになって来た。アウトプット（Outputs：施策や事業を自分たちの裁量でどれだけ実施したか、その直接的な仕事量や業績、生産物）中心の時代であった。この時代は外部からの評価基準による評価を受けていたわけではなく、もっぱら自己点検や自己評価の時代であった。

　ところが、2000年代に入ると、問題の中心はアウトプットではなくなり、アウトカム（Outcomes：施策や事業の結果に対する、本質的な成果や効果、組織の利益、さらには、顧客の満足やベネフィットの向上等、第三者の評価や判断が伴う）中心の時代に入った。第三者評価と認証評価の時代となり、それまでは二次的作用と見なされた効果、価値、意義がクローズアップされ、人々への感情

や学習、経験といった、本質的な社会への働きかけが重要視され始め、社会や文化への使命や貢献が問われだした。その結果として、税金が投入される機関（病院、警察、大学、自治体、政府等）には、社会への情報開示が求められ、「独立行政法人等の保有する情報の公開に関する法律」等の改正により情報公開が進展している。

2. 教育の現場における成果意識の向上

　2000年以降、教育の理想とする成果（アウトカム）意識の向上を受けて、教育の現場には優れた教育結果（アウトプット）を生むために知的資源投入（インプット）を洗練することに懸命に励む教員の姿がある。教育の分野ではことにインプットを強調するものが多く、例えば、教育方法、指導内容、教材開発、優れた教師等をテーマに、現場で取り組まれるほとんどの事例は、インプットに関する内容が主流である。そして、直接的に教育のアウトプットである成長した学生の姿をモデルに置いたカリキュラム、教育方法等に力点を置いた教育プロセスを構成することになる。つまり、学生の理解度が測られるテスト並びに、具体的なレポート、発表（発言）や行動（活動）結果などで学修・調査・研究成果が生まれるようにアドバイスし、指導や支援を行うことが主体になる。

　教育現場で、教育プロセスを中心とするインプットに関心が高まる理由の一つに、学生への教育プロセスは教員同士で共有化しやすいことがある。教育プロセスの提示であれば、教科書を示しておくことで知識探求の過程を、学生に提起できるとする教員の意思と、教育方法が明らかになる。学生への授業実施の結果生じる学習成果に対し責務を果たすという考え方は見えにくい。

　本来、教員にとって学生たちは、授業や試験を通し、テスト結果を左右できる対象や従属者ではない。むしろ、教育の責任の所在を考えれば、教員の顧客やステークホルダーとして認識すべき存在である。現状の大学教育の現場では授業正課の他に正課外の教育が増える傾向にある。そこに教員だけで

はフォローできない教育エリアが増えることから、職員には積極的に、教員と職員の中間エリアの教育を引き受けることが重要になる。教職員が、学生たちを顧客として明確に捉え、大学理念のもとに実現したい使命（ミッション）を掲げることで、現状改善から歩を進め大学の教育改革へと進展することができる。その上で学内の教職員自らの活動への振り返り、並びに、学生の成長への責任及びその重要性を認める意識の高まりが起因して、取組への目的志向を向上させ、さらに教育改革から大学改革へと発展を促す。

このように教育循環をとおした価値の転換という意味から、成果（アウトカム）の重要性への認識が育ち、学生をはじめとするステークホルダーに対し、教職員の成果（アウトカム）指標測定をとおして、より良いインプットを導くことが可能となる。この連鎖が、成果指標の実際的効果となる。

3. 成果とは何か

企業等の組織は、理念をもとに実現したいことを使命（ミッション）とし、ビジョン（実現した状態を映像のように視覚化したもの、イメージとして目に浮かぶ）に展開している。それに基づき各ドメイン（事業領域）に応じた事業戦略や経営戦略を立て、戦略をブレークダウンして中長期計画・年度計画を策定している。それらの実現に向けて、実現に至るまでの途中経過点として幾つものゴール（目標）が設けられている。これに加え、さらに組織の部門や個人単位に落とし込んだ内容が、業務目標・計画へと焦点を移し、特化されてゆく。

理念は組織行動に伴う価値観を有するものであり、組織の使命（ミッション）やビジョンは構成員間で共有化されることによって、組織の部門の事業目標や個人間での職務（業務）目標として認知されるようになる。

このように組織的に目標到達（管理）を制度として、機能的に用いることを目標到達（管理）〈Management by Objectives〉[2]と呼ぶ。その際、組織の事業や活動の成果は、構成員の意識の在り方や価値観の共有の仕方に影響を受ける。よって、価値観を統合し共有化できることにより、その集団内や組織

内において、事業や職務（業務）結果（成果）をどう見るか、仕事の〈成果とは何か〉を問う姿勢が重要になる。このとき成果を問う物差し（尺度）が必要となり、それが成果指標と呼ばれる。すなわち、価値観の共有化を確認し相互チェックが行える組織において、成果指標は機能するものであり、成果指標を導入する際には、組織的に目標到達（管理）制度を併せて導入することが、より一層有効な作用となる。

一方、大学は建学の精神、あるいは大学の理念をもとに、大学の経営や教育、研究、社会貢献について、それぞれの分野に応じたマネジメント〈PDS、あるいは、PDCA〉[3]サイクルを機能させている。建学の精神や大学の理念（しばしば私立大学等の学校法人においては、大学の理念は建学の精神に相応する）が学内の各機関に反映される形で使命（ミッション）等に展開されている。

大学で行われるどのような事業も、大学の理念に適合しなければ、成果（結果が出た、実績が示された）とは言えない。筆者は、学生を中心とする顧客（ステークホルダー等）に起こる良い変化を把握するための情報（数値やデータ）の基準を成果指標と考えている。成果の物差し（尺度）、つまり成果指標が、学内顧客（学生、教職員、各セクション等）や、学外顧客（企業、研究機関、自治体、行官庁等）に、結果（成果）への判断を促す基準（値）となる。

◇成果指標＝アウトカム指標＝目標達成には、価値観が伴う。
⇒組織内で大学（組織）の〈価値観の共有化〉が必要になる。
⇒施策や事業の実施によりステークホルダーへもたらす効果、成果を表す指標

したがって、大学の永続性が危惧される時代に入り、環境の変化に合わせて、使命（ミッション）や目標は、大学の理念に基づきながら先導的に創り替えられる必要がある。これをもとにアウトカムとしての大学改革の意味を捉え直すことから始めなければ、事業成果を問うことにならない。日常的に改善や工夫がなされていくことがマネジメントの基本であるとすれば、組織にマネジメントの考え方を定着させることが、大学改革の起点となる。

大学改革はある日突然始まるわけではない。私たち教職員の組織へのマネ

ジメントを通して、マネジメントサイクルが機能し、組織行動が変化することで、組織目的の達成方法についての工夫や改善が生じる。大学に限らず組織では、昨日よりも今日、今日よりも明日と、組織の発展に向け、組織の存在自体がスパイラルアップすることを志向していなければ、改革や変革といった、顧客（ステークホルダー等）にとって良い変化は現れない。組織へのスパイラルアップ志向が、毎日の瞬間、瞬間の小さな変革を生み、その積み重ねが少しずつではあるが、新たな大学改革を生み出し変化を押し進めている。そうして、このような考え方や価値観の共有が根付いた組織では、すでに大学改革は始まっているのである。毎日の積み重ねの継続という成果を見つめるために、成果指標は組織に必要なスケール、物差しとなる。

4. 成果指標：良い変化の把握

ビジョンが、将来への構想を表すものであるのに対して、計画とは〈達成したい目標〉とその方法である。ビジョンは、組織が目指すべき将来の姿であり、組織全体の共通の目的となり、構成員の心を鼓舞することから戦略[4]を導く。そして、ミッションは、組織の存在する理由や役割、そして誰にどんな価値を提供し役立とうとするのかを定義し、組織の実現したいことを示す。

かつて、大学のインプットは、教育であり、アウトプットは、研究と考えられて来た。近年、社会貢献が教育基本法（平成18年12月）、学校教育法（平成19年6月）等の改正でクローズアップされたのも、実は、大学ではアウトカムが重要であることに気付き、初めてとった施策と捉えている。社会貢献をボランタリー精神と考えることも可能であるが、その上で、社会貢献とは、大学の成果を社会に提供するというもう一つの意味が背景にある。

インプットとは経営資源の投資、投入である。アウトプットに関して、学生にあっては学習成績評価、職員にあっては目標到達度評価が実施されている。ところが、学生への授業アンケート結果を学外に公開する試みすら教員の反対にあって実現しないケースがある。教員評価においては実施する大学

のほとんどが国公立であり、私立大学は未だ少ない[5]。
【顧客とは】
　大学における顧客とは、学生や卒業生、家族などのステークホルダー及び、企業や他大学という組織そのもの、あるいは、クライアント（client：個人や組織に資金などを提供（寄付）し、能力を高めるチャンスや場の提供者）等である。顧客を創り出すためには、未来のために必要な今日のマーケティングと明日からの未来を創るためのイノベーションが必要である。マネジメントは、ヒト、モノ、カネ等の資源に依存し、その資源を成果に変える機能をもち、社会的責任を果たし、事業をさらに良くしていくための蓄えとして、成果実績（アウトカム）と利益を生む。

　　◇成果指標：組織の経営を評価する際の共通言語
　　：顧客に起こる良い変化を把握するための情報（数値やデータ）の基準
　　：経年変化を見てゆけるのが、マネジメントの概念である。

　変化する組織の経営を評価する際、組織内の構成員に求められるものが、認識を共有化するためのコミュニケーションツールであり、共通言語となる成果指標である。数字の背景にある社会動態や政策、歴史の事実、法律や規制の根拠となる考え方への理解が必要であり、空間軸や時間軸で、数字を語れなければ、成果指標と言えども数字は数字でしかない。その意味で、成果指標とは、顧客に起こる良い変化を把握するための情報（数値やデータ）の基準である。
　ことに現在が未来の始まりであるように、20年、30年先をイメージすることがなければ、今そこにある事実や現象しか見出せないし、語ることができない。過去から現在までの経年変化を見て、在るべき近い将来の姿や近未来像、社会変化や予測可能な事象をもとに、組織の将来計画を導き出してゆくのが、マネジメントの概念である。
　ここでは顧客に起こる良い変化とは大学改革を指し、改革のためには組織の構成員である、人の行動を変える必要がある。例えば、教員の手がけるシ

ラバスについて、授業プロセスを書くのではなく、授業を受けた結果、どのように多様な考え方と価値観を理解し、具体的行動に移す思考力を身につけた人材に変化できるのかを示すことが必要になってくる。また、職員が設定する個々の事業目標や計画について言えば、どのように事業計画を実行することで、どのような大学に変貌できるのかを示し、その結果、学生への影響として、どのような成長に繋がるかを認識できることが重要となる。

　経営改革とは、大学の諸資源（ひと、物、金、情報、知識）の環境を変化させ、価値付け再資源化することであり、大学教育の改革等を含めてこれらを〈大学改革〉という。大学改革と大学経営改革の違いはその取り組みの主対象が異なり、改革のサイクルにおける位相の差異として捉えている。

5. 大学経営評価指標
　—— 大学の成果を導くための目印、チェックポイント

【大学経営評価指標研究からのコンセプト】
　大学行政管理学会には、比較的多くの研究会が活動しており、そのなかの一つに筆者の所属する「大学経営評価指標研究会」があり、2002年9月に設置され研究活動を開始している。〈大学経営評価指標〉は、大学経営を具体的に点検・評価する仕組みや手法が見当たらないことから、研究の背景を図1のように捉え、私たちの研究会が一般社団法人日本能率協会（JMA）に共同研究を依頼し開発したものである。
　大学経営評価指標研究の目的は、次の1から3が主体である。
1. 事業の目的・成果の明確化、情報や課題の共有化
2. 成果の見える化・可視化して、大学経営状況把握
3. 大学使命達成への手段の検討と効果把握の論理性の追究

【大学経営評価指標】
　大学経営評価指標は、指標値を把握することにより、自分の大学の経営状況や経営のもととなる教育改革の現状を知り、充実すべき方向性を定め、そこに到達する組織行動として具体的な計画を策定し実践することに効用があ

る。その上で、活動の結果をチェックし、さらなる経営戦略の見直しにリンクすることにより、大学経営や大学改革を刷新し、革新してゆこうとする考え方や道具そのものである。[6]

【時代潮流】

先述したとおり、大学教育において学生を顧客やステークホルダーとして見る観点から、第三者による客観的評価や認証評価に大学は真摯に応える義務がある。さらに、大学経営そのものが税金投入の対象機関となっていることから情報公開や積極的開示を社会から求められている。

自己点検評価・認証評価という概念には、客観的基準（値）や判断が求められる。この基準（値）として効用を果たすのが大学経営評価指標である。自己点検、自己評価という〈制度そのものの導入が目的の時代〉から、第三者による認証評価（アクレディテーション）という考え方に移行して、〈認証評価の結果やデータを活用することが目的の時代〉へと大学を取り巻く時代の潮流は動いている。

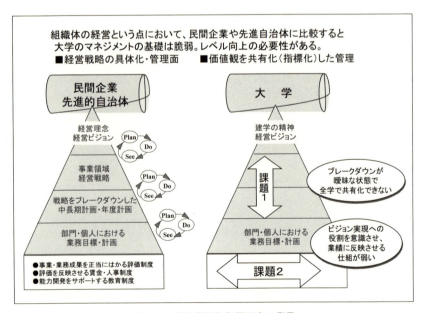

図1　大学経営評価指標研究の背景

〈制度の導入が目的〉の時代 ⇒〈活用することが目的〉の時代へ
Outputsの時代　⇒　Outcomesの時代へ

　そして事業活動の結果やデータを活用するためには、学内のデータ測定の共通化等、わかりやすく分析・報告することが求められる。これに関連して、IR（Institutional Research）の導入が問われている。IRについても、一部の評価部署だけで分析するのではなく、各現場で実践的に分析・改善をすることが求められている。
　より良いインプットを促すように成果指標の提示の仕方やその応用について、私たち大学教職員や関係者が、具体的な研究や開発を推進し、大学改革や大学経営に資する旨を社会に発表し効果を問うことによって、成果指標の活用と発展への道筋が開ける。

6. 大学経営評価指標の導入事例と実績

【目的を成果指標（データ）で把握】
　18歳人口急減期の2020年以降の事象に対し、筆者は〈ポスト2020〉と名付けている。高等教育機関では、〈ポスト2020〉の時期以降を睨み、大学経営強化の時代に突入している。現在、大学の各種事業（教育、研究、社会貢献、知財、起業等）の目的を果たすために、目標到達度合いを成果指標（データ）で把握することが組織内の共通スキルに変化しようとしている。Inputs、Outputs、Outcomesの現象やデータを見て、経営戦略を立てられる人材を育成することがマネジメントサイクルを廻す上でも、各大学での重要な課題になってきている。
　このような状況を背景として、大学の経営・教育に関する成果指標の重要性を認識し、大学経営評価指標を大学改革や教育改革に生かしている日本の大学の実例が、すでに25大学に及んでいる。先行導入している国公私立大学のうち図2から、ここでは特に3大学を取り上げ紹介したい。

◇室蘭工業大学：2004年度に自己点検・評価（大学経営評価指標）マネジメントシステム導入以来、大学HPにて、大学経営評価指標の測定値を公開しつつ、中長期計画、大学の改革、そして教育改革や改善に向けて、教員評価システムを始め、真摯な取り組みを一貫して継続する国立大学法人として着目されている。

◇岩手県立大学：2006年度の導入時より、業務データ、学生、企業アンケート等の収集・分析、改善を継続的に実施。2011年からの第2期中期目標・計画では、全学に加えて、学部・部局ごとに独自の目指す姿、成果指標を設定し、年度ごとのPDCAを着実に運用している。

◇中央大学：2007年の導入以来、自己点検・評価マネジメントシステムを自己改善メカニズムの構築に向けて活用し、総合大学の取り組みポイントとなる全学部の統一指標化を可能とした。大学評価推進課がデータと数値の集中管理を行うなど、学内に対し積極的に成果への意識付けを実施している。

【大学経営評価指標の利便性、導入効果】

大学改革や教育改革について良くなったことが印象としてしか語られない。

室蘭工業大学－2004年度導入	関西学院大学－2005年度導入
岩手県立大学－2006年度導入	日本福祉大学－2006年度導入
県立広島大学－2007年度導入	東京電機大学－2009年度導入
金城学院大学－2006年度導入	中央大学－2007年度導入
跡見学園女子大学－2010年度導入	龍谷大学－2009年度導入
自治医科大学－2006年度導入	中村学園大学－2011年度導入
神戸学院大学－2008年度導入	名城大学－2011年度導入

図2　大学経営評価指標研究（自己点検・評価マネジメント）システム　導入大学例

そのような状況を可視化し、「見える化」することが大学経営評価指標の役割になっている。成果が目に見えないからこそ、大学経営評価指標を導入する。国立大学法人の中期目標には指標を設定するようになっている。大学経営評価指標の幾つかの特長として、次のような事項が挙げられる。筆者は、最終的に大学発展力を意識した成果の設定を目指すものと捉えている。

・全学部の統一化が可能
・データと数値の集中管理
・成果（outcomes）への意識付け　等

7. 大学改革と教育改革プログラム

　ここでは、大学改革とは何か、大学改革と教育改革プログラムの関連について、女子美術大学を例に改革に対する考え方や取り組みの一端を紹介したい。

【大学改革】
　大学改革とは「学生の未来を切り拓く」ことである。このことを大学のミッションとして女子美術大学では、大学改革を推進している。理念としては、人と社会を変えるアート＆デザインという新たな構想の下に、学生がアート＆デザインの幅広い知識や技術を習得し、様々なポジションや視点に立って、学習や教育・研究に取り組むことができる柔軟な発想と表現力、プランニング力等を育成したいと考えている。この改革は学生の国際コミュニケーション力向上と教育の質の保証、学生の自主性、社会参画をテーマとして達成するものであり、海外大学との協働連携が重要な柱となっている。学生主体の教育理念を構築し、学生の成長を第一目標に掲げ、学生を大学の中心に置いた大学づくりを行う。そのためには、〈世界ランクの美術大学への変貌を実現する〉必要があり、その装置を必要としている。さらに、芸術表現が高度化し多様化する社会に対応し、学生が個人の専門領域のボーダーを越えて、隣接分野や学際的分野（異なる学問分野が関連する分野）にも挑戦し、学生同士で

教え学び合い、学生相互に影響を与え合うことをテーマとするカリキュラム編成を開発する必要がある。

すでに本学では、創立110周年の2010年に、アート＆デザインのクリエイティブな分野を切り拓き、社会で次代をリードする多彩な人材を養成することを目的として、教育改革に全学を挙げて取り組み、新しい「女子美」を社

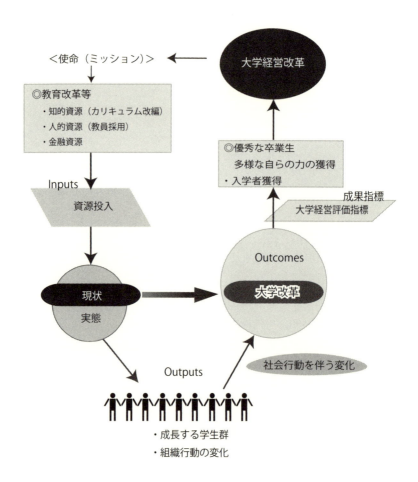

図3　大学改革のサイクル

会に発信し始めている。

　また、このような大幅な教育改革とは別に、女子美術大学・女子美術大学短期大学部では、図3のとおり、常に現状を点検し、成果に対して評価し直すことを重視している。これにより、日々の改善と新たな提案や企画を育て小規模ながらも、着実な教育改革を毎年積み重ねることができる。大学が実施する小さな改革は幾つもの年月を経て、やがては大きな改革を導き、21世紀の社会を変えるような契機となる可能性を有している。

　本学の改革は、アート＆デザインの可能性を拡大し、新たな社会での使命と役割を創造し発展させるものと捉えている。絶え間なく続く大学教育の改革、改善は、新たな研究のシーズ（種子）となり、アート＆デザインが社会に貢献することに結実してゆく。

【教育改革プログラム】

　個々の大学では現状を見直し、着実に歩を進めるために教育改革プログラムを必要としている。その下には、多くの学生たちが参画する多様なプロジェクトがあり、実践活動へと具体化すべきものと捉えている。教育改革プログラムを、本学では現在から未来への架け橋として、未来創造型事業と認識し重点的に位置づけている。そのような教育改革の一端が時宜を得て、文部科学省をはじめとする社会的評価を得ることがある。これまで述べたとおり、教育改革や大学改革は、その成果を第三者が客観的に認識し、評価を下すものであり、個別大学が自ら評価することは困難である。その点からも文部科学省のような第三者的評価を行う機関は得難い存在である。

　文部科学省に申請し採択された各GPは教育改革プログラムの一端であり、GP採択終了後も、本学が真剣に取り組み、本学の特長として伸展させ育ててゆく取り組みとなっている。その多くは、これからも継続するテーマであり、本学の教育基盤あるいは、研究基盤へと発展するプログラムとなりユニークな息の長い取り組みとなっている。

　本学は未だ申請に至らない多くのプロジェクトを有し、教職員が協働し学生を中心に展開する、グループワーク、チームワーク、ファシリテーション（円滑に促進すること）等の教育方法を導入している。そして、プロジェクト型

学習（Project based learning）を基幹に、学生と教職員がより一体となって育ててゆくプログラムを推進し、各プロジェクトを大学が使命をもってサポートし育成する、学生支援システムとなることを目標に、教育改革プログラムを実行している。

【注】

1) 旧文部省の大学設置基準に基づく設置認可の時代から、学生消費者主義の時代が到来し、1991年には設置基準の大綱化を受けて、自己点検、自己評価のシステムが生まれる。この間に各省庁をはじめ様々な機関で行政評価等の方法が研究されており、文部科学省では認証評価のシステムを導入している。
2) ドラッカー, P. F.（Drucker, Peter F.）著　上田惇生訳　1996、『新訳 現代の経営 上』（ドラッカー選書）ダイヤモンド社。
3) PDCAは、内部の視点から日常的方針やマネジメントを認識する要素が強く、改善へのスピードが速い。計画どおりであまり変更がない環境での改善活動に作用しやすい。一方、PDSは、変動する外部世界への認識をもとに評価に重点を置き、スパイラルアップを求めて、次のステップに移動するという考え方をとり、外部世界への対応をとりやすい。See（評価）の結果から次に、新たなビジョンや目標を設定することがあるため、別に新しいプランを生み出すケースがある。いずれの考え方にも利点があり、本章では、両者を交えて説明を行っている。
4) Mintzberg, Henry（1994）. *The Rise and Fall of Strategic Planning*. New York: Macmillan. ミンツバーグ, ヘンリー著　黒田哲彦・崔大龍・小高照男訳、中村元一監訳、1997、『戦略計画－創造的破壊の時代』産能大学出版部、pp. 72–82。
5) 日本私立学校振興・共済事業団調査では、平成10年度で教員評価実施率は2.1％（私立大学数444校のうち、390大学が回答中8大学）、平成15年度は14.3％（私立大学数526校のうち、463大学が回答中66大学）と増加しているものの、実施率は低い。
6) 井原徹著　2008、『私立大学の経営戦略序論―戦略的経営プラニングの展開』日本エディタースクール出版部。

第Ⅱ部
大学経営とは何か

第3章　大学経営学の必要性

はじめに

　大学経営に関する直接的な研究を手がける学会として、もっぱら大学職員、理事・理事長、教員等の所属する大学行政管理学会があり、2009年12月現在、1,300名ほどの会員を有している。その活動としては、経営とマネジメントの実践面での理論構築とその手法、スキルの開発等を主体としている。他方で、大学教員の多くは実際に経営に関与することが少ないこともあり、自らの専門分野をとおして大学経営を見ている。

　これまで大学は知の共同体として活動を続け、教員を中心に理事会等が運営されてきたが、今は、知の共同体を束ね、新たな発展を目的とする知の経営体へ脱却する段階にきている。これからは、大学倒産が徐々に増加してゆくなかで、非営利組織である大学が管理運営の時代から経営の時代へ移行し、実務家たちの経験知を理論化し、さらに、大学経営を科学する大学経営学の構築が必要になると考える。

1. 大学経営学の必要性

　大学経営が扱う主なマネジメントの対象には、組織、人事、施設・設備、財務、教育、研究、学生支援等の分野があり、経営学の発想や知識、手法が必要であると認識され、トップ・マネジメントをはじめ幾層かのマネジメントが展開されてきた。しかし、今日に至るまで、大学経営を専門とする学問領域が特定されていないことから、知の探求成果や経験知の集積や構築が進展していない。ここでは大学経営学構築の必要性の背景から、大学経営学の定義、目的、意義等について考察を進める。

1.1 大学経営学構築の背景

　企業に経営が必須であるように、大学や病院など、非営利組織の機関においても、経営は重要な機能、行為となっている。大学は高等教育機関として位置付けられ、人材養成や社会貢献の実行をその活動目的に掲げ、公共に資する教育の一端を担っている。そのため、大学は利益至上主義に基づく事業活動を行ってはならない。なぜならば、大学は未来の社会を創造する人材の養成や社会への貢献を行う目的の下に、ときには経営利益を放棄するだけでなく、自らの経営資源を投入してでも、組織の存在意義をかけて使命を果たすことに責任をもつからである。

　ことに、私立大学は、学校法人の自己資産（資金）によって設立・経営されることから、私立学校と言えども、大学の事業倫理だけではなく、自主性を重んじるとともに公共性を高める必要があるとして、法規により利益を目的として事業をできない旨を掲げている。具体的に、私立学校法の第1条には、「この法律は、私立学校の特性にかんがみ、その自主性を重んじ、公共性を高めることによって、私立学校の健全な発達を図ることを目的とする」と規定している。ただし、私立大学は学校法人等の自己資金に基づいて設置されるものである。その学校法人の経営には自己資産が必要であり、その資産形成と運用により、その収益を私立学校の経営に充当するために、収益を目的とする事業を行うことが一定の範囲で認められている。同法第26条では「学校法人は、その設置する私立学校の教育に支障のない限り、その収益を私立学校の経営に充てるため、収益を目的とする事業を行うことができる」としている。

　私立大学に限らず、国立大学法人や公立大学法人等において、どんなに崇高な教育や研究、社会貢献、学生支援等への理念を提唱しても、資金や経費なくして、人、モノ、情報、知識等の資源獲得は困難である。

　そこで必要になるのが、大学経営の理念とノウハウ、実践理論と実践事例等を集合した、特定の学問分野、領域である。わが国の高等教育機関には、経済学部や経営学部を有する多くの大学があり、ビジネススクールを開設する大学院もある。ここで研究される経営学とは企業経営学であり、大学や病

院等の非営利組織を対象としてこなかった歴史がある。また、大学によっては自治体や行政関係組織を対象に、公共政策に関する行政学等の学問領域を立てるが、経営学を主体とした大学経営学は追究されていない[1]。

さらに、わが国の教育学の分野においては、初等・中等教育・高等教育の概念区分の下に、学校経営等を研究対象領域とする大学院が開設されている。すなわち、教育学から見た、初等・中等教育の学校経営者及び大学のアドミニストレーター養成[2]が実施されてきた。しかるに、経営学という分野が学問として成立するなかで、領域を「大学」に特定しアプローチする大学経営学が考究されているわけではない。

1.2　大学経営学の定義、目的と意義

大学経営学とは、大学という社会制度にフォーカスして、大学の組織や諸事業の成り立ちを一般化し、社会的な資源とすることであると定義できる。

大学経営学の目的は、大学経営について個人の経験知を理論化するだけではなく、科学的分析を加え理論や法則を見出すことにより、大学自身の発展と大学の目的を達成することにある。

その意義は、第一に、非営利組織である大学が管理運営の概念から離れて、経営概念へと価値を転換し、パラダイムシフトすることにある。第二に、大学が経営の時代へ移行し、実務家たちの経験知を理論化し、大学経営を科学的な観点から捉え、理論や状況分析を基に、大学が直面する課題探求やその問題解決を行うことにある。そして、第三に、現実の大学経営に特化した知識・経験・実績値の集中、及び、問題解決の理論創出や法則の発見等、新たな知見を構築することにある。

さらに、大学経営学は実践の学問であり、導き出された理論や法則を大学経営という現場で実証することが求められる。また、大学経営学の基本原則や実践知は、現場での経営行動により掴みうるもので、経営現場におけるマネジメントの実行により初めて確認できる。すなわち、経営のフィールドにおいてのみ理論の検証が可能になる。

また一方、大学経営学には理論等の構築について、上記の目的とは別に大

学経営学の〈場〉の形成を、次の3点から必要としている。
① 場とは、人々がともに参加し、コミュニケーションにより相互の理解と働き掛けを行えるフレームを指す。
② 場の特定：人が集まるには、〈場〉を特定することが求められる。場の特定により知識を集合することが可能となる。
③ 場の共有：〈場〉の共有が行われることで、人が論じたことが一般化され、認識が共有化される。

1.3　企業と大学の相違点

　大学経営は企業経営とは別物であるという考え方は、設立目的や資本概念、経営行動等の差異として認められるが、組織体の存続や発展という概念の必要性から見たときには受け入れ難い。企業のもつマネジメント力の駆使は、大学においても、組織活動の合理性を求める立場から有効である。大学は教育研究活動による人材養成や社会貢献が最大目的であり、営利追求を第一としないことが企業と大学との大きな相違点である。けれども、所与の諸資源をマネジメントして、組織の発展、成長のために最大限に活用することが求められるという点では共通のポジションにある。

　また、企業は利益追求を最大目的とすると言いながら、社会的ミッションを背負って活動しており、社会生活の向上や福祉、安全、安心といった社会のベネフィットにも貢献している。これらが企業の設立目的の一つとなっていることも事実である。とはいえ、企業の最大目的は利益追求であり、組織の社会貢献はその後に来るテーマとなっている。

1.4　大学経営の内側

　経営の現場を預かる職員には経営学の基本原則となるマネジメントが求められる。経営学をどのように大学の現場に応用するか、経営〈論〉を知り実践経験を積まなければ、獲得した知識やスキルに基づき、思考力、創造力を理屈どおりには発揮できない。つまり、経営者自身、あるいは経営に関与する者は大学経営の現場に立ち、実践のなかで経験し知りえた知識・情報の活

用、並びに、マネジメントによる各種事業の成功事例や失敗事例の内容を、分析し理論化する力が必要である。

そのため、経営におけるマネジメントの現場に立つ者には、最低限の理論や知識が要求され、研究や研修が必要とされるのである。これらの繰り返しのプロセスのなかで、職員や教員は現場でのリアルな体験を内省し意識化することが可能になる。そして、現場体験を相対化し、幾つもの現場体験を体系的に捉え直す等の客体化へのプロセスを経て、自分自身の体験を経験化することを学び実践力を培う。体系化された学問のなかには、ディシプリン（専門分野）を構築する学問フィールドがある。その一方、現実社会の中には困難な問題が山積し、課題解決に取り組むために、より多くの人材と知識等の資源投入が必要なフィールドがある。その多くは学問として成立することを求められ、既存の知の体系に収まらず、新たな知の体系化のもとに、認知されてゆく学問領域である[3]。大学経営学は、わが国の高等教育が経営困難な時代に入り、その現実課題を解決するための学問として構築されるものと考える。

1.5　大学経営の外側─脱近代の大学経営

近代社会が国家や政府の象徴する全体性への信頼を機軸とする社会を意味していたとすれば、ポスト・モダン（脱近代）の現在ではすでに、全体性への信頼が失われた社会となっている。大学を例に取れば、1991年の大学設置基準の大綱化以降、文部科学省（旧文部省）の護送船団方式による大学保護行政は徐々に姿を消している。文部科学省の競争的資金の一つであるGP（Good Practice）導入が一つの典型であるように、競合・競争する時代に突入し、競争原理に基づく施策が政府レベルでも実行されている。

20世紀末に、わが国の社会では全体性への信頼が終焉を迎え、次の時代に必要なこととして、各大学には競争原理に対抗するマネジメントが求められていた。しかしながら、マネジメントそのものが確立されていない。21世紀が競争の時代であるからこそ、大学職員等の個人にも組織にも、マネジメントや経営学が求められている。

ゆえに、脱近代の大学経営を目的としてマネジメントを介した大学経営学が必要である。しかも、大学職員の職能集団により、大学経営に必要な知識、スキル等の整備が行われると同時に、大学職員に関わるプロフェッション（専門職）育成に向けスタンダードが形成されることは、大学が競争原理の時代を生き抜く上での必須条件となる。

2. 大学経営学の分野・領域と大学の目的

2.1 〔学〕と〔論〕の差異

　現実の問題や普遍的課題を解決する際に、事象を相対化し、より客観的に捉えるために科学的にアプローチすることを学問（Science）と呼ぶように、学問はそれ自体現実的な事象や事実を突き止め、本質的要素を取り出すことに主眼を置いている。

　藤川正信（1997）[4]によれば、〔学〕とは、考究される対象が普遍性を持ち、ある歴史的経過を経ている。その過程で研究の積み重ねによる論理の構築が着実に行われている。その構築された要素となるものは、通常各論として展開されるといった条件を具備する。また、〔論〕は、〔学〕と同一レベルの高い普遍性をもたない代わりに、対象に関して〔学〕に求められるのと同様に、厳密な論証や検証を経て構築される内容を有する、という。

　学問（Science）と論・研究（Study）に区分されることからも理解されるとおり、〔学〕と〔論〕との違いは、一般的に、すでに確立した体系をなすものが〔学〕で、現在進行形で生起し、確立しつつある状態のものを〔論〕として区別する場合が多い。

　つまり、学問を構成する要素として〔論〕があり、〔論〕を束ね、厳密な論証や検証を経て、分類、整理を加え、体系化すると〔学〕に高められる。この推考から、「経営学」はすでに形態が整った学問であると言えるものであり、「大学経営学」の方は未だ諸説が乱立する中で、これからその全容を明らかにすることが必要な《学問》であると考えられる。

第Ⅱ部　大学経営とは何か　53

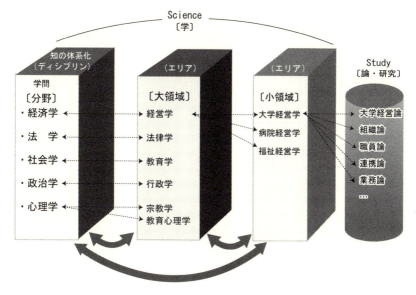

図1　〔学〕と〔論〕

2.2　大学経営学の分野・領域

　経営学を中心に置いて、図1のように、大学経営学が関係する隣接分野及び異分野と融合することで、相互の研究領域や活動範囲を拡大でき、シナジー効果をもたらすことが可能になる。そして、経営には組織の実行力を必須とし、組織行動により目的を果たすことがその本質となっている。

（1）学問と領域学

　専門科学として固有の一般理論を適用する対象世界の学問をディシプリンの学問と言う。榊原清則（2002）は、法学、政治学、経済学、社会学、心理学等の学問分野のように、対象となる世界の事象について、理論や一定の枠組を適用し、探求方法を特定する学問をディシプリンと呼ぶ。一方、ディシプリンから派生する領域としては分野ほど大きくはないが、その下により小さな範囲の学問があり、法律学、行政学、経営学、教育学、宗教学のように、対象となる世界を特定化して、多面的に探求する学問を領域の学、と言う。

　つまり、領域のさらなる領域特定化による〔学〕が成立することにより、

知識等を束ね、体系化することを可能とし、訴求力をもつことができる。

(2) 領域の学としての確立

主たる学問分野として経営学を中心に置き、細分化された領域として「大学経営学」が確立される。これにより、「大学経営」に関する研究領域のデータや知識、資源が集中化する。すなわち、研究データや人材資源の投下と蓄積化により、これまで等閑視されてきた事実や課題が可視化される。

したがって、大学経営学の確立により、社会的課題や問題の解決を実行するステージが整備される。

(3) 複合領域、学際領域の開設

学問体系として、既成の学問である教育学を見ても、教育社会学、教育経営学、教育歴史学、教育福祉学等の学問間の複合と、その領域の融合により学問の学際性が進展している。大学経営〈学〉の系統性・体系性、複合性・学際性を総合的に考慮したカテゴリーが必要である。

大学経営〈学〉は、他分野との関係性と研究の関連付けを整備する必要がある。具体的には、大学経営〈学〉と教育〈学〉、社会〈学〉、会計〈学〉、行政〈学〉等の分野・領域との融合が可能である。例えば、大学経営金融学、大学経営教育学、大学経営行動学等、従来の分野・領域にはなかった新領域が開設される可能性を開いている。

2.3 学問的な裏付けによる支援

大学という知の共同体を成長させ、発展させる目的を果たすには、知の経営体という別個の概念が必要となる。知の経営体に移行、脱皮を図るには、経営に関係する人々が集合する場、経営に関する知の集積の場が必要になる。

それを用意できる場が、学問というエリアやフィールドであり、科学的な考え方による裏付けの中で、より大きな知の創出を生む行為や活動を促すことが期待される。学問的な集積が多くなれば、大学経営の日常的業務やマネジメントの現場での事業効果の測定、並びに、その理論的裏付けや定量的検討（事業領域の開発工程や事業開発者のスキルの向上等）が増加する。

また、科学的根拠に裏付けられた理論の社会的、学問的価値について、学

問フィールドへの参加者・研究者により客観的評価が実行される。

　大学経営者、あるいは大学経営に関わる者は、日常的に大学の経営研究や事業開発、その活動とマネジメントに取り組んでいる。その際に、どのような事業を開発しサービスをすべきかという問題について、内外の実情を調査し創出した事業の企画、技術やスキル等について、プロセスマネジメントなどを行っている。

　経営者たちが大学の事業計画の是非を意思決定する際に、大学経営学等の学問的裏付けがあれば、マネジメントの正確さや迅速性を経営面から支えることが可能になる。

　そして、学問的裏付けによる支援により、次の①から③の成果や変化が出現すると考えられる。

①個人の英知から職員や教員の知へ

　　　大学経営学の学術的進歩と学問的裏付けにより、個々の経験知が理論化され、個人の英知を生み、それが、やがて職員や教員の知に還元される。

②個別大学の英知から集合的大学の英知へ

　　　個人の有する大学経営への経験知は、これまで各大学の経営の場に生かされ、個別大学への貢献に留まっていた。しかし、今後は大学経営学の学問エリアやフィールドに還元されることにより、集合的大学の英知となり、さらに社会へ一般化されることになる。これにより、大学の領域に留まらず社会への貢献として結実する。

③セイフティ・ネットワークの構築

　　　社会的には大学経営の維持・安定に貢献することになり、個別大学に資するのみならず、多くの大学の経営倒産を防止するセイフティ・ネットワークの構築に役立つ。

2.4　大学の使命と経営目的

(1) 大学の使命

大学は、知識や創造力を育成するばかりではなく、ひとの心と心を繋ぎ、

心の発達を促すことや可能性を引き出すことを、その教育の本質としている。自らの課題を見つけ、自己発見する場所であり、そして、自らを表現することに自信を与える場所である。あるいは、卒業した後に安心して帰って来ることのできる場所であり、「共同的社会：コミュニティ・ソサエティ」である。そのために大学は未来に向けて永久的に活動し、存続することを使命とする。これを実現することが大学の目的である。

(2) 大学経営の目的

大学経営は、学生を中心とする大学創造を行う目的のもとに、学生、卒業生、教職員等のステークホルダー（利害関係者：stake holder）から理解される大学活動の展開を目指すものである。大学組織の永続という所与の条件の中で、拡がる可能性を追求することが大学経営の役割である。大学経営とはステークホルダーの擁護であり、遂行すべき経営や組織マネジメントの仕事は、経営を見直し大学組織改革を実行することにある。ゆえに、大学経営の目的は、ステークホルダーや大学組織を価値付けることで社会貢献を果たすことにある。

大学経営とは、大学という機関に集う人々（卒業生、学生、教職員など）の存在する時間の永続性、持続性を、未来に向けて保証する組織的行動である。

3. 大学経営論から大学経営学へのプロセス

3.1 大学経営論から大学経営学へ

(1) 大学経営論

職員や教員からも「大学経営論」が少しずつ出版・刊行されるようになってきた。ただし、その多くは財務・会計学、教育学からのアプローチである。また、そのなかには大学経営論として諸データや他大学の事例を紹介することに関心を寄せた刊行物も見受けられる。

その一方で、日本の大学マネジメントや経営に関する得難い資料も刊行されている。経営やマネジメントの実務者的立場から理事職等の職位にあった実務家の考察や独自の論考は未だ数が少ないものの、大学経営の実践者の

書[5]という特性がある。今後大学経営論の集積により、大学経営の理論化に向けてアカデミックな価値付け、並びに、系統性や分類性が備わることで、大学経営論から大学経営学への道程が提示されよう。

(2) 実学（実践の学）と理論の学の統合へ

医学分野での臨床医学と基礎医学の分化、あるいはその循環があるように、応用と基礎、あるいは実践と理論がなければ、学問の進化や社会の発展は困難である。

大学経営学についても応用と基礎という考え方自体が未分化であり、大学経営の現場で実践・検証する者がいない。過去の実績や事実、データをもとに事例や報告だけが提示されてもアンバランスであり、応用する立場からの理論や法則についての考察、論考の提起と併せることで、実学と理論の学の統合が進行する。

すなわち、大学経営に関する科学的理論と実践の統合を目指すことにより、学際的・国際的な学術的進歩と発展を基に、理論的裏付けによる実践的教育、研究の振興及び普及を図ることが可能となる。

多くの実例をケーススタディ等の形で理論化し、実学（実践の学）にする目標の下に、様々なテーマへのアプローチスキルを実践的に組み立て、単なる知識や技術を経営現場に応用できるように構築することが、実学と理論の学の統合の目的となる。

3.2 大学経営学の実践編と理論編

(1) 大学経営学への職員参画

大学経営学には、図2のような学問フィールドのモデルとして、大学経営の実践者、あるいは大学経営に関わるマネジメントの現場での実務家として、大学の経営者及び准経営者、経営サポートに当たる教職員の参画が必要である。研究者の集団に限定せず、大学職員の参画により、座学だけではなく、実務家の立場から学問追究が可能となる。大学経営学の研究者・教育者として、従来のカテゴリーに則った教員も必要であるが、職員の参画は必須であり、経営の担当者として理事・理事長職の経験者や現役経営者等が教授陣に

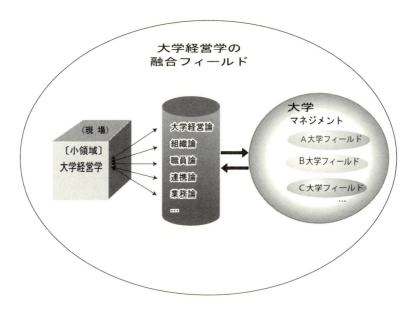

図2　学問フィールドのモデル

加わることも必須である。
　(2) 大学経営学へのアプローチ
　大学経営の具体的現実を理論化してゆくプロセスの実践こそが、大学経営学の教育・研究テーマとなる。そのため、理論構築者としての教員職と経営の実行者としての理事長、理事等の経営職、並びに、准経営職層としての大学職員が双方向に交流することが必要である。経営の現場でのアプローチによって、実践的見識を基にした基礎理論と応用（臨床）という分野の交流と実証が可能となり、仮説を立て、検証し、結論を導き出す〈学〉が成立する。この繰り返しにより、理論と実践が深化し強化される。
　(3) 大学経営〈学会〉の生起
　大学経営学の成立には、その研究・教育のファカルティ（集団）として、学会の発足が必要になる。学会はメンバーシップを自主的に選定することができる要素をもつ。とはいえ、大学行政管理学会のような組織・学会が支援者となり、その設立に教職一体となって参加しなければ、理論面と実践面から

の事例や資料提供、研究報告等の集積ができない。加えて、大学改革は最早従来のカリキュラムを中心とした教育改革だけでは不十分な時代に突入している。大学経営が厳しい状況にあるからこそ、この現実を直視し、むしろ現在的課題を引き受ける意義と、解決する方向から学会の設立が求められていると考える。

(4) アメリカのアドミニストレーター養成

現状の紹介として、1970年代からアメリカでは、大学や病院・美術館等の非営利組織を運営・管理するアドミニストレーション担当の専門職人材が求められるようになり、大学院修士課程レベルで大学のアドミニストレーター養成を行っている。その多くは教育学系大学院やビジネススクール（経営大学院）系であり、ビジネスマネジメントのプログラムが用意されている。

わが国においても、経営学の一ジャンル、あるいは、前述の分野の複合、学際領域として、大学経営学が提唱され、学問領域として確立されるべきである。

3.3 大学経営学の課題

研究や教育を志向する集団が存在しなければ、〈学〉のディシプリン（専門分野）は維持・継続できないし、発展も拡大もない。そして、この大学経営学で開発したモデルや方法、アプローチは、経営学に包含されるその他多くの領域にも適用が可能である。

例えば、スポーツ経営学はスポーツ施設やスポーツ愛好者に向けて、スポーツとの関わり方をマネジメントする際にも有効である。また、病院経営学はすでに存在し、病院経営学や医療経営学に伴う学会も存在する。NPO経営学は現行のNPO経営に必要であり、今後成立すべきエリアと考える。

仮に大学経営学の学会が成立した際には、大学行政管理学会をはじめ、シンポジウム等の事業の共催、他学会の文献紹介や事例紹介等の面からも、学会間の関係性の構築が必要である。なぜなら、学会相互の共通フィールドへの往復運動、双方向コミュニケーションにより、大学経営学の領域が社会的に、学問的に承認され、系統立てて位置付けられるようになるからである。

しかも、他の学問領域からの認知により、マネジメントや大学経営サポートの重要性が見直され、学問として補完されることになり、知の体系化が進展する。

おわりに

人々が大学経営を論じ、関係の専門知識を蓄積し集合する場として、団体（学会）等の設立が必要となり、形成される〈場〉に向けて知識が投下される。大学経営の〈学〉を〈領域〉として特定化することにより、個々人の大学経営論や個別組織の大学経営の実態がランダムに提起されていた状態から脱却し、集中化することが可能となり、個別の大学経営の活性化、経営方法、組織構造等を改善し、新たな組織風土を形成することができる。

大学経営学は、既設の学問領域ではないことから、様々な立場からの意見を求めている。大学経営学を実践的学問とするためにも、大学職員や経営者等の参画が必要である。しかも、より多くのディシプリン、学問分野からのアプローチを獲得するために教員からの参画が求められる。

旧来の小さなエリア（個々人、個別大学）では、現代的経営が成立しない時代を迎えている。だからこそ、大学はかつてのギルド組織から脱却し、より大きなエリアに進出し、国内レベルでの大学間連携や合併、統合、世界規模でのネットワーク構築の時代へと変遷を遂げてきている。それを大学行政管理という概念だけで埋めることが可能であろうかという危惧により、筆者は本考察を行った。

もとより、誰かが行うべき新たな学問〈領域〉の提起であり、今後様々な論考が生まれることを期待している。

本稿の作成に当たり貴重な御助言と御協力を頂戴した諸先輩と知己、並びに大学行政管理学会の皆様には心より感謝申し上げる。なお、本稿の記述に当たり、誤謬等の責任は総て筆者にあることを明記し、読者諸氏の御批判と御意見をお待ちしている。

【注】
1) 国立情報学研究所（NII）の提供するGeNii（ジーニイ）：国内外の有用な学術情報資源と連携することを目的とした、学術コンテンツ・ポータルである。GeNiiにより、雑誌・記事論文の書名等に含まれる「大学経営」について、2009年10月16日現在でkey word検索を実施した結果、ヒット件数は34,721件であった。そのうち大学経営を主題とする論文は17件であった。論文誌の主分野の件数は教育学9、経営学2、行政学3、複合3であり、大学経営はもっぱら教育学からの関心課題となっていることが判明した。
2) 学校経営論を中心とした小学校から高等学校までの初等・中等教育機関の学校長等の育成を目的とする大学院が存在する。また、大学のアドミニストレーター養成を目指した大学院もある。これらの大学院は教育学分野でのカリキュラムを構成しており、経営学のマネジメントを主体にした修士課程等が構築されているわけではない。
3) ギボンズ等は、第一モードの知の生産様式として、ディシプリン（専門分野）の内部で生まれた疑問をもとに専門知の体系を再生産することを掲げる。これに対し、第二モードでは、解決すべき問題が外部に発生し、その解決には既存の知の体系では対処できないため、新たな知の生産様式が必要となることを提唱している。これを全面的に採用することはできないが、新たな知の体系化を考える際に有効な考え方となる。
4) 図書館学では、学問（Science）の世界に対して、知の体系化を図る様々な分類法を開発してきている。藤川による学問への分類の発想は、図書館学の知見に基づいた考察であり参考となる。
5) 井原徹（2008）や福島一政（2010）のような大学経営職（理事長）、准経営職（理事職等の職位）にあった者が、実践的マネジメントの立場から述べた考察や独自の論考は未だ数が少ないものの、大学経営の実践者、実務家の書として、大学経営学の構築に大いに貢献するものと考える。

【参考文献】

ボイヤー，アーネスト・ルロイ（Boyer, Ernest LeRoy）著　有本章訳　1996、『大学教授職の使命―スカラーシップ再考』玉川大学出版部、pp. 39-40。

ドラッカー，ピーター・F.（Drucker, Peter Ferdinand）著　上田惇生・田代正美訳　1991、『非営利組織の経営―原理と実践』ダイヤモンド社、pp. ix-xi、133-135。

フーコー，ミシェル（Foucault, Michel）著　渡辺守章訳　1986、『知への意志』（性の歴史1）新潮社、pp. 69-74。

フーコー，ミシェル（Foucault, Michel）著　中村雄二郎訳　1995、『知の考古学』改訳版新装　河出書房新社、pp. 86-88。

ギボンズ，マイケル（Gibbons, Michael）著　小林信一監訳　1997、『現代社会と知の創造―モード論とは何か』（丸善ライブラリー）、pp. 43-44。

テイラー，フレデリック・W.（Taylor, Frederick Winslow）著　有賀裕子訳　2009、『新訳　科学的管理法―マネジメントの原点』ダイヤモンド社、pp. 42–45。
藤川正信　1997、「図書館情報学の中心課題―記号、情報、人間」*Journal of Library and Information Science*, vol.10, pp. 73–74。
福島一政　2010、『大学経営論―実践家の視点と経験知の理論化』日本エディタースクール出版部。
井原徹　2008、『私立大学の経営戦略序論―戦略的経営プラニングの展開』日本エディタースクール出版部、pp. 13–31。
榊原清則　2002、『経営学入門』上（日経文庫 853）、pp. 15–20。
重本直利　2009、『大学経営学序説―市民的公共性と大学経営』晃洋書房、pp. 75–87。
島田恒　1999、『非営利組織のマネジメント―使命・責任・成果』東洋経済新報社、pp. 64–70。
新藤豊久　2007、「大学経営人材の方向とマネジメント」『大学行政管理学会誌』第 11 号、2007、pp. 165–176。
高橋伸夫　2004、『虚妄の成果主義―日本型年功制度復活のススメ』日経 BP 社、pp. 42、117、166–167。
高橋真義　2004、「大学倒産回避のための原理原則」桜美林大学大学院国際学研究科刊『桜美林シナジー』第 3 号（2004.8）、pp. 67–75。
寺﨑昌男　2002、『大学教育の可能性―教養教育・評価・実践』東信堂、pp. 117–126。
山田礼子　1998、『プロフェッショナルスクール―アメリカの専門職養成』玉川大学出版部、pp. 136–137。
山本眞一・田中義郎　2008、『大学のマネジメント』放送大学教育振興会、pp. 153–162。

第4章　UD概念構築の試み
―― 大学の発展力について

はじめに

　18歳人口減少期において、現在進行しているSD、FD研修等を、大学経営や大学変革に向けた訴求的意識にどのように結びつけ、捉えるのか、そのような観点から本章では考察を進める。

　わが国にはSDやFDといった制度導入後の次のエポックとして、何を提示してゆくのか、次のビジョンが語られてはいない。とりわけ2020年以降の次の時代に予測されている18歳人口激減期に向けた施策として、何を見出そうとしているのか明示された概念はない。

　本研究は、UD（University Development）という新たな概念を模索し、大学改革に向けた意識、現状認識を考察し、高等教育における一つの方向を推考し、提起するものである。UD概念の構築により、SDやFDといった制度の他にも利活用できる制度等との関係を検討し、そのダイバーシティの追究と社会的意義を探る目的をもつ。

　また、本研究は、近年経営環境が厳しい中で各大学が、それぞれの発展戦略を立てるために、最も効果的な方策とは何かを追究するものである。そのため「大学力」という指標を立て、それを推進する手段として、UD概念を構築しようとしている。これらは、SD、FDをベースとしつつ、さらにマネジメント等の視点から考察を進めるとともに、実務家の実践を基礎に、その実効性を追究するものである。

1. UD研究について

1.1 研究の背景

（1）高等教育の環境

2004年4月に大学への公的認証評価機関（学位授与機構、大学基準協会等）の認証評価活動が開始されて以来、大学は7年に1度、認証評価機関からの認証義務を負っている。その履行に各大学では評価疲れを起こすと同時に、認証評価機関においても、認証評価項目の多さに莫大な時間や手間をかける結果となり、認証評価項目の削減を視野に入れた「質的評価」に向けた見直しが進行している。

これとは別に、わが国では、1991年の「大学設置基準の大綱化」以降、文部科学省が中心となり大学教育改革に資する目的から、FD（Faculty Development）の推進が提唱された。その結果、遂にFDが義務化され2007年4月の大学院設置基準、2008年4月には大学設置基準の改正に至っている。大学設置基準第25条の3では、FDについて「大学は、当該大学の授業の内容及び方法の改善を図るための組織的な研修及び研究を実施するものとする」としている。

さらに、2008年12月24日付の『学士課程教育の構築に向けて』（中央教育審議会答申）では、大学職員を中心とするSD（Staff Development）の取り組みが提唱されている。現在SDは法的に未整備であるものの、全国の大学ではSD制度の成立に向けて、その研修や取組活動そのものが研究及び、推進テーマとして目的化されている。

一方、FDやSDについて、取り組み活動の推進を提唱する文部科学省、及び、全国の高等教育研究者からは、FD、SD制度導入・実施後の次代に向けた課題や取り組みを対象に、研究や仮説、調査等があまりなされてこなかった。

（2）本研究のこれまでの経過と課題設定

大学では人的側面に傾斜したFDやSDの研修が実施されている。現在、

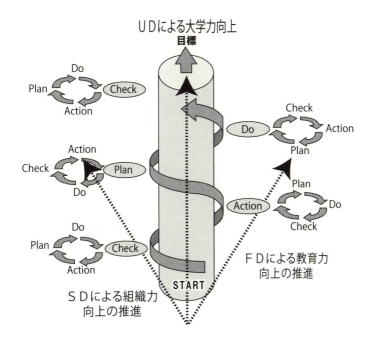

図1　FD・SDのPDCAサイクルによるUDへの展開についてのイメージ図

FD、SDの問題把握や参加教職員の意識調査等を主体とした先行研究がある。

その一方で、SD、FDへの取り組み成果を踏まえ、統合的、総合的な観点から大学の発展方策を展開する研究が必要になっている。

筆者は「大学力」向上のためのUD（University Development）という新たな概念構築を図1のとおり、大学行政管理学会の大学経営評価指標研究会（2009）にて提起した[1]。大学倒産や統合・合併が発生するなかUD概念の必要性は未だ認知されていないが、UDはSD、FD等のベクトルの合力であり、大学の発展力を導く統合力として大学改革に向けた主概念になると課題設定し追究する。

1.2 問題意識

(1) FD、SDについて

わが国では、FDは教員、SDは職員という人の種別に傾斜した研修を行うなど、大学改革や大学経営の課題追究に向けた問題意識が弱い。しかも、FDについて、有本章（2005）等が教員を対象に実施した調査では、教育改善の方策としても、さほど有効な施策となっていない旨が報告されている。

FDは法規制されたことから理解されるとおり、「制度」として定着している。制度とは社会や組織における人間行動の仕組みやルールである。したがって、制度は総じて人間行動の規範となるが、既成の枠組みを変えることには直結しない。つまり、古い枠組を改める（革める）という本質的改革機能をもたない。本来FDは大学教育改革に資するものであり、SDは事務組織改革に資するものである。そのような前提に立つとしても、FD、SDは制度であることにより、制度導入の目的に到達することは可能であるが、同時に、それ以上に大きな改革機能を発揮するには限界がある。

また、制度導入を受けた次のビジョンとして、大学改革等を想定した大学発展方策の研究があまりなされていない現状がある。

現在は、FD、SDが制度であることによって、この制度の導入目的以外の利用と応用については、個別大学の行動指針、方針に委ねられている。

(2) OD（Organizational Development）について

クルト・レビン（Kurt Zadek Lewin）が組織開発OD（Organizational Development）の言葉を使ったとされるが、米国の企業では多くの組織にこの組織開発部門（Organizational Development Department）が存在する。

米国や英国等で実施されている大学の組織開発：OD（Organizational Development）[2]は、大学の組織構造に焦点を当てた活動であり、制度である。その根底には、教員や学生を支援する能率的で効果的な組織構造があれば、教育・学習支援活動は自然と発展していくという考え方をとる。

ODは本来、組織内の連携を通した人（個人と集団）や組織の機能に対する影響力、活性化をテーマとした取り組みであり、有効な組織開発の実施を対象にしている。そして、組織内の連携がより多くの人間を有機的に結び付け、

相乗効果が発揮できるような方法を見出すことにある。

　ところが、実際のわが国のODでは、学部等の機関の意思決定に関わる集団、並びに、組織機能の改善や改革への取り組みを対象とするのではなく、学部長、学生部長等の意思決定に携わる個人を対象に、管理運営能力の向上のためのプログラム編成を行っている。そのため、現状としてはこの活動の展開を弱める結果となっている。

　また、企業では、ODにより、〈社員〉という概念のもとに統合性をもち、その組織発展に寄与している。一方、大学では、教育職員、事務職員という種別をもち、職員という名称のもとに一括されている。ところが、実際には〈SD〉と〈FD〉からなる〈職員〉と〈教員〉という〈種別〉があり、統合する概念がないので、教職員と呼んでいる。さらに、ODを制度として捉えるならば、統合という概念がなければ、〈SD〉と〈FD〉双方の〈ビジョン〉を共有化できないという問題がある。

　その意味で、FD、SD制度、あるいは大学のODは、企業で言うODとは異質である。また、これらの理由からFD、SDやODを統合する概念として、UD概念を提起する必要があった。

1.3　構造的な問題

　FD、SDの研修や活動は人（個人と集団）が対象であり、人の属性（種別：職員や教員という所属の区分）を対象としている。そして、大学という組織に含まれる全体（人や仕組、機構）を対象としないという構造的問題がある。

　また、ODでは組織内連携の活性化が主眼であり、個人と組織間に有効な組織変革や新たな組織開発を行うことが、その本質的機能にある。しかしながら、個人に傾斜した研修プログラム（Administrative Development）[3]を実施していることが現状の問題として挙げられる。

　そして、大学では、FD、SD、ODを実践し、授業改善、教育方法、職員養成等の開発から新たな教育改革、事務組織改革を取り入れる方策を模索している。しかし、大きな目的である大学改革を導き出そうとする考え方を前提にした、FD、SD、ODの活動が現状ではなされていない。そのため、実

践的な成果獲得や変革が実行できていない等の問題がある。

　大学の教職員には、SD、FDについて、成果を重視したマネジメントの機能が軽視され、SD、FDの到達点、あるいは、目標や価値観が共有化されていない。FDやSDについて、大学の教職員には、わが国に限らず、その集団内部において組織変革や経営改革へ役立てるという目的や目標への認識が共有化されていないという問題がある。これは、目標や成果を重視するマネジメントがなされていないという問題でもある。

　大学改革は、自らが変わるための組織的な行動や活動であり、システムではない。大学という組織自らのマネジメントであり、自発的行為である。したがって、研修レベルでは終わらないし、成果を見ないで実行したとは見なされない。

　さらに大きな問題として、大学の本質的課題は大学改革であり、組織の変貌が必要とされながら、FD、SD、OD等の活動を統合して、大学自らのエンパワーメント[4]に結び付けるという発想が見出されていない。現状には文部科学省等の法規制による受身の立場でFD、SD、ODが実施されているケースが見受けられる。本来は、教育改善や教育変革の手段であるはずのFD、あるいは、SD、ODについても研修実施そのものが目的化されてしまい、大学改革に繋げるという目的意識が消える等の現象も見られる[5]。

1.4　本研究の視点

　現在は、大学改革への視点が弱く、FD、SDの今後の展望が開けない状態にあり、2020年以降の18歳人口の激減期に備えていく活動については、各大学の自主性に委ねられている。そのため、大学改革の基礎として、FDは教育力の向上を唱え、SDは職員のマネジメントの向上を唱えているように見える。こうした状況のなかで、特にSDの展望を語る実践家は数少ない[6]。

　大学発展のための人的側面のアプローチには、これまでにFDやSDを通じた個別の教育力や経営能力向上等の先行研究が存在する。他方で、SD、FDの成果を踏まえ、総合的な観点から大学の発展方策を検討するといった研究が必要になってきている。ここでは、SD、FDの概念とその集約的成果とな

るべき「統合力」への言及がなされていない点を提起したい。
　具体的には下記のような視点、観点から考える必要があると考察している。
　(1) 学生からの視点
　多くの教職員は、学生の立場から大学改革を考えていないように見える。学生のためにと考えていないから、職員も教員も一度自分の立場を否定するとか、個々の立場から、学生の立場やその立脚点にまで降りて、そこから考えることをしない。学生を教職員が見下ろすのではなく、職員も教員も学生と同じ立場に立つには、自分の立場を捨てて、相手である学生の立場の視点、目線から考えることが重要である。学生とともに、学生の視点や学生の立場から考えることが、大学を改革する思考には必要である。学生は大学改革の大切なパートナーであり、重要な役割を担っている。
　教職員は、学生自身が成長することに繋がる行為や活動として、何が必要かを検討し、実行に移して見せることをとおして、大学という組織に貢献する。とりわけ学生とともに考えて、行動するポジティブ・シンキングへの変革が、改善や改革には重要であると考えている。
〈重要な視点〉
　大学の改革に向けて、何れも大学職員の立場、教員の立場からの提起に留まるものであり、次のような事項について、今後は学生の立場から提起される必要がある。
　○大学は学びの保証をしてくれるのか。
　○学びを求める心に火をつけてくれるのか。
　○学びをキャリアに結び付けてくれるのか。
　○生涯に向けた学習基盤を整備してくれるのか。
　(2) 大学経営の観点
　現在の多くの大学経営は、生き残るための方策や潰さない方法を探しており、いわゆる「守り」の時代に入った観がある。しかし、そのような姿勢では大学の発展が期待できない。大学の発展を主テーマとして大学経営を捉えると、モノの見方や考え方も変わってくる。
　大学では、理念があって、教育や研究など「人を動かす」行為が生まれる。

この人を動かす行為をマネジメントという。また、大学の人や金、モノ、情報、知識を動かしていく。そして、これらの諸資源を再資源化する大学の活動には、マネジメントの概念が必須である。こうしたマネジメントの概念を内包する大学経営には、大学という組織の維持、発展を目的として活動することがその本質にある。

その大学経営の観点から見れば、大学改革とは学生の成長を第一に考え、どのように持続展開するかをプランニングし、実行するかが重要施策となっている。学生の心の発達や知識、スキルの獲得、自己表現力の獲得は教育や学習そのものの目的となる。大学自身が学生の成長のために、どのような優先順位を与えるかが重要であり、大学経営の戦略選択となる。

大学改革は、内部の強いイニシアティブによる自主性を基に発生する。そして、ボトムアップ的な考え方、あるいはトップダウン的な考え方から大学改革が始まるにしても、極めて双方向の考え方で進展し活動のダイナミズムが生まれる。FDやSDのように制度、システムとして設計するといった考え方では実行できない。すなわち、いくらFD、SDを実行しても、制度設計の目的以上の機能を発揮したり、大学改革を生み出すといったことは期待できない。

特に、マネジメントの機能の導入について振り返ると、国立大学には2004年4月以降、国立大学法人化により、一部マネジメントの概念が適用され、中期目標・中期計画（6年間ごと）が求められるようになった。しかし、FD、SDには成果（成功）を導き出すというマネジメントの概念は導入（適用）されていない。したがって、FD、SDから大学改革を導き出すような概念設定はなされてこなかった。

(3) 大学改革の意味

大学改革はカリキュラム改編を含む教育改革や組織改革を伴うが、本来の意味は大学構成員を含む大学組織の成長であり、拡大・伸張である。その意味では、SD、FDともに人の成長を目指すものとして有効である。さらに、これに加えて大学改革には、組織の存続・発展とステークホルダーを守るための活動があり、継続することを目的とするため大学経営に似た内容を伴う。

大学改革というときの「改革」の意味は、古い枠組みである、既存の制度、機構、組織を改めることを指す。

　大学という組織では、外部から批判されても、助言を受けても動こうとはしない部分や変化への対応が極めて弱い傾向がある。ところが、内部から強いイニシアティブが生まれたときには、柔軟で革新的な存在に変貌できる。大学改革を生み出す力は、ほとんどの場合、強力な内部のリーダーシップとこれを援護する自発的活動の広がりによって初めて可能になると考えられる。

　大学改革は、大学の発展を求める活動であり、大学の理念の下に新たな使命やビジョンを提起し、古い制度や組織的枠組を変革するプロセスを必要とする。その結果、大学としては新しい人的構成や組織をつくり出すなかで、創造的行為や活動を伴い変貌してゆく。

（4）文部科学省の観点

　SDは法的に未整備であり、各大学が自発的に実施している段階である。一方、FDは外国で誕生した制度をわが国の高等教育へ導入したものであり、文部科学省によるわが国の現状への反省と追認、そして、その制度導入効果への期待が、政策化のもとになっている。現在、文部科学省の法規制を受けて、FDは全国の大学で実施されている。

　その結果、FD、SD制度には、企業で実施する人事研修制度と同様に、研修の成果として人材育成の効果があると考えられている。この研修機能に加えて、さらにFDは教育改革、SDは事務組織改革の機能を導き出す。

　文部科学省は、個別大学の自助努力による実施事例のみでは、多くの大学の参考となるような成果を導き出すことは困難であると捉え、法制化するものと推考している。法制化することにより、全国一律実施が担保され、多数の大学が〈モデル〉を提起できることになる。様々な大学が実施する事例によって、より多くの〈共通化〉したモデルが、成果として提出され、その効果を期待できる〈ジャパンスタンダード〉が誕生する契機となる可能性もある。

　全大学共通にFD、SDを実施することにより、偶発的機会、〈契機づくり〉の場も設けられることになり、大学改革に繋がることを文部科学省は想定し

ているとも考えられる。

（5）大学力から問い直す

大学力とは、大学の発展力、または大学成長力、あるいは、大学開発力とさまざまに定義できる。例えば、大学の組織、並びに、教職員、学生、卒業生、大学関係者等の様々なステークホルダーを交えて、有効活用する力量を大学力と定義することも可能である。

本研究に先駆けた関連研究として、筆者は「SD、FDからUDの未来へ」を口頭発表している。その内容は①SD、FDの再確認とその定義であった。そのなかで、②仮説として、UD概念のないSD、FDは発展に向けた統合ができない。③その原因として、それぞれの活動テーマに対する目標共有化の不在を挙げた。さらに④結論として、UDの概念の共有化が、大学の未来形を育成する、ことを論じた。

大学力という考え方から、大学のSD、FDを含む諸活動を問い直すとき、現在の力を客観的に見極めることが重要になる。そのときに、IR (Institutional Research) 等の象徴する数値が有効になる。その上で、さらに、人や組織における課題や目標の共有化とその取り組み活動が重要になると捉えている。

2. SD、FDからUDの未来へ

2.1 UD研究へのアプローチ

わが国では18歳人口が減少し、平成21年度私立4年制大学の46.5％が定員割れ（日本私立学校振興・共済事業団調査）を起こしている。本研究では今後、大学倒産や統合・合併が加速するなかで、大学経営を建て直す概念として、これまであまり触れられていないSD、FDの未来形について、UD (University Development) の概念の提起が必要になると予測している。

ことに、2020年以降、厚生労働省所管の国立社会保障・人口問題研究所が算出した、悲観的条件下での「将来推計人口」の18歳人口は、2020年の116万人をピークに、2030年には78万人程度にまで激減する。2020年以降の18歳人口の〈激減期〉への備えとして、現在のFD、SD活動だけでは、現状維

持や改善に留まり、イノベーションを導けないという想定から、UDという統合力をもつ新たな概念の提示を行った。

また、既存のFD、SD活動にUDという概念を取り入れ、今後の活動が文部科学省の提示した活動の枠組みを拡張した展開となることを期待している。その上で、UDを通して大学諸活動の力を見直し、SDやFDの活動に加え、それ以外の大学の新たな活動組織や活動そのものを立ち上げる等の行動の具体化が有効である。

2.2　SD、FDの再構築と大学力、UDの定義

本研究では、「大学力」とは、大学の諸力を集合した結果としての力、大学としての総合力を示し、現状の大学の力をいう。さらには、優れた教育、効果的資源活用、優れた学生、社会との連携等を包含した力と定義する。

計画におけるグレシャムの法則[7]が示すように、定型的なSD、FD活動のみでは、大学改革に必要な将来的な知見や構想力が見失われる傾向があり、これを抑止するには革新的プランニングと非定形的なUDの活動とが求められる。UDには、様々な可能性を模索するため組織維持の定型的活動と、非定型的活動をリンクさせる構想力が重要となる。

知の体系から見れば、FDやSDの研修や集団活動が展開されることで、〈大学教授論、教育改革論、etc.〉や〈大学職員論、大学経営論、etc.〉という〈人や集団の属性〉に基づき、特定の学問分野の成果が生み出され、知の生産が行われることを意味する。FDやSD、あるいは、UD活動を知識化することはマネジメントにも密接に関連する重要事項である。

その上で、なおFDやSDはマネジメントをもとに取り組むとき、成果を上げずに終われない側面をもつ。同様に、UDには〈大学という組織の属性〉に基づく大学経営力を高める活動を含み、学問の体系化のみを目的としたり、知の体系に取り込まれることで終了できる種類の活動ではない。

UDには、大学のビジョンやイメージプラン、あるいは、大学内の制度や大学内・外の諸活動を通した、問題解決に向けた課題共有が前提となる。UDとは、SD、FDなどの制度、活動といった大学の諸力を結集し統合すること

に必要な概念であり、エンパワーメントする作用や力である、と定義できる。

2.3 UDの構築に向けて

UD概念の構築により、今回取り上げているSDやFDといった制度の他に、大学内には利活用できる制度等があると考えられる。具体的に大学には各種の委員会、並びに、大学内・外での活動、多様なプロジェクト等が展開されている。UDとこれらの制度等の関係を検討することで、そのダイバーシティの追究が可能となる。そして、SD、FDに限らず、学内の諸制度や活動の方向を捉え直し、マネジメントすることで大学改革に向けた力を結集することが可能となる。そのような活用が可能であれば、大学改革を導くUDとい

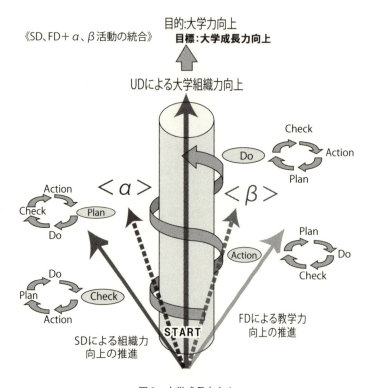

図2　大学成長力向上

う概念が、社会的意義を有することになる。

　図示のように、FD、SDの事例図2では、大学の発展に寄与すると一般的に理解しやすいテーマを挙げている。また、UDが諸力を束ねることから、FD、SD以外にも、α、βの活動を追加し、UDの統合力を生かすことを説明するために、一つのイメージを提示した。

　筆者は、以下の①、②のような仮説を考えている。

　①「大学力」向上のためには、SD、FDに止まらず、UD概念の構築が必要である。

　SDやFDは現在、単体、あるいは、両者のセットで行われている。しかし、その合力、すなわちベクトルに着目されていないと推察している。今後、各協会、団体組織のSD、FD報告書から検証したい。

　ここで言う「ベクトル」とは個別テーマや課題共有への〈意識付け〉であり、集団における〈認識共有化〉を指す。例えばFDでいうならば、学部（学科）レベルでの教員集団の認識共有化を示す。

　だからこそ、FD、SDの方向が異なること、つまり、FD、SDのテーマに共通点がなく、異種性があっても、UDという概念でベクトルを統合することにより、大学力の向上という目的の達成に向けて認識共有化が可能になる。ただし、ベクトルの方向が180度（正反対）となると、問題がある。その原因としては、目標共有化の不在が考えられる。合力の方向が何処に向いているか点検、確認することが重要となる。その方向（テーマ）への認識の在り方によっては、合力が弱まる。

　②UDの概念は、SD、FDのベクトル推力の合力・発展力への統合である。

　この関係を図示すれば図2のとおりとなる。SD（Staff Development）とFD（Faculty Development）に含まれる多様なベクトルの方向性が、推力として、合力し、融合、統合する考え方そのものが、UD（University Development）の力である。そして、UDは大学の発展方策に向けた活動として機能する。

　女子美術大学（筆者の前任大学）の事例では、UDのために、SD、FDを利用して推力に転換する方法として、特定テーマをもとにSD、FDを教職で合体して実行しているケースもある。これにより、テーマの共有化が可能とな

っている。

　各大学でこの方法はすぐに実行できないかも知れないが、年度ごとにFD、SDの統一テーマを設定することで〈課題を共有化〉しやすくできる。UDに向けてベクトルの方向を合わせるという意味では有効であると考える。

　「UD」とは、大学力を向上させるために行う活動である。あるいは、大学力を向上する概念構築とも言えるものであり、SD、FDを基盤に、大学を総合的に発展させる手法である、と定義する。これをもとに、UDの概念が「大学力」向上に有効であることを、後日、別途検証する。

　さらに、FDやSD以外にも、UDの概念は、大学内・外の諸活動を統合する際にも有効である。具体的には、UDのテーマとして、学生の成長力を捉えたとき、一方のベクトル推力〈α〉には学生のキャンパス内での正課学習活動をテーマとし、もう一方のベクトル推力〈β〉には、キャンパス内・外でのプロジェクト活動での学びをテーマに置くことも可能である。

2.4　モデリング

　FDにより大学の個性化を強くし、SDにより大学経営のマネジメント力を増し、さらにUDにより大学の発展力を導き、そして、大学力を向上することがUDの大きな意味での目標となる。その上で、SD、FDへのUDのもつ統合力は、大学力を導き「大学発展」として結実する。

　◇UDとSD、FDの関係性とモデル図

　大学発展方策を考えたとき、目的は複数もつべきであるし、個別の目的に応じて、それぞれ目標を複数もつべきである。この前提のもとに、UDとSD、FDの関係性をモデル化したものが図2である。

　この図2は、組織力向上をUDのテーマにした際、FD、SDのテーマは、それぞれどのように設定することができるかというモデルであり、一つの例示である。

　〈大学組織〉

　目的は大学力の向上 ⇔ 目標の大学成長力　に作用

　〈大学組織力〉の向上には、

経営組織や教育組織の発展なしには実行できない。

SDのテーマ＝経営組織、FDのテーマ＝教学組織、

UDのテーマ＝大学組織

　この図2では、目的を大学力向上としているが、これに限らず何を目的として設定するかによって、目標も変わる。その結果、UDのテーマ、あるいは、SD、FDのテーマとなる対象や設定が変わってくる。

　①UDは、〈目的〉や〈目標〉に応じて、様々なテーマに対応することが可能である。

　②UDのテーマの設定により、FD、SDのテーマは変動する。それぞれのテーマは相互に影響し合い変化する〈変数〉である。

　無論これとは別のケースを想定し、UDのテーマが〈学生成長力〉となれば、SD、FDのテーマも、それぞれ〈職員成長力〉と〈教員成長力〉等々に変化することも可能となる。

　具体的プロセスとして、FD、SD活動のテーマを〈課題共有〉することにより、立ち向かうべき課題へのベクトルの方向が定まる。

　そして、UDに向けてどのように融合・統合されるかについては、〈課題共有〉さえできれば、FD、SDの方向は別々であっても構わない。もともとFD、SDの母体である教員と職員の属性が違う上に、その機能が違うからこそ、対等なパートナーシップを構築することが可能になると考えている。

2.5　UDの今後

　学生の立場から言えば、在学中の学生の学びが座学に終始する時代は終焉している。企業や自治体等でのインターンシップや協働連携活動などを通し、「学ぶ」ことの意味を捉え直し、社会で「仕事をする」ことの意味を探る方向へ転換してゆく時代となっている。そして、大学にはこのような活動を単位化する等、授業形態や学習方法への工夫が必要になっている。学生は、大学在学中に、社会で求める仕事をして経済（収入を得て自立した生活をすること）の大切さを覚える、等、在学中のキャンパスにいる在校時間も変化してくる

かも知れない。

こうした学生の立場から見た大学の変革を目指してゆくとき、現状の大学への展望が必要となり、大学の新たな力として学生の視点を統合することがUDには重要になる。

また、経営の観点から考えたときには、FDもSDも、大学経営の範疇では、組織力向上のための個人や集団の力を伸展することを目標にしたものであり、大学という組織改革に向けた提言には至らないことが予測される。したがって、以下の2点がUDの今後に期待される。

①UDによる未来形の大学の創造
②UD研究の活発化

おわりに

本章ではUD概念構築を主眼として、現行のSD、FDの研修や実践活動、制度としての限界とその効用について検討を行った。UDから見て、SD、FDは一つの利用できる手法や概念に過ぎない。SD、FD以外にも、UDの統合力を生かし、大学発展のために利活用できる概念や仕組、活動は多数存在していると捉えている。

その関係から、今後の研究取組としては、実際に意識アンケートを実施する考えである。そして、次期の研究では、UD概念をもとに①わが国の大学力向上への具体的方策提起、②SDとFD等の関係を《システム》として捉え直し、③大学組織と人（個人と集団）へのマネジメント等の観点から大学の改革を追究し、論文発表する予定である。

【注】

1) 筆者は、大学行政管理学会の「大学経営評価指標研究会」において、これまで教育力向上のためのマネジメント力を培うために「教職協働のための方策」として、「FD、SDの推進はUD（University Development）に結実する」という初期的仮説を提唱して来た。
　このUD（University Development）という言葉は、井原徹氏（2010年現在：実践女子学園理事長）のネーミングによるものである。筆者はこのUD概念はFD＋SDの和ではなく、様々な方向性をもつベクトルの矢の合力であると捉え直し、UDは推力をもち、統

合力、融合力の機能を有するものとして概念化を追究してきた。今回はその概念を論稿の形で発表するものである。
2) 米国では組織開発OD（Organizational Development）としてリーダーシップ理論と実践、組織の変化（Organizational Change）モデル、効果的な協同活動、プログラムの実践方法等について、POD（Professional and Organizational Development）の活動が実施されている。また、英国では、組織開発（Organizational Development）や機関開発（Institutional Development）と言われる部局や機関の組織変革（Organizational Change）のレベルまで、その対象が拡大されつつある。
3) オーストラリアでは、AD（Administrative Development）担当組織の活動内容として、政府の報奨、補助金制度への支援、政策開発の支援、教育の質の保証・評価、教授活動に関する公式課程の設置、学習支援リソースの構想、制作、カリキュラム開発：授業デザイン等、学習スキル・学生支援、卒業生特性関連の教育活動への支援、海外向けの教授活動支援、大学・非大学との連携プログラム、リーダーシップ・マネジメント開発等が実施されている。
4) エンパワーメントは1980年代半ばにソーシャルワークの分野で登場した。生きる力や何らかのことを成す力を剥奪されてしまったひとに、本来の力や今の可能性を最大限に支援することを示していた。これが転じて、個人、集団、組織、コミュニティがその環境を制御できるようになること、及び、自ら設定した目標を達成できるようになること、自らの生き方やその在り方、存在の質を最大限に向上させることを表すようになった。
5) 筆者は、図2のようにFD：ファカルティ・ディベロップメント、SD：スタッフ・ディベロップメントのベクトルの力が融合した方向にUD：ユニバーシティ・ディベロップメントがあると捉える。FDにより大学の個性化を強くしSDにより大学職員力を増し、さらにUDにより大学力を向上することが大きな意味で大学発展に繋がる。UDの目的を果たすにはFDを教育に限定せず、教学力全体を向上させ、大学変革の推力にしたいと考える。大学の個性は教学力（教育力＋研究力＋社会貢献力＋学生支援力）と捉える。大学の個性である教学力は教員が主体ではあるが、FDだけの取り組みにより推進されるものではない。また、大学のマネジメント力や組織力を強める際にもSDだけの推力では覚束ない。教職員、学生、地域協働等への共通認識があって、初めて両翼に置き換えられ、新たな推力として加わりUDによる大学力向上が加速すると捉える。
6) 井原徹（2008）や福島一政（2010）のような大学経営職（理事長）、准経営職（理事等の職位）にあった者が、実践的マネジメントの立場から述べたSD考察や独自の論考は未だ数が少ないものの、大学経営の実践者、実務家の書として、UD概念の構築に大いに寄与するものと考える。
7) H.A. サイモン（1958）が提唱した意思決定の分類には、定型的意思決定と非定型的意思決定があり、日常の反復的ルーティン業務は革新的なプランニングを押しのけてしまう、

としている。これを「悪貨は良貨を駆逐する」で知られるトーマス・グレシャムの法則から引用し、「プランニングにおけるグレシャムの法則」と名付けている。このことは、私たちが取り組む大学改革にも当てはまる。

【参考文献】

バーンバウム，ロバート（Birnbaum, Robert）著　高橋靖直訳　1992、『大学経営とリーダーシップ』玉川大学出版部、pp. 24–25。

カミングス，ウィリアム・K.（Cummings, William K.）著　金子元久訳　1998、「高等教育の第3の革命―大学の開放化」『高等教育研究』第1集：1998、pp. 209–212。

ファイヨール，ジュール・アンリ（Fayol, Jule Henri）著　山本安次郎訳　1985、『産業ならびに一般の管理』ダイヤモンド社、pp. 157–172。

サイモン，H.A. & マーチ，J.G.（Simon, Herbert Alexander & March, James Gardner）著　土屋守章訳　1984、『オーガニゼーションズ』ダイヤモンド社、pp. 282–285〔原著は1958刊行〕。

有本章　2005、『大学教授職とFD―アメリカと日本』東信堂、pp. 121–147。

福島一政　2009、「SDプログラム検討委員会最終報告」『大学行政管理学会』第13号、2009、pp. 225–263。

福島一政　2010、「大学のユニバーサル化とSD―大学職員の視点から」『高等教育研究』第13集：2010、pp. 43–60。

福島一政　2010、『大学経営論―実践家の視点と経験知の理論化』日本エディタースクール出版部、pp. 104–105。

羽田貴史　2008、「大学の組織と運営」『大学と社会』（放送大学教材）、pp. 136–151。

羽田貴史　2009、「大学教育改革とFaculty Development」東北大学高等教育開発推進センター『ファカルティ・ディベロップメントを超えて―日本・アメリカ・カナダ・イギリス・オーストラリアの国際比較』東北大学出版会、pp. 3–22。

羽田貴史　2010、「高等教育研究と大学職員論の課題」『高等教育研究』第13集：2010、pp. 23–42。

井原徹　2008、『私立大学の経営戦略序論―戦略的経営プランニングの展開』日本エディタースクール出版部、pp. 13–31。

加藤かおり　2009、「英国におけるスタッフ・教育開発とそのネットワーク」東北大学高等教育開発推進センター『ファカルティ・ディベロップメントを超えて―日本・アメリカ・カナダ・イギリス・オーストラリアの国際比較』東北大学出版会、pp. 106–107。

中島（渡利）夏子　2009、「アメリカにおけるFDとそのネットワーク」東北大学高等教育開発推進センター『ファカルティ・ディベロップメントを超えて―日本・アメリカ・カナダ・イギリス・オーストラリアの国際比較』東北大学出版会、pp. 48–53。

夏目達也　2009、「オーストラリアにおける Academic Development とネットワーク」東北大学高等教育開発推進センター『ファカルティ・ディベロップメントを超えて―日本・アメリカ・カナダ・イギリス・オーストラリアの国際比較』東北大学出版会、pp. 141–143。

大場淳　2004、「英国における職員開発活動の発達と展開」広島大学高等教育研究開発センター『諸外国の大学職員〈米国・英国編〉』、高等教育研究叢書、第 79 号（2004.3）、pp. 87–113。

新藤豊久　2009、「大学経営学の必要性」『大学行政管理学会誌』第 13 号：2009 年、pp. 209–216。

孫福弘　2003、「SD（大学職員開発）の概念と意義―もう一つの〈SD〉へ」広島大学高等教育研究開発センター『大学職員研究序論』、高等教育研究叢書、第 74 号（2003.3）、pp. 38–48。

菅裕明　2004、『切磋琢磨するアメリカの科学者たち―米国アカデミアと競争的資金の申請・審査の全貌』共立出版。

高橋真義　2004、「大学倒産回避のための原理原則」桜美林大学大学院国際学研究科『桜美林シナジー』、第 3 号（2004.8）、pp. 67–75。

寺﨑昌男　2010、「大学職員の能力開発（SD）への試論―プログラム化・カリキュラム編成の前提のために」『高等教育研究』第 13 集：2010、pp. 7–21。

寺﨑昌男　2010、『大学自らの総合力―理念と FD そして SD』東信堂、pp. 120–124。

山本眞一　2008、『大学のマネジメント』放送大学教育振興会、pp. 153–162。

山野井敦徳　2005、「大学教員のキャリア形成」『高等教育概論―大学の基礎を学ぶ』（MINERVA 教職講座 16）ミネルヴァ書房、pp. 234–242。

第5章　大学経営人材の方向とマネジメント

はじめに

　18歳人口は急減期のピーク2009（平成21）年に121万人程度となり、大学・短期大学の入学志願者と入学者がほぼ同数化するが、その後はなだらかな減少期を迎え120万人前後で推移し、2020（平成32）年頃を境として再度減少期が始まる[1]。現在の高等教育は、少子化と18歳人口の減少という母集団での構造の変化を受け、価値観の多様化した学生層を受け入れることによりその構造も大きく変化している。

　この機会を捉えて各大学法人は、経営資源として保有する「ひと（人材）、もの（施設・設備）、かね（資金）、情報」について戦略的再整備を進める努力に余念がない。大学間競争時代に、大学法人としての生き残りを賭けて、入学者の確保、卒業後のキャリア形成を踏まえた就職の実績を上げる工夫も行っている。大学経営にとって、人材、資金のコストパフォーマンスを上げるべく適切な配分と節減は、収支バランスのコントロール上重要な観点となっている。さらにマネジメント上では、アカデミックな戦略策定、あるいは、事業策定が急務となっている。

　本稿は、大学職員が大学経営人材として諸種のマネジメントを通し、大学経営を支援し大学改革を実践する活力の源泉であることを明らかにすることを目的に考察したものである。その方法として第1節では企業を対照したマネジメントの概念を導入する時代的背景を受け、非営利組織が「運営・行政」から「経営」へと軸足が変わり行く過程を説明した。大学経営人材である大学職員を経営資源として捉え、経営参画について考察し、大学職員のマネジメントとして人的資源のほか諸種の経営資源を見直すことが大学を活性化すると捉えた。そのため第2節ではまず大学職員について、大学経営を支援する専門職としての位置付けが必要であると述べた。ゆえに本稿では、大学経

営人材としての大学職員を「大学経営専門職」として考察し、大学経営の観点から経営者支援のための「准経営者」、さらには大学の経営者になる可能性をもつ存在として位置付け、大学の取るべき方向を論じた。これに加え、プロフェッション（専門的職業）としての「大学経営専門職」の社会性獲得の必要を考察した。その上で、第3節にて大学職員の人材要件として期待されることは経営戦略策定の実践であり、大学職員のマネジメントが大学の生き残りと経営変革、大学組織の改革への原動力になると論考した。

1. 大学経営と大学職員のマネジメント

　大学職員を論じることにおいてもマネジメントという概念が近年では使われ始め、大学職員は経営の推進・支援が責務となっている。本節では、大学職員を大学経営人材であるとともに経営資源として捉え、大学職員が大学を取り巻く社会の要請や時代の変化を受けて、大学経営のためにマネジメントを担当することの妥当性を考察する。

1.1　非営利組織の「運営・行政」から「経営」へ

　龍、佐々木（2005）は日本や米国の経営学・高等教育の関係を調査し、概要として「米国では1960年代から70年代末に掛けて、大学や病院・美術館等の非営利組織を〈運営〉することに、Administration：アドミニストレーションという単語が使用されていた」としており、筆者もこれを調査し追認した[2]。日本でも〈行政〉〈施政〉が訳語に当てられたことが現象的に把握できる。龍、佐々木（2005）は「80年代に入り、米国ではこの単語がmanagement：マネジメントに交代した。企業の〈経営〉を表す言葉が、それまでの大学〈運営〉という言葉に置き換えられて使われるようになった」としている[3]。筆者はこれについても調査し確認した[4]。ドラッカー（1991）は、同様の趣旨の言葉を述べるとともに「企業に比べ非営利組織では、成果や結果は遥かに重要であり、しかもその測定とコントロールがずっと難しい」[5]という観点も提起していた。

日本でも、1990年代から特定非営利活動促進法（1998〔平成10〕年3月25日公布）が制定されるなど、市民活動団体の活躍のなかで非営利組織において「経営」を重視する方向が取られるようになり、さらに2000年以降の大学等では、理事会とは別に意思決定機能を強化するために「経営会議」等の名称で、大学経営を論議する会議体を設け始めた。この会議体では理事長などのトップ・マネジメントを補完する機能も備わり始め、大学においても「運営・行政」から「経営」へと軸足が変わり、経営という企業の言葉が使われる時代に入った。

1.2 大学経営と大学職員
（1）経営、あるいはマネジメントという概念

日本では、先述のとおり、大学経営という言葉が認知されてきたのは比較的最近である。日本に限らず、大学という教育機関においては、営利を求める行為・活動そのものが忌避されてきた。教育とは聖職であり、貧を厭わず国家有為の人材を育成するのが、教育者の天分（本分）であるとしてきた長い歴史がある。

その意味からも私たち大学職員は、大学経営という言葉自体を使うことに躊躇してきた経緯がある。太田和（2006）は「学校法人には経営という概念はあるけれども、大学には経営という概念がない」として法令用語を検索した事例を紹介している。大学には予算の管理、教学の運営があればよいとの趣旨から、現在でもそれらの言葉が日常的に使用されている[6]。けれども、今や大学職員の本業はマネジメントであると宣言すべき時期にきているのではないか。

マネジメント[7]とは、人間の行う行為や働きかけを指しているのであり、特殊な事業や内容を示すものではないと考える。経営者や経営職でのトップ・マネジメント、准トップ・マネジメント、あるいは、部長・課長などのミドル・マネジメント、それとは別に係長以下のロワー・マネジメントの違いは、同じ経営職層で取り扱うマネジメントの責任の軽重、あるいはその範囲の広狭のみである。無論トップ・マネジメントが最大であり、ロワー・マ

ネジメントが最小とは考えられるが、時間や経費、人を工夫して効率を向上させる点では同じマネジメントを行っている。

(2) 大学職員の経営参加

大学職員は経営に直接参画できる理事等の役職に就くこともあるが、現状では各大学法人の理事会構成員のなかで大学職員の数は非常に少ない。本来、職員は大学の経営について、理事長、学長以下の役職者を直接支える立場にありながらも、大学経営を支えてきた実績があまり評価されてはいない。大学行政管理学会の大学「職員研究」グループ（2006）の意識調査では、「『職員の業務活動に満足している』と答えた理事長・学長は37.8％に過ぎず、満足しないが31.7％という結果で（中略）職員に対するある種のもどかしさを示唆しているのではないか」[8]としている。筆者の考える理由としては、前述の意識調査を踏まえ、職員に教員と対抗できる専門知識、教員を説得できる分析力、論理の展開力、新たな知見を培う学習能力等の総合的研究能力、問題解決とその実践力が十分とは言えない等の課題が挙げられる。

大学職員は、自らの自由意思と柔軟な発想、問題解決に向けた企画や提案力を発揮し、成果を導くための意思決定プロセスをマネジメントすることで、経営に参画する方法を模索すべきである。

1.3 大学のマネジメント

大学のマネジメントを考える上で、大学職員と教員の立場は大きく異なる。教員の立場は学問や研究の自由の保障として支払うべき代償や対価、あるいは、受け取るべき補償として、教育活動・研究業績の向上が優先課題となる。ところが、大学職員の立場は、平素の業務そのものが、教育研究や経営の推進支援に関するマネジメントであり、大きく経営職層に包括される。

これを教員の立場から見れば、大学マネジメントへの参画は時間と労力の過重負担となる。教員は自分の専門領域における教育活動と研究活動を通して大学に参画しており、経営に携わる役職者に任ぜられる教員は、自らの教育活動と研究活動遂行に加え、さらなる労力と時間を工夫して大学経営に参加している。教員として職位（学長・学部長・理事等）をもって大学経営に関

わるケースでは、選挙という段階を経ることで職権により経営を担当する場合が多い。それゆえ、任期制（期間の定めのなかで、権限をもち責任を負う制度）による期間内でしか大学経営に当たることができない。その上に、兼任制という二重の職位のなかで、教育職と教学上の経営職や管理職といった職務を遂行するには負担が大きい。加えて、大学経営には、職員が主体になりマネジメントする学校法人の業務エリアである総務、人事、財務、法務などの法人マネジメントがある。そしてもう一方に、職員が関わるものの教員の視点からでも認識しやすい、教学上のエリアである学務、教務、学生支援、キャリア、入試などの教学マネジメントがあり、大きく二つに分かれている。こうした点が教員にとって、大学マネジメントに参画しにくい要因となっている。

　こうした大学経営に関わるマネジメントについて、教員の視点を生かしつつ、この点を補う意味で大学経営人材の育成が必要である。そのとき、大学職員は、教員職の准経営者と異なりフルタイムで継続的に大学経営を支援する立場にあることから、大学経営の専門家になるべく、准経営者としての準備をしやすい環境下にある。さらに、理事長や理事等の立場からは大学経営の細部まで把握することは困難であるが、大学職員は、広く経営者や経営職を支援する経営職層の位置にあり、経営者の支持者である二次的経営者層において「准経営者」としての活動実績を積み上げ、フルタイムで経営を担当できる最適の位置にある。したがって、大学職員が、大学を取り巻く社会環境の変化や時代の要請を受けて、大学の学部、大学院設置等について問題を提起しマネジメントの力を発揮することにより、持続的に大学経営を担当するケースの増加が観察される。

1.4　経営資源としての人材

　大学経営上の諸問題解決には、大学の発展に向け、より大きな思考的枠組みを必要としており、何時も振り返られるのがそれぞれの大学の理念、建学の精神、大学の使命である。大学経営には、現実に山積する諸問題の解決と実践に向けた構想力のある経営資源としての人材が必要である。経営資源と

しての人材を活かすこと、及びその活用方策が問題解決に直結する。大学経営上の諸問題解決において、組織に向け成果を求めることと同様に、大学職員個人に向けて成果を求めることは重要である。ここでは、成果＝行動＋結果と考え、結果とは、組織や個人の掲げる半年〜1年程度の短期的目標到達を指す。

　職員個人は成果主義のもとに組織の求める目標到達を迫られ、自己目標を到達することが大きな意味での組織の成果を向上させると信じている。ところが、現状の成果主義を導入する大学の理事・管理職から、成果主義を用い個人別に目標到達していると評価報告を受ける一方で、実際には組織の業績、成果は向上していないとの嘆きが、成果主義を先行的に導入した大学の中に散見される。その要因は、業績を客観的に評価する物差しを確立できないため、個々のパーソナリティに基づく個人能力評価に傾いていることにあり、かつ本来の評価制度での職務・職位における適確性評価が実施されていない点にある。個人の志向する目標到達と組織の希求する大学経営上の目標到達とのミスマッチは、成果主義における希求性というベクトルの方向の違いを示している。この解決のために現在の方向として、大学組織の経営ビジョンと、経営資源である大学職員が各職務・職位において描くビジョンのベクトルを合致させることで、目標到達制度（成果主義）の実施目的を果たすことが肝要である。

　成果主義の本来の目的は、個別の職務・職位の在り方に応じた業績成果の適確性を判断し、個別に問うことにある。個人能力評価を行うのではなく、個別の職務・職位成果の総和が組織成果へと結実するシステムである。このことを再確認する必要がある。大学組織としての個別の職務・職位では経営ビジョンの共有化が重要であり、その共有プロセスがグループや部署単位での連帯感の形成へと繋がっていく。また、職員がパーソナルなビジョンを個人的指針としてもつとともに、自己の属する組織とは別に、積極的に自己のキャリアを形成・探求する見地から各部門を横断する事業を開拓するという観点も重要である。

2. 大学職員の業務（仕事）と大学経営専門職への位置付け

　大学職員は「ひと（人財）、もの（施設・設備）、かね（資金）、情報」という経営資源の在り方を検討し、方法、手段、機略を基に、新たな戦略的マネジメントの方向性を見出すべく、限られた環境下で経営資源を再資源化しなければならない立場にある。大学職員は常に現状や将来の課題に立ち向かい長期的展望に立って、一貫性と継続性を備えた戦略的経営プランニングにより事業プログラムを創出し、戦略を実現する能力を身に付け、不断の大学改革に取り組んでいる。これは大学職員の専門性を生かす源であり役割であるが、大学職員の専門性の発揮であり、専門分野であると言い切れないところに職員の現状の弱さもある。これについて潮木（2002）は「いまや（理事会・教授会）が依存度を高めている職員の専門性もまた、現状では、大幅な権限を移譲するだけの品質保証、信頼性を担保しえているわけではない」[9)]と指摘し、大学職員における専門性の質的向上を求めている。

2.1　専門的要素と非専門的要素の混在

　弁護士、会計士、医師、薬剤師、看護師をはじめとする専門的職業（プロフェッション）が、社会的に認知されるのは、その仕事に必要な共通性や汎用性のある専門知識、スキル、能力を標準化して資格を定めており、資格制度により、使命、責任、権限、業務、役割、等が設けられるように規範化された分野となっているからである。また、これらの専門的職業はその専門性に応じて必要な専門知識、スキル等を習得する教育訓練を実施し、人材養成を行うシステムを有しており、専門的職業として定型化している。

　大学という社会では教員は教授職として自ら立脚する各学問分野・領域において専門化する営為を継続している。大学社会（業界）では、授業料を納入した学生に授業することを教育職の前提とする意味から、大学教員の専門性を主として授業面から補完する役割を保持するために非常勤教員を雇用している。

しかし、大学職員の専門性をカバーする目的の下に他大学からの非常勤職員を雇用するという制度はない。嘱託職員、派遣職員、業務委託、パート、アルバイト等は存在するが、日替りで複数の大学に勤務する職員の姿は見受けられない。これは単なる雇用契約上の慣行ではなく、大学職員の専門性への現状認知の低さを示すものと考える。その理由として、大学職員の仕事は知識労働でありながら一般化（標準化）された仕事もあり、従来の一般職が行っていた事業経営に必要な業務のなかに、非専門的要素である諸手続や汎用性（共通性）の高い反復作業といった、定型的なマニュアル労働が含まれることが挙げられる。

　その一方、大学職員が手がける高い専門的知識に裏打ちされた、経営的に広範な視野をもつ施策策定業務などは、大学競争力の源泉を維持する優位性の高い仕事であり、未知の事象への対応や複雑化への高度な分析・判断力を求められる応用性、開発性の高い業務である。けれども、専門的職業（プロフェッション）への認知が困難な現状には、専門的職業に付随する資格や認定基準がなく、非定型であり標準化し難いことが起因している。したがって、日本の大学職員の担当する仕事の標準化が、未発達、あるいは未整備であることについては、規範化し難しく、専門的要素と非専門的要素が混在することに原因がある。

2.2　専門職と専門職化への阻害要因

　大学職員は専任職員と非専任職員に分かれ、専任職員でなくとも責任分担と業務処理可能な業務は、非専任職員に任せている。業務委託（アウトソーシング）も、経営効率等を考え専任職員と非専任職員の区分から行われている。従来の一般職が行っていた事業経営に必要な業務のうち、事務手続、作業の部分を非専任職掌の派遣職員、業務委託、パート職員に分担し、業務区分している。専任職員としての大学職員に期待されることは、経営層を直接支えて企画立案業務を受けもち、経営の直接支援を行う人材層として、従来の事務職と一線を画す専門職への移行と変化であり、専門的職業（プロフェッション）への深化である。

(1) 専門職

通常、専門職には、専門職としての資格、あるいは能力を保証することが必須となり整備されている。専門職の検討について寺﨑（2004）は「アドミニストレーション、ガバナンス、あるいはマネジメントとかいっても大学職員固有の職務分析（ジョブ・アナリシス）を行う必要がある。また、職務分化も必要である。専任、嘱託、派遣社員、パート、アルバイトという区分ではなく、〔専門〕職種〔としての認定〕が必要である」と言及し、具体的に〈職業がプロフェッションであるための五つの条件〉として次の5点を掲げ、個別に例証している（〔 〕内は筆者が補注した）。

①固有な共通の知識・技術の体系がある。
②他の職業に比べて長期の教育期間がある。〔大学アドミニストレーション専攻等の〕修士課程ができたというのはこの条件に当たる。
③資格制度と結合している。
④メンバーシップを自主的に選定することができる。〔大学行政管理学会等の学会ができたことはこの条件に該当する。〕
⑤ある事柄に関する自己決定権をもつ。そこまでのレベルに大学職員の仕事がなっているか。

筆者は、寺﨑の掲げる5条件を大学職員のプロフェッション（専門的職業）化に向けた、妥当性のある定義であり重要な要素を示すものとして捉えるが、寺﨑の論述では大学職員のプロフェッション化に向けた実施の道筋に触れていない。その具体的道筋を提案し検討する局面は、実践者である大学職員の手に委ねられている。日本の現状では、上記③の資格制度との結合一つをとっても、司書、学芸員、公認会計士、一級建築士等の資格を有する者は、大学職員にも一部に存在するが、大学職員の総体としての専門職資格がない。そこで前述の大学「職員研究」グループ（2006）の調査結果をもとに、福島（2006）は「大学専門職員資格認定試験（仮称）を大学行政管理学会と国立大学マネジメント研究会が共同研究・開発する」[10]予定であることを述べている。大学職員が専門職として認知されるには資格制度の導入も必要であると

考える。

(2) 専門職化への阻害要因

大学職員にとって非専門職要素を含むのは、先述のとおり、汎用性（共通性）の高いマニュアル労働であり、いわゆる「一般事務」と呼称される業務である。わが国の現状では、大学職員の業務を大きく一般事務として括りながら、実際には一般事務のほかに企画・立案の業務に従事させている。大学職員は、一般事務の業務執行と併行した、個々人の業務改善と創意工夫により、それぞれの業務について新たな企画、提案を生み出している。この循環が大学職員の担当する「一般事務」から、企画・立案の業務機能を分離・独立させることができず、職種として専門職化できない原因となっている。

2.3 大学行政（管理）職、そして大学経営専門職

前述のとおり、専門職と非専門職を区分した後に大学職員を専門職として、さらにどのように位置付けるかということにより、職員の果たすべき役割が変化する。端的に言えば行政職と見るか、経営職と見るかという差違である。

(1) 大学行政（管理）職

大学経営においては、ファカルティ（教員集団）とスタッフ（職員集団）のパートナーシップのもとに事業展開を図ることが、マネジメント上で必要となる。一方、大学行政（管理）職に含まれる「行政」とは国家作用、国政作用の総称であり、各省庁や地方公共団体の政務を表す。その意味で多分に政策形成過程を重視しており、国家レベルでは、施策実施の下には組織さえも変貌すべきであるという理念に相応しい。国家や地方自治体のコントロール装置としての各機関に従属する国家公務員、地方公務員であれば行政職という語も馴染む。けれども、大学は学生に教育を施し学問を研究するだけではなく、その教育研究成果をもとに社会貢献し学生を支援する教育機関である。個々の大学、ことに私立大学の場合には、自由競争下で自立して経営を行っており、国家作用や地方自治体等での政治任務の意味合いを帯びた「行政」という言葉は馴染み難いと考える。

(2) 大学経営専門職

山本（2006）は、大学職員を新しい大学経営人材として積極的に起用することを提起し、大学職員がより良い大学経営専門職となる必要があることを、その著作の副題にも掲げ、しかも、これまでの「大学行政職」という言葉を廃し、「大学経営専門職」という新たな概念を提示している。この概念を敷衍すれば、従来の大学管理、大学運営の担当職や大学行政職の役割を超えて、大学の将来構想や経営戦略を策定できるまさに大学経営専門職としての位置付けの必要性が明瞭となる。山本の考え方は職員を大学経営人材として把握することにあり、教員は任期制によりパートタイマー的に経営参画するに留まるが、職員は経営参画をフルタイムで実行できる存在であると定義している。ただし、山本の論述では大学経営人材の育成方法として、大学職員のジョブ・ディスクリプション等やその業務に関連して求められる研究力の蓄積に向けた言及がない。

筆者は「大学経営専門職」の用語を、業務遂行範囲と責任を明示する定義であり、経営支援を専門職とする人材に適応した管理職や一般職を含めた呼称であると捉える。筆者はトップ・マネジメントや准トップ・マネジメント支援を踏まえた大学経営人材の位置付けについて、大学経営専門職のなかでも、経営職にあって経営者のトップ・マネジメントを支援し、准トップ・マネジメントを担当する、経営の直接支援者を「准経営者」として見なすべきであると考える。さらには「准経営者」は「経営者」になる可能性を有している。具体例として、立命館大学前理事長は職員出身であった他、早稲田大学では約40年前には職員出身の理事が1名であったが、2007年現在は常任理事1名、理事2名の計3名に増員されている。

2.4 業務（仕事）の標準化とジョブ・ディスクリプション

先述の寺﨑が掲げる5条件のうち、「①固有な共通の知識・技術の体系」化を検討する上で、ジョブ・ディスクリプションの分析が必要である。大学職員のジョブ・ディスクリプションについて、井原（2004）は「日本全体がそうなのですが、特に大学はポジション制度というものを取り入れない限り、人材育成も、組織目標達成もできないというのが私の持論です」とポジショ

ン制度の導入を主唱している。また、同氏が拠り所とする米国及び日本の「大学における職員のポジショニング」[11]という考え方は、個別業務にジョブ・アナリシスを用い、業務の適用・責任・権限の範囲を示すことで具体的な規定を与えることが可能となり、仕事の標準化に不可欠なものとして積極的に検討されるべきである[12]。

日本の大学事務職員と現状呼ばれる職務を、専門的職業（プロフェッション）に移行するためには、専門職に向けて資格化することが不可欠である。その資格要件を整備する目的から、大学業界で一致団結して研究組織を立ち上げて、米国のアドミニストレーター等の区分ほど詳しくなくても日本版の職務機能、権限、範囲、契約等の課題を標準化することが必要である。特にその検討はプロフェッションとしての大学経営人材の養成を目指す大学行政管理学会のタスクフォースとして重要である。

2.5 業務管理力から実行力・問題解決力へ

従来は大学職員に業務の指示・命令系統のチェックマンとしての管理者の役割が求められ、企画提案力がなくても運営者として機能していれば経営者もそれに満足していた。

ところが、今ではこれまでの管理者としての役割ではなく、大学経営人材として事業の企画・提案力、実行力、問題解決力が求められ、戦略的経営の指標となっている。水野ほか（2004）による大学職員人事政策の調査集計結果[13]においては、大学職員の中途採用者に求められる要件として「問題意識、提案力がある」が第1位（23.5％）となっている。

筆者は大学職員がこれらの能力を有することが、大学経営専門職、あるいは経営の直接支援者である「准経営者」の条件として最も重要であると考える。大学の場合、組織業務の企画については、大別すれば教学系企画と法人系企画があり、さらに部門ごとの業務企画と特命を帯びた企画がある。これらは今後とも大学経営専門職、あるいは「准経営者」が担当する重要な企画である。加えて、大学経営の今後を左右する「准経営者」や大学経営専門職の条件としては、単なる企画・提案力だけでは不足であり、実行力・問題解

決力がより重要視される。

2.6　経営戦略と大学組織改革

　これからの大学経営には、経営企画、経営戦略、並びにその問題解決と施策立案、実行能力が求められる。これらの要件・能力は経営職にある「准経営者」に限らず、経営専門職である大学経営人材の必須要件となる。大学の経営者は任期制により年限が到来すれば交代を余儀なくされる。そこで何時でも経営者の交代を可能とするために、経営者の一翼を荷う二次的経営者層としての「准経営者」を育成しておく必要がある。大学経営者にとって重要なのは現状維持のための学校管理運営ではなく、大学の主たる戦略商品である教育研究上の事業展開を構想する力であり、教育研究条件の改善に資する資金獲得を拡大できる力である。

　大学の経営戦略は組織の発展に直結する重要なものであり、教員が教育研究に直接関わらないその他の仕事として策定できるものではない。米国では教員が教育研究職から退いて戦略策定とマネジメントの支援職務を専門として従事しているが、日本の現状では困難である。したがって、フルタイムで経営支援に当たることが可能な大学職員は、自らの資質を向上させ、二次的経営者層としての「准経営者」、さらには経営者になるべく、より一層高度な業務に取り組み大学組織の改革成果を上げる必要がある。

3. 大学職員の使命と研究、その役割について

　大学職員が学位取得や研究活動と無縁でいられる時代は過ぎようとしている。大学職員の果たす役割として、教員集団（ファカルティ）をリードし教育・研究資源を含めたマネジメントを行うと共に、教員集団（ファカルティ）が教育・研究に打ち込める環境を整備することが挙げられる。学生や卒業生、教員をマネジメントする上で、大学職員の立場から大学職員だからこそ何でもできるという発想は重要である。今後の経営戦略マネジメント上で大学職員に希求される要件を以下に提起する。

3.1 知識社会での大学職員の使命

知識社会[14]のなかで、経営人材である大学職員の役割、使命は、研究や教育という専門知識を基盤とする大学において、知の行方を見守り、新たな知見の動向を探るといったことが重要となり、知識経営やナレッジマネジメント[15]を推進・支援することにある。大学職員は知的資源、人的資源のマネジメントを含め、経営に必要とされる資源を常に自らのマネジメントにより獲得せざるをえない。これは『わが国の高等教育の将来像』答申（中央教育審議会 2005年1月28日）でも言及している知識基盤社会における経営の在り方の一形態である。知識は絶えざる流入と陳腐化を繰り返すのが宿命であり、知識の動向を察知して、自らの大学の諸資源を再資源化する研究を行い、これを実践するのが大学職員のミッション（使命）である。

現在、大学職員が大学院へ進学すること自体が珍しくない時代が到来している。教員が自らの研究を手がけるのは教育活動に資する目的をもつと同様に、職員が大学院へ通学するのは自らの能力を高めるとともに、大学職員業務等の開発・強化のための研究トレーニングの一環である。経営的手法を追求している管理職、スキルアップを図る職員ほど在職のままで、大学院での研究を持続することは現実には困難であるが、今後は大学卒の学歴で採用された職員が人的資本[16]を投資して、自己の継続学習や研究開発の目的から修士課程や博士課程を修了するという割合が高まるのは必至である。

3.2 大学職員の研究活動

従来から大学職員は日常業務の中で、個々の教員の文部科学省等の科学研究費補助金申請や特別補助金獲得を目的に、研究支援サービスの一環として各種補助金の申請業務を行っていたが、大学という職場で大学職員が直接手がけることを認定されなかった営為が研究活動であった。しかし、最近では大学職員が取り組む研究活動への補助金は、大学職員の職名にかかわらず、科学研究費補助金等の申請でも徐々に認められ始めている。

これまで大学職員には日常的な業務推進の役割が重視されたことから、教

学系職員には経営やトップ・マネジメントを支援することが直接的に求められなかった。ところが、今では教学系職員にも、大学経営の分析力・提案力をもとに、他大学を含め国内や海外の高等教育の動向、教育・ビジネスへの分析・考察力を問われ、そのマネジメント能力が期待されている。その結果、大学職員は経営学や教育学等の研究動向を探りつつ、職務遂行のために自らの研究力を培い、業務に活かす必要が生じている。現状では、教員が研究を直接手がけるのと同様に、大学職員が職員の立場から各学問領域に参画し、専門学会への帰属意識をもち研究発表や研究活動に取り組む事例が観察されるようになった。

したがって、大学職員は教員と同じように研究活動に従事すべきであり、業務に関連する事項を研究するのはむしろ職員の責務となっている。大学職員と教員は、立場が異なるものの緊張感のあるパートナーシップをもとに、相互に学生を中心とするリンク機能をもつことでは共通している。学生は常に入学し（生まれ）、卒業（巣立つ）していくが、大学の中心にいる。大学職員が大学の教育・研究のなかで、授業そのものを直接運営することは少ない。けれども、大学職員として、教員を理解しパートナーシップによりファカルティ・マネジメントを推進するには、教員が取り組む研究活動を同じように経験しておくことが重要である。大学職員は先端的な研究領域や新たな知見について認識を深める姿勢を持ち、自大学の研究・教育分野の社会的ニーズを的確に理解・把握して、改善・改革案を提起し戦略的マネジメントを実践する。そのことにより、社会的に大学への認知力を高め、学生の教育への満足度や知的関心も高められる。

大学では教員や大学職員の研究を実践する活力が、教育を強くする基盤となる。それぞれ教員は授業の場で、職員は図書館や美術館、ボランティア活動等の授業以外の持ち場で、教育を熱心に行うことにより、学生が学問の力を養う可能性を連鎖的に高めることが可能になる。そのため職員は、教員との連携・協働により、教員と職員の中間領域にある機能や業務を、職員として積極的に引き受けることにより、学生や教員と協働して大学を躍進させることができる。学生、教員、職員は各々違う立場から大学を機能させており、

それぞれに違う立場や意見があるからこそ可能性を拡張でき、個々の力を発揮し合って大学の未来を創っていける。

3.3 研修と人的資源の蓄積

大学では通常、種々の業務スキル向上と能力開発を目的に組織業務に関する啓発・研修活動を行っている。企業の場合と同様に、大学における研修や能力開発は人事政策と一体化しており、概して各大学の基本姿勢は、学習する組織として個人研修よりも業務研修、OJT（On the Job Training）等の組織研修を集団研修の形式で実施する傾向が強い。

ドーア（2005）は「中核従業員を大事に考え、なるべく逃がさないようにする人事政策と、外部労働市場をフルに使おうとする人事政策は別なもの」[17]と指摘する。ドーアのいう「中核従業員を大事に考え、なるべく逃がさないようにする人事政策」は、特に重要である。筆者は育成型の人事研修である組織学習や組織研修の意義は、知識やスキルの向上に努める従業員を養成し活用することにあり、従業員が組織の推進力となり、有力な人的資源を蓄積することが組織力の源泉になると考える。また、大学が人材育成を重視して、組織的学習の一形態として研修を実行することは、大学職員に長期的展望の下でキャリア展開が可能である旨が理解されるだけでなく、大学の組織力強化に繋がると捉えている。

事業開発、大学経営、あるいは業務のいかなる面であれ、それを動かすのは人間である。人間は個人の意思と精神をもち、独自の考え方で生きている。センゲ（1995）は「組織は個人の学習を通してのみ学ぶ。学習する個人がいるからといって、必ずしも組織が学習するとは保証できないが、学習する個人がいなければ、学習する組織など在り得ない」[18]と主張する。現状、学習する個人を支援する目的で個人的研修を制度化する大学[19]もあるが、未だに個人的研修については自主的努力による参加を求める大学が数多く観察される。

その要因として、大学の新規業務・事業に関する専門分野の学習や研究については、研修の実施方法等が未確立であることが挙げられ、制度的にもカ

バーされるケースが少ない。確かに大学に必要とされる新規業務・事業の専門分野での技術・知識の獲得は、個人での研修や自助努力による能力開発学習に多く依存する事実がある。そして、組織は学習する個人から学ぶことが多く、個人の学習を組織で共有化し経営への戦略立案等にも応用できる大学が活性化し発展していくのであり、これからの大学は個人的学習や研修を制度化することが必要になる。まさに大学は学習する組織であり、経営やマネジメントに必要な知識、考え方を共有することで経営戦略が共有化され、戦略を実践することにより組織や個人としての経験を蓄積でき、さらに人的資源を充実させていけると考える。

3.4 大学職員の本分、義務、使命

　大学職員の立場から、大学の将来像を模索する際に重要なことは、目前の事象への個別対応に過ぎないその場凌ぎの因循姑息な対症療法的施策を乱発することよりも、大学の発展のために学生の未来形を創る、将来計画策定にエネルギーを費やすことである。大学職員は各自の持ち場から、自己の属する大学の学生、卒業生や教員に向けて様々な語りかけが可能であり、大学職員だからこそ何でもできるという発想に立って思考し行動することが大学職員の本分である。大学職員という所与の条件のなかで拡がる可能性を追求することが大学職員の義務である。大学職員はステークホルダー（利害関係者：stake holder）の擁護者であり、遂行すべきマネジメントの仕事は、経営を見直し大学組織改革を実行することにある。大学職員の使命はステークホルダーや大学を価値付けることで社会貢献を果たすことにあり、その仕事に際限はない。

　例えば、学生の輝くキャンパスの充実に向けて、大学職員の立場から発信できるイベント（展覧会・国際シンポジウムの企画等）やカリキュラム形成（キャリア支援、自校史、図書館学等の授業を時間講師として担当する等）、研究会・学習会（教員との研究会、職員同士の研究会、学生との勉強会等）の創設も可能であり、各大学でこれらのプログラムを実行している大学職員も少なからず存在する。

大学教員にも職員を集合し、職員とのパートナーシップの下にスタッフ・マネジメントを行うという考え方があるかも知れない。けれども、すでに現状の大学職員は、大学の戦略的研究の方向についてアドバイスし、研究活動を活性化し、教員採用を含め、大学の研究を先鋭化するために財務的裏付けを取り、平素から教員の教育・研究活動を調査・理解し、外部資金獲得や研究成果の公表・学術書籍出版等々の相談に乗り支援を行っている。このように大学職員の仕事は日常的に教育研究支援活動そのものが基礎にあり、その本分を発揮し義務を果たすマネジメントの場となっている。これをさらに進展させるために、大学職員には教員を集合し、教員とのパートナーシップの下にファカルティ・マネジメントを展開することが求められている。

3.5 大学職員として期待する役割、人材と能力

大学職員が大学経営人材、大学経営専門職として機能し、経営職にある二次的経営者層としての「准経営者」となり経営者になる過程を経ること、並びに、専門職として位置付けられるためにもジョブ・アナリシスやジョブ・ディスクリプションが必要となる。大学職員は一般職から管理職、経営職、准経営者、経営者というどのような職務・職位にあるとしても、それぞれの職務・職位で求められる業績や成果を示し、さらなる高次の業績達成を成し遂げる必要がある。

大学職員が一般職から経営者に至るまで、それぞれの職務・職位の上で、日常的業務活動を遂行し義務や使命を果たす際に、マネジメント上ではどのような役割を担い、能力を発揮すべきであるのか。それは、大学の目的に照らし経営戦略の展開に必要な人的要件と課題を検討することでもある。

筆者の考える各大学が必要とする人材、能力要件は、法人経営を支援し、直接担当できる能力の持ち主であり、教学経営の上では教学的戦略ビジョン、アカデミック・プランを策定する能力であり、計画段階で推進者に必要なマネジメントの実行力であると考える。それは、新しい学問領域、研究領域を開拓する研究者の要素をもつとともに事業家の要素と、起業家の要素でもある。したがって、各大学は管理型人事を、事業の企画力・立案・推進・実行

力重視型人事に転換し、大学が期待する役割を担う大学経営人材を確保することが必要となる。結論として言えば、大学職員として希求される役割や能力、人材要件は主として次の3点となり、このような能力を有する人材を経営推進・支援者として位置付ける大学が今後強い大学として生き残ると考える。

(1) 政策形成、推進能力

個人の立場から問題を解決するに当たり、複数の部署と折衝し方策を立案するだけではなく、国内外の企業・自治体・大学等に働きかけ、大学の将来を見据えた新たな課題を設定し、組織的な活動を通して政策形成し、具体的に施策として実行し推進する力を有すること。

(2) 新領域、新規事業を開発し、実行推進する力

既存の組織に埋没することなく、常に自組織に必要な新たな機能と不要になった機能を差別化し、組織機能の発展・拡大を基幹として、教員と職員と学生の間に介在する新領域の関係事業を開発し、仕事として実行し、事業を推進できる力。

(3) 可能性を切り開く力

大学の社会的貢献を果たす責任感や良い価値観と信念をもち、可能性を自ら生み出す力。

大学職員は、学生や卒業生、教員等を、社会的に認知され活躍する人材として価値付けるマネジメントを行っている。一方、大学では来るべき未来に向けて大学職員を、マネジメント人材として顕在化し、デザインすることが大学間競争時代の生き残りに不可欠である。また、大学自らが、経営改革に必要な職員のポジションを考え、個別大学の経営戦略に沿って大学職員に、その方向と目標を示しプランニング・デザインすることが重要と考える。

おわりに

筆者は、大学職員について考察し、大学経営やマネジメントに関する大学職員の在り方、大学職員の仕事の位置付けを考え、大学が必要とする職員の役割と使命を述べた。大学職員を大学経営人材として着目し、さらに、専門

的職業である「大学経営専門職」として捉え、経営者を支援する「准経営者」さらには経営者になりうる存在として位置付けた。従来にまして職員自身の研究活動が重要となり、さらに高度な業務に取り組むことにより大学組織の改革成果を上げる必要があると述べた。

そして、本稿では大学経営の第一歩として経営資源を捉え、大学経営の方向と大学職員の経営参画を再考すると、従来の方向とは異なりマネジメント重視の形に変貌していることが観察された。大学淘汰の危機意識をもとに、大学職員は、自大学の業績・評価獲得や自己開発を目的に、研究能力の向上や専門知識の蓄積、問題解決に向けた企画・提案力、実践力を身に付ける努力と、取り組みを全うするために継続志向を高めるべきであることを指摘した。

本稿では、現行の大学職員の経営参画に至るプロセスを考察し、大学職員をこれからは大学経営人材として、大学経営専門職となるべき存在として捉え、大学職員の辿るべき経営者への道筋を論述した。この論考が各私立大学や国公立大学の参考となるようであれば喜ばしい限りである。

【注】
1) 国立社会保障・人口問題研究所の推計データによると、年間の出生数は2001（平成12）年の119万人から減少を続け、2008（平成20）年には110万人を切り、2014（平成26）年には100万人の大台を割り込むものと見込まれている。そして、その後も出生数は減少を続け、出生数が現在の6割程度の67万人と推定される2050（平成62）年に向けてさらなる減少期が待ち構えている。
2) 国立情報学研究所（NII）のNACSIS Webcat（総合目録データベースWWW検索サービス）により、図書、雑誌の書名に含まれる「administration」について、2007年11月27日現在で、1950年〜2006年までのkey word検索を実施した結果、ヒット件数は14,411件であった。最低値は1950年の100件、その最盛期は1960年代〜1970年代であり、最高値は1968年の252件であった。米国を中心として使用され、欧州、日本、そしてアジア諸国にこの言葉（概念）が普及したことが跡付けられた。
3) 龍慶昭・佐々木亮　2005、『大学の戦略的マネジメント』多賀出版、pp. 174–175。
4) 先の注2）と同様の条件にて、国立情報学研究所（NII）のNACSIS Webcat（総合目録データベースWWW検索サービス）により、図書、雑誌の書名に含まれる「management」について、2007年11月28日現在で、1950年〜2006年までのkey word検索を実施した結

果、ヒット件数は46,815件であった。最低値は1950年の81件であり、最高値は2000年の1,511件、ヒット件数が700件を超えたのが1980年、その後増加傾向が続き2000年をピークに減少に転化し2006年は1,063件であった。米国を中心として使用され、欧州、日本、そしてアジア諸国にこの言葉（概念）が普及したことが跡付けられた。

5) ドラッカー（1991）は「ほとんどのアメリカ人にとって今日にいたるも「マネジメント」という言葉は、企業のマネジメントを意味する。（中略）しかし、いまや、『非営利』機関自身、自分たちが伝統的な『決算』というものをもっていないからこそ、なおのことマネジメントを必要とし（中略）実際のところ、大小問わず、非営利機関の間では、『マネジメントブーム』が続いている」と非営利機関でのマネジメントの必要性とその実態を説いている。

6) 例えば、「大学行政管理学会」にしても、その名称に「経営」という言葉を避け、「行政管理」という言葉を使用している。大学行政管理学会の考究すべき内容として「行政職：アドミニストレーター」も重要であるが、「大学経営」、「大学マネジメント」という概念にシフトすべき時期にきているのではないかと考える。

7) マネジメントという単語は、一般に「管理」や「経営」と訳されているが、営みであり行為そのものを指す。日本の経営学の世界では、該当する日本語がないとして、マネジメントと片仮名で表すことが一般的とされている。

8) ここでは、大学行政管理学会 大学「職員研究」グループ 各務正・山本淳司・秦敬治・藤原久美子・福留瑠璃子・三橋紫・上田理子・横田利久が、2005年10月に実施したアンケート調査（回答246人）を指す。

9) 潮木は「理事会は私立大学の最高機関とはいえ、その選任基準、選任方法、その構成等をみた場合、教授会と同様に、近年の複雑化した大学運営の細部をみわたす立場にいるわけではない。理事会もまた専門職員へ依存しなければ、さまざまな方針、戦略が立てられなくなる」として、「専門職員の機能拡大」を指摘しつつも、職員の専門性については未だ「それほど強固な基盤の上に、その品質保証がなされているわけではない」として「将来に残された課題」とする。

10) 大学行政管理学会は、国立大学マネジメント研究会と連携するにあたり8項目を掲げ「覚書」を締結している。そのなかに6. として「大学専門職員資格認定試験（仮称）」の共同研究・開発を行うことが記されている。プロフェッション（専門的職業）には資格試験は必須であり、実施が望まれる。

11) ポジションは、大学経営に必要なファンクションの構成要素であり、業務内容群ごとに関係業務（ジョブ・ファミリー）が示され、給与の等級による格付けもされている。大学のスタッフは、大きく二つに分けられ、アンクラシファイド・スタッフ（ティーチング・スタッフを除くアカデミック・スタッフ—上級管理者及び上級専門職）とクラシファイド・スタッフ（そのポジションの職務内容が、社会一般的に確立しているもの）が

存在する。井原は、ポジション制について、すべての機能を十全に発揮させるための職務をブレークダウンし、「仕事内容、責任と権限、必要とする知識・経験、業務量、業務遂行方法等」に基づいて「ポジション」を設置し、そのポジションに対して、働く者を当てはめていくことであるとし、日本でも幾つかのポジションをまとめ最小ポジションを作っていき、それらをまとめて日本的なポジションを作ることを提案している。

12) 標準化という点を考察する場合に、参考となるのは大学図書館界である。大学図書館界では曽て各大学図書館の整理業務を中心に北米OCLC※の目録標準化に沿って、日本版を作るという経験を現在の国立情報学研究所（NII）の前身が中心なり、推進することを自ら決めてその目的を達成した。その結果が今日に及ぶ大学図書館の業務委託の流れに顕著に現れている。

　※1967年に米国オハイオ州にある州内各大学の図書館同士が情報資源の共有化を目指しOCLC（Online Computer Library Center）を設立した。米国議会図書館（Library of Congress）や大英図書館（British Library）といった政府系図書館、ハーバード大学やスタンフォード、オックスフォードやケンブリッジ大学をはじめとする主要大学の図書館、その他NASAやスミソニアン研究所、メトロポリタン美術館や世界銀行などの公的機関を含み世界84の国と地域の50,000館以上の図書館が参加する。現在、世界最大の書誌ユーティリティ（書誌データ提供機関）となっている。

13) 水野雄二・高橋清隆・山口輝幸・高橋剛・金澤一央・行川恭央・椎名絵理香・河村哲嗣の「2004年度大学職員人事政策に関する調査集計結果」によると、大学が中途採用時に大学職員として、期待する人物像、スキルとして、1999年度は「社会常識・社会経験の豊かさ」が第1位（26.3％）、「協調性、明るさ、コミュニケーション力」は第2位（15.8％）であったが、2004年度では、「問題意識・提案力がある」が第1位（23.5％）、そして、「協調性、明るさ、コミュニケーション力」は第6位（9.5％）に後退している。

14) ドラッカー（2000）は、知識社会では専門知識が社会活動の中心的な資源になるとして、「個々の専門知識はそれだけでは何も生まない。他の専門知識と結合して、初めて生産的な存在となる。組織の目的は専門知識を共同の課題に向けて結合することにある」というが、結合の役割をマネジメントすることと考えるならば、大学職員の役割はこの専門知識のマネジメントを果たすことにある。

15) 野中郁次郎・紺野登は、広義のナレッジマネジメントは「知識経営」と捉え、狭義のナレッジマネジメントについて暫定的に「知識の創造、浸透（共有・移転）、活用のプロセスから生み出される価値を最大限に発揮させるための、プロセスのデザイン、資産の整備、環境の整備、それらを導くビジョンとリーダーシップ」と定義している。大学にあっては、プロセスデザインや知識資産の整備、環境整備を導く学長や担当理事のリーダーシップを支えるのが大学職員の仕事になっていると考える。

16) 人的資本（Human Capital）とは人間が身に付けている知識・技能を意味する。人的資本

の投資媒体として、特に学校教育や職場訓練等があり、収入や雇用の流動性に影響を与えると考えられる。

17) ドーアは「企業の効率は人的資源の蓄積にかかっている」ことから「技能は静的なものではなく、組織的学習によって築き上げられる」ことや「個々人が自分の利益を考えた場合、短期的な金銭の報酬だけでなく、長期的に、自分のキャリア展開の可能性、予測可能性も大きな意味を持つ」ことを説いている。

18) Learning organization（学習する組織）を指して、センゲは最強組織に変革する与条件としている。知識の共有化、問題の共有化により、組織課題を解決し実践する方法の提案である。

19) 早稲田、慶應、明治など、大学によっては、業務研修、OJT等、組織研修を実施する他、大学職員を自大学等の大学院に進学させる等、個人的研修の支援制度等をもつ場合があることを指している。

【参考文献】

ベッカー，ゲーリー・S.（Becker, Gary Stanley）著　佐野陽子訳　1976、『人的資本―教育を中心とした理論的・経済的分析』東洋経済新報社、p. 87。

ドーア，ロナルド・フィリップ（Dore, Ronald Philip）著　石塚雅彦訳　2005、『働くということ』（中公新書）、pp. 98–99。

ドラッカー，ピーター・F.（Drucker, Peter Ferdinand）著　上田惇夫・田代正美訳　1991、『非営利組織の経営―原理と実践』ダイヤモンド社、p. ix、75、133。

ドラッカー，ピーター・F.（Drucker, Peter Ferdinand）著　上田惇夫編訳　2000、『プロフェッショナルの条件―いかに成果をあげ、成長するか』ダイヤモンド社、p. 31。

センゲ，ピーター・M.（Senge, Peter Michael）守部信之訳　1995、『最強組織の法則―時代のチームワークとは何か』徳間書店、p. 165。

大学行政管理学会 大学「職員研究」グループ、各務正・山本淳司・秦敬治・藤原久美子・福留瑠璃子・三橋紫・上田理子・横田利久、2006、「国公立大学学長と私立大学理事長の大学職員に対する意識調査報告（第2報）―2006年度実施インタビュー結果を中心として」『大学行政管理学会誌』第10号、p. 160。

福島一政　2006、「巻頭言―これまでの10年これからの10年」『大学行政管理学会誌』第10号、p. 2。

井原徹　1979、「アメリカの大学における職員のポジショニング」『大学時報』私立大学連盟編、1979年11月号、pp. 50–56。

井原徹　2004、「私立大学経営の実践的側面」山本眞一編『SDが育てる大学経営人材』文葉社、p. 197。

水野雄二・高橋清隆・山口輝幸・高橋剛・金澤一央・行川恭央・椎名絵理香・河村哲嗣

2004、「2004年度大学職員人事政策に関する調査集計結果」『大学人事研究―大学職員人事制度の分析と事例』学校経理研究会、p. 241。
野中郁次郎・紺野登　1999、『知識経営のすすめ―ナレッジマネジメントとその時代』ちくま新書、pp. 51–54。
大野耐一　1978、『トヨタ生産方式―脱規模の経営をめざして』ダイヤモンド社、pp. 52–54、218–219。
太田和良幸　2006、「職員の企画力を高める」山本眞一編『SDが支える強い大学づくり』文葉社、p. 128。
「リクナビNEXT第二新卒」2007年度（株）リクルートの転職サイト。入手先〈http://rikunabi-next.yahoo.co.jp/nisotsu/news_guide/senpai/senpai_01.html〉
龍慶昭・佐々木亮　2005、『大学の戦略的マネジメント』多賀出版、pp. 174–175。
寺﨑昌男　2004、「大学職員の役割、教員との関係、そしてプロフェッショナリゼーション」山本眞一編『SDが育てる大学経営人材』文葉社、pp. 12–14。
潮木守一　2002、「市場競争化の大学経営」『高等教育研究第5集（特集大学の組織・経営再考）』日本高等教育学会編、玉川大学出版部、pp. 13–14。
山本眞一　2006、『大学事務職員のための高等教育システム論―より良い大学経営専門職となるために』文葉社、pp. 122–126。

第Ⅲ部
マネジメントとガバナンス

第6章　大学マネジメントからガバナンスへ
——概念の差異

はじめに

　大学のマネジメントとガバナンスについて、その概念の移り変わり、位相の変化を、本章では課題とし追究している。概念の変化や差異をもとに、大学経営の視点から現代の大学の在り方を捉え直し、大学マネジメントとガバナンスの変革を行うことが重要であると考えている。

　かつてのオリエントのアル・アズハル大学や西欧のボローニャ大学、パリ大学など中世に大学が発祥した一因には、学生だけではなく、教員の集団としてのパワーが必然として存在する時代状況があった。大学の学部や学科、専攻単位、専門分野へと区分を小さくして捉えれば、大学自体を教員のギルドとする見方やイデオロギーは現在でも続いている。

　しかし、現代の大学には、教員集団等のギルドとしての機能よりも、教育や研究をもとに広く社会に貢献するといった、より大きな使命を果たすことが求められている。大学は高等教育制度として括られる社会的制度[1]であり、公共性を求められる公器である。公器としての大学は、社会や地域共同体と連携し協働することにより、社会の一員たりえている。広く地域や住民から、大学の社会における在り方や経営行動等についてチェックを受ける等のガバナンスによって、支持を得られない大学は社会から認知されず衰退してゆく。

　大学のガバナンス概念は、大学の手がけるマネジメントを対象にした監視、監督、規制、チェック機能であり、新たな制度として定着させるべきであると筆者は提起する。本稿では、大学のマネジメントとガバナンスの機能や概念の差異を論じるとともに、ガバナンスがマネジメントの過不足をチェックし機能させる重要な役割と相互牽制機能や相互補完機能をもつという考え方をとる。そしてガバナンスを新たな制度としていかに私立大学に導入するこ

とができるかが、今後の大学発展のプロセスに関わる与条件になってゆくものと追究する。

1. マネジメントとガバナンスの差異

マネジメントもガバナンスも、人や組織に働きかけるという意味では同じである。ただし、その対象となるフィールドや機能が異なり、構造も違っている。大学に限らずガバナンスの在り方を検討する上で重要なことは、「マネジメント」と「ガバナンス」の概念の区分を明確にすることである。

1.1 マネジメントの概念

マネジメントは、経営並びに管理の両方を意味し含有していると筆者は捉えている。この場合の経営は、組織としての最高の意思決定機能を指すとともに、組織全体の目標実現に向けた戦略を備えている。その意味で、経営とは組織の全体と未来に向け戦略性を備えた意思決定について統率力や牽引力を発揮する活動や機能である。経営は前進する仕事に向けてひとを組織し、新たな価値を創造することにある。一方、管理とは組織の限定された範囲において、意思決定事項を実施した際の点検、維持、確認の行為である。マネジメントの概念には、経営と管理の区別性や概念が包含される。

したがって、トップ・マネジメントが経営責任者となり、准トップ・マネジメントが経営職に該当するように、経営への責任の軽重がロワー・マネジメントとトップ・マネジメントでは異なる。マネジメントは、目的や目標、あるいは、事業化に向けて、ひと、モノ、金、情報、知識といった資源を再資源化することによって組織を価値づけるとともに効率化と機能化を図ることであると筆者は考えている。

大学のマネジメントは、**図1**のように、UD（University Development）[2] 大学の発展を目的に、マネジメントサイクル（PDCAサイクル）を回すことに力点を置く。その理由は、事業計画の遂行に総合的な計画立案が必要であり、現状把握のためにはIRや大学経営評価指標[3]等の指標化（視覚化）を手段とし

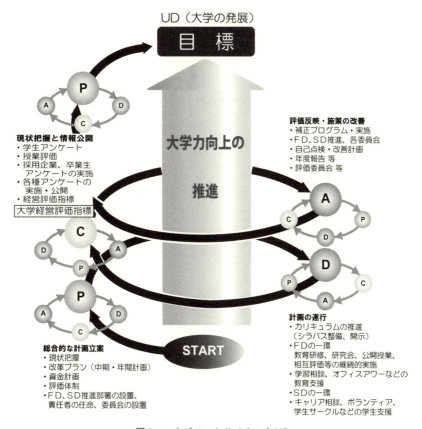

図1 マネジメントサイクルとUD

て活用することで、事業結果への評価と今後の施策改善へと反映されるからである。マネジメントがFD、SD等の研修や人材開発に傾注する理由は、人材の活用なしに組織や事業の進展は見込めないし、事業等を継続する力量が保持できない点にある。特に大学の場合、教員と職員の協働する考え方と相互のパートナーシップがなければ、学生のプロジェクト活動や課外活動の支援は困難となる。大学のマネジメント上での一番重要なポイントは、大学発展の要因として、将来と現在・過去の学生のことを重視した政策が継続されている点、あるいは、事業の方向性の見直しや改善が行われている点であり、

それが組織に認識されているか否かにかかっている。

1.2 ガバナンスの概念

　一方、ガバナンスは、組織や事業の目的や目標の到達・達成と合致することを重視し、経営の効率化、機能化等が損なわれないように経営責任者の意思決定をもとにしたトップ・マネジメント等を、監視、チェックする組織の内外からのシステムであると捉えている。

　組織や事業体で行われるマネジメントとガバナンスの関係では、常にマネジメントが先行して行われる。先行して行われた過去のマネジメントを監視、チェックし、その過不足を補完することがガバナンスの役割であり、マネジメントの結果や働きかけについて牽制する機能を併せもっている。時間の経過とともに、マネジメントを後から追いかけるようにガバナンスの活動が行われる。

　そのためマネジメントとガバナンスの関係では、相互牽制（相互チェック）、相互補完が機能するように、マネジメントとガバナンスが、従属関係をもつのではなく、相互に独立した関係にあるという組織的な認識が必要である。

　また、マネジメントの目標は、事業等の取組活動の効率性を高めることにある。組織体として一定の事業の目的を実現するには経営効率が求められる。学校法人の場合には、事業経営の効率が求められるのは企業と同様であるが、それだけでは不十分である。これに加えて、学校法人の各事業は、設置学校が実行する教育や研究そのものを含み、「社会に資する人材育成」が主目的として位置付けられ、社会制度として認められた（プラール、1988）、「公共性」を伴うものである。

　私立学校法には、その目的を「私立学校の特性にかんがみ、その自主性を重んじ、公共性を高めることによつて、私立学校の健全な発達を図ること」（同法第1条）と定めている。国民の税金を主体として設立された国公立の大学とは異なり、私立大学（学校）は、私人等の寄付財産によって設立され経営されることが原則であり、そこに特長がある。私立学校において、建学の精神や独自の理念が基盤となるなど、文部科学省等の所轄庁による規制がで

きるだけ制限されるのはこの特性に依拠するものである。したがって、私立学校（大学）のガバナンスは公共性の概念なくして考えられない。

さらに、ガバナンスは、組織における権力に伴う責任を自ら取らないトップや、ステークホルダーを重要視しないエゴセントリックな組織行動をチェックする機能である、という捉え方もできる。

2. わが国のガバナンス論の論議経過

2.1 統治（ガバメント）とガバナンス

大学に限らず組織には、統治や自治が必要である。組織や機関であれば、集団を自分たちの手で統制し秩序形成を行うことは、自らの理念や使命を果たす上で重要な意義をもつ。統治（ガバニング）は少数者が多数者を秩序付ける行為である。この統治を行う手段として生まれたのが、現在でいうマネジメントである。

すでに1910年代に、ファイヨール（1985）[4]が提唱したマネジメントの概念には、計画、組織化、調整、命令と同様に、統制という概念を含み、5つの機能を有していたし、今も統制という概念が含まれている。したがって、統治（ガバニング）の手段であるマネジメントには、統制という概念を含むものと、筆者は捉えている。

そして、かつて政治上では政府による統治（ガバメント）があれば十分と考えられた時代から、歩を進めガバメントをリカバリーして補充するために、ガバナンス（協治：協働して統治する）の考え方が生まれた。さらに、国民の側が政治に参画して、政策をチェックし施策をも提言する機能をもつソーシャル・ガバナンスが求められる時代へと移行した。

これは、マネジメントについても同様のことが言える。時代とともに意義や概念は変遷し、ガバナンスによって、統治（ガバニング）や経営・管理（マネジメント）の行き過ぎや不足をチェック、監視し、規制、監督することで適正化することが求められる時代へと政治、経済等の分野を中心に社会状況は変化している。

2.2 大学の自治論からガバナンス論へ

　寺﨑（1998、pp. 215–216）は、わが国の大学の自治の成立をテーマに研究し、明治10年代から20年代を中心に国家・政府と大学との関係を考察し、明治26年の帝国大学令改正によって、教授会を位置付ける法的根拠が設けられ、教育課程編成権を獲得したプロセスを追究している。そして、その後の国立大学の自治に関わり、特に学長、学部長、教授等の人事（選任権）と学問の自由を擁護することを本質的な命題として、政府の支配から独立すべく大学の自治が模索されていった歴史的経緯を説いている。

　永井（〔1962〕、p. 195）は、主に国立大学を念頭に、大学の管理運営の問題を大学自治の根幹に置き、大学の自治を確立するには、財政と事務を大学自らが管理して初めて自治が確保される、旨を記している[5]。筆者は、事実経過として、大学の経営権や財務の独立、並びに人事、事務を改革することがなかったことから、現在も国立大学、公立大学の経営等の在り方が論議され続けており、国立大学や公立大学の今日的課題にも影響を与えている、と捉えている。

　なお、永井と同じように、経営管理について、バーンバウム（1992、pp. 76–94）は大学の統治（自治）として捉え、大学の意思決定の在り方や教員同士の同僚制や官僚制を取り上げている。その他に、欧米等の法人格をもち大学構成員に忠誠心を求める法人制や、企業経営に近い企業制（市場制）が大学経営の主流になりつつある[6]といった論議が交わされている。

　大学自治に関連して教授会について触れておく。

　戦後、学校教育法第93条には、「大学には、重要な事項を審議するため、教授会を置かなければならない」とし、第2項に、「教授会の組織には、助教授（現行准教授）その他の職員を加えることができる」と規定された。その後1995年に学校教育法施行規則（第143条　現行）が改正され、教授会に属する職員のうちの一部が構成する簡易な審議機関である代議員会等の議決をもって、教授会の議決とする、代替の余地が認められた。

　また、1998年10月26日付、大学審議会答申「21世紀の大学像と今後の改

革方策について」では、学部教授会は審議機関であり、学長や学部長は執行機関であり、重要事項については審議機関の意見を聞きつつ、執行機関が最終的に自らの判断と責任で大学を運営することが提案されている。

さらに、学長のマネジメントの強化を目的に、2015年4月1日施行の改正・学校教育法第93条にて、教授会は、学生の入学、卒業及び課程の修了、学位の授与、その他教育研究に関する重要な事項のうち、教授会の意見を聴くことが必要なものとして学長が定めるものについて、学長が決定を行うに当たり意見を述べるものとする旨を規定する。さらに、教授会は、学長及び学部長その他の教授会が置かれる組織の長（以下この項において「学長等」という）がつかさどる教育研究に関する事項について審議し、及び、学長等の求めに応じ、意見を述べることができる旨を規定する。このことにより、絹川（2002）らが主唱してきたように、教授会は学長等のつかさどる教育研究に関する事項の審議機関となり、学長の諮問機関としての位置付けが明確に打ち出されている。

ガバナンスが論じられる背景には、このような論議や経過があった。そして、大学のガバナンス＝学長のリーダーシップという考え方から、具体的にガバナンスとは何かを定義することもなく、大学運営について学長のリーダーシップが発揮できるようにするといった考え方が、中央教育審議会の大学分科会組織運営部会でも論議されていた。その内容の多くは、国公私立大学という設置主体の違いから、ガバナンスの言葉も多義的に使用されている。私立大学の立場から見ると、ガバナンスが、マネジメントの課題であったり、経営、管理や運営の事項を示す内容となっている。この経緯は、中央教育審議会の大学分科会の審議会まとめにおいても引き継がれ、ガバナンスの具体的定義はなされていない[7]。また、そうした用語の概念の混同は経済同友会の提言においても見られる[8]。

加えて、現状では内部統制として、内部（業務）監査・監事監査によって、組織内部だけで組織内のマネジメント（管理運営）のみをチェックし、監視することになっている。このように、組織内のみでのガバナンス機能を取り上げるのは、外部からのガバナンス機能を切り捨ててしまうことになり、一面

的な見方となる。

　筆者は、この学校教育法の改正に伴い、教授会が審議機関であることが明示されると考える。だからこそ教授会は、理事会や学長等のマネジメントのバランスをチェックするガバナンス機能を備えるものと捉えている。

3. 大学ガバナンス論

3.1 主なガバナンスへの言説

　現在、私立大学はわが国の高等教育の7割以上[9]を支えており、18歳人口減少とは対照的に、短期大学を中心にした4年制大学への改組転換等により増加傾向にある。入学定員割れの大学が半数近くになって[10]、私学経営の危機感が高まるなかで、経営力強化は最も関心の高いテーマとなっている。2005（平成17）年4月1日改正・施行〔公布は2004年5月12日〕の私立学校法では、経営力強化の目的から戦略性を重視してトップ・マネジメントに権限を集中することにより強化を図った。しかし、その強化の反面で、改正以降も幾つかの大学に見られたような経営者層の不適切な行為が抑制できなくなるリスクが高まっていった。現在のような厳しい競争的環境の下でマネジメントの強化を議論するときこそ、私立大学への信頼と支持を得るために、ガバナンスの概念を正面から論じることが必要になる。

　井原（2008、pp. 90-91）は、高等教育のなかでも特に私立大学の事業経営やマネジメントを対象としたガバナンスの監視、チェックの意義が重要であると提起する。ことに私立大学のガバナンスを主体的に実施する監事の役割を中心に置いて、その基盤となる監査体系構築のなかで、業務監査（監査室）の機能について、「ガバナンスの監視をする監事の目と耳を支援する」ことの意義を説いている。

　また、金子（2012、p. 15）は、日米の授業方法、教育の体系比較のなかで日本の授業がシステム化されていないことに触れて、「それはマネジメントの問題であると同時に、根底的にはガバナンスの問題に行きつく。部局の自治というのが非常に強力な限り組織の改革は困難である。なぜならば自分の組織、

それを超えた利害、あるいは資源配分、横の資源配分という判断はできない」と国立大学を念頭に大学のガバナンスを統治、統制の意味で使用している。

一方、山本（2006、pp. 106–107）は、国立大学の法人化を機にバートン・R. クラークのモデルをもとにわが国の大学のガバナンスを論じるなかで、ガバナンスを統治、統制と管理等を含意して使用し「私立大学は段々、政府の規制や古い慣わしから自由になって、どんどん市場指向型つまり利用者側の意思に影響されるようになるのではないか、反面国立大学については、市場指向も無視できないが、それと同時に政府の意向に逆らえない状況が強まってくるのではないか」と、予測している。

これらの意見とは別に、わが国の大学のガバナンスについて具体的定義はないものの、マネジメントとの対比により政府の方が大学よりも社会の動向に敏感に反応し、巧みに社会ニーズとして汲み上げて、中央教育審議会大学分科会等のアクセスポイントを通して、その改革への要求を大学に突き付けてきている。

3.2 海外との比較

（1）イギリス、フランス、ドイツの比較

わが国の高等教育のうち、ことに4年制大学において、大学数や学生数ともに私立大学が7割以上を占める一方で、国公立大学が存在する。このような状況とは異なり、『教育指標の国際比較 平成25（2013）年版』によれば、イギリス、フランスでは国立大学がほとんどを占め、ドイツでは州立大学が圧倒的に多い。そして、USAでも州立大学が全大学生の75%を入学させており、私立大学は少ない状況にある。こうした各国の事情から、大学の設置主体である国家や州（＝政府）との関わり方から考察し、ガバナンスを統制や影響を与える機能[11]として捉える論考が多く提起され、「統治」という観点から論じられている。例えば、ガバナンスのアプローチとして、大学のマネジメントには政府の政策の実行力としての期待が寄せられている[12]。

（2）USAとの比較

USAの州立大学では、予算配分から見ればイギリス、フランスのような国家との関係があるわけではないが、ドイツのように州政府との関わり方が色濃く反映されている。国家が州政府へと置換されるものの、あまり大きな違いは見えない。その一方で、USAの州立大学の理事会と学長のマネジメントの関係では、私立大学をモデルとして採用している。

　USAの私立大学では、日本の私立大学のガバナンスの在り方とも大きく異なっている。USAの私立大学では、理事会が学長を選任し、大学のマネジメントに口出しせず、学長に大学のマネジメントを委ねる形態をとっている[13]。理事会と学長との関係は、理事会の設置・管理する諸学校のマネジメントについて理事会から学長への委託と受託といった契約関係をもとにした相互の使命、責任と権限、役割と機能を信頼する考え方をとる。このように、USAの理事会は学長のマネジメントについて監視、チェックする意味のもとにガバナンスの機能を発揮している。

4. 大学マネジメントとガバナンスの構造

　大学は、国内外の社会（地域、自治体、政府）から信頼を獲得することこそが重要である。私立大学は、学校教育法と私立学校法による法的規制を受けている。そして、学校法人の〈法人組織〉を中心とした法人マネジメントが財務や人事等を中心に行われている。もう一方で、学校法人の設置学校、いわゆる〈教学組織〉を中心として教学マネジメントが行われていると筆者は捉えている。現状では、マネジメントやガバナンスは、学校教育法や私立学校法においてもその概念が明確に存在しているとは言えない。けれども、筆者のこれまで論述してきた立場から、改めて私立大学のマネジメントとガバナンスの構造を捉え直し、図2に示す。

　ガバナンスの構造について、本図では3つのステージから捉えている。

　第一の段階は、監事、評議員会による組織内制度としてのガバナンスである。監事、評議員会がガバナンスの立場から、理事会が代表するマネジメントについて、情報公開や法令遵守、説明責任を求め、監視、チェックを行っ

第Ⅲ部 マネジメントとガバナンス 119

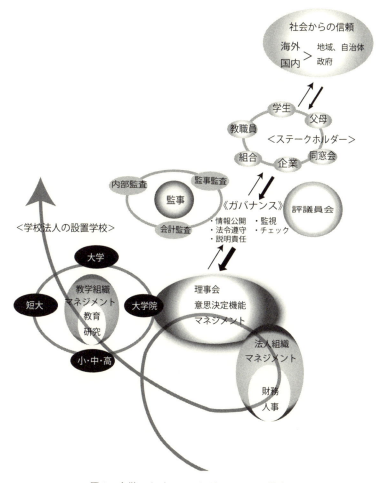

図2 大学マネジメントとガバナンスの構造

ている。

　第二の段階は、教職員、学生（大学院生）、父母、同窓会、企業、組合、等による、いわゆるステークホルダーによる監視、チェックである。筆者はこれらのステークホルダーを内部組織に属するものと捉えている。

　第三の段階は、国内や海外の地域、自治体、政府等からのガバナンスで、社会からの信頼によってチェックするものである。これは、いわゆるソーシ

ャル・ガバナンスであり、コミュニティよりも広く社会にエリアが広がるなかで、法律等によらない市民や国民によって行われる監視、モニタリング、規制であると考えている。政府や市場（企業）が提供する財やサービスが市民の求める内容と乖離が大きくなったときには、社会的責任を背景とした市民参加型の政策や施策の立案、提供が必要である。なお、理事会のなかに内部統制マネジメントの一部として理事の職務の執行を監督する役割があるが、ここではガバナンス機能ではなく理事会の活動の一部として捉え、3つのステージには含まないものとした。

　この構造図は、個別大学の観点から見ると、内側から外側へと展開する図と捉えられる。その一方で、大学は公共性をもつ機関であり、社会からの信頼を基底にしなければならないと考えると、外側から内側への視点に立って大学経営を行う必要があるという意味合いをもっている。そして、後者の視点の重要性は、学校法人の設立が幾つかの法令に則って認可されるという、法の規定による社会からの一定の監視、チェックを受けることからも明らかである。この構造を読むに当たっては、遠心的な観点と求心的な観点の両方向から捉えることが必要であると考える。

　マネジメントとガバナンスの構造は、現状の各大学における法人系と教学系の組織図で展開されている認識とはいささか様相が異なる。けれども、私立学校法及び学校教育法の概念を筆者がマネジメントとガバナンスの関係から捉え直すと、このような相互の牽制作用と補完作用が成り立つと考えられる。

　また、ここで言う大学とは、理事会が行う意思決定をもとにした法人組織と教学組織の両マネジメントによって、法人が設置する学校を経営する概念を含んでいる。同時に、設置されている短期大学、大学、大学院等について、学長を中心とする教学組織のマネジメントを行っている。その上に、教育、研究や既存事業、新規事業開発等の活動が実施されている総体であると捉えている。

　今後、ガバナンスの制度には、マネジメント機能をチェックするだけではなく、マネジメント改善に向けた具体的な提案や方向性を示すことが必要で

ある。よって、ガバナンスの強化は、マネジメントへの引き締めと事業計画や組織力の底上げ効果となって現れる。ただし、このガバナンスの強化の度がさらに行き過ぎた場合には、もはや大学ガバナンスではなく逸脱行為になってしまう。ガバナンスの名の下に厳罰化へ進み、組織的強制から懲罰へと移行するときにはガバナンスとは呼べない。政府や自治体等の法律等による摘発行為は、もはやガバナンスの領域を超えたものとなり、行政府のガバメントの発現行為となる。

　そうして、ガバナンスが機能するのは、内部組織による監視、チェックが十分に実施されている状態であることを指す。また一方で、ガバナンスを前述のようにステージ（段階）という概念で捉えるのではなく、時間の概念から考えることもできる。組織や事業体の活動で行われるマネジメントとガバナンスの関係を時間の推移として捉えるとき、常にマネジメントが先行して行われる。先行して行われた過去のマネジメントを監視、チェックするのがガバナンスの役割である。時間の経過とともに、マネジメントの結果を後から追加検証するようにガバナンスの活動行為が行われる。

　そのため、組織的にはマネジメントとガバナンスに、相互牽制（相互チェック）、相互補完が機能するような構造を必要としている。

　さらに、マネジメントとガバナンスの相互牽制や相互補完の機能を発揮するには、それぞれの独立性を担保するような組織的な働きかけや認識と構造が必要である。

　この図で示す社会の信頼を大学が獲得するには、ソーシャル・ガバナンスによる監視やチェック等を受けることが必要である。筆者は、ここでのソーシャル・ガバナンスとは、コミュニティよりも広く社会にエリアが広がるなかで、法律等によらない市民や国民によって行われる監視、モニタリング、チェックであると考えている。政府や市場（企業）が提供する財やサービスが市民の求める内容と乖離が大きくなったときには、社会的責任を背景とした市民参加型の政策や施策の立案、提供が必要である。政府や自治体等のガバメント（行政行為）する側にさえもメスを入れ、監視やチェックすることが求められる。このような広がりをもつガバナンスをソーシャル・ガバナンス

として捉えている。

　大学が社会からの信頼を得るには、地域や自治体、政府を含む社会から評価されることが重要である。そして、大学はステークホルダーを含む内部組織による大学のガバナンスを受けることに加えて、社会によるソーシャル・ガバナンスを受ける立場にある。いわゆるガバナンスが機能するという状態は、大学自らのガバナンスに加え、社会からの点検、チェックであるソーシャル・ガバナンスを受けるなかで出現するものと考えている。

おわりに

　理事会は、学校法人の最高の意思決定機関であり、法人の財務（予算・決算）や人事、総務、法務などをはじめ、設置する大学の教育、研究、社会貢献などに関わるマネジメント案件について、意思決定を中心に活動しており、大学のマネジメントの代表機関である。そして、理事会のマネジメントについて、現行の私立学校法の規定により意見を言える機関として、監事や評議員会がある。しかし、監事や評議員会は、理事会と分離・独立した関係にはなっていないことから、ガバナンスの概念から監視、チェック等を行えるような立場にはない。今後は、ガバナンスの行える立場に変化することが求められる。

　そのため、組織的にはマネジメントとガバナンスの関係が、相互牽制（相互チェック）、相互補完が機能するように、マネジメントとガバナンスが相互に独立させる認識や構造が必要である。

　大学のガバナンスを論じるとき、ステークホルダー（利害関係者）の在り方は、特に重要であり、直接性をもつ監事や評議員会よりも大切な役割と機能を負うものと考える。大学のステークホルダーは、学生、教職員、同窓会、父母、組合、企業、等が考えられる。このステークホルダーには、自治体や政府を含む場合と、否とする場合がある。それは、政府や自治体が法規制をもとに懲罰を行う場合（補助金等の不正使用のとき）は、ステークホルダーではなく、強権発動（債権の請求者）の位相へと変貌するからである。ステークホルダーの位相の変化に留意する必要がある。

大学の公共性を保持するといった考え方のもとに、理事会のマネジメントから恣意性を取り除くことが可能となり、理事による業務の執行の適正化を図るために大学のガバナンスの機能や役割が重要となる。このガバナンスの活動や機能の根幹には、社会からの信頼を獲得するという概念がある。大学の発展は、社会からの信頼を獲得することによって可能となり、その可能性を開くために新たなガバナンスの概念への工夫と改善を必要としている。

【注】
1) ハンス＝ヴェルナー・プラール（1988）は「社会がさまざまな資格モデルを作り上げるときに、教育制度はどのような貢献をするのか。大学制度は職業構造にどのような影響を与えるのか。」を問い掛け、大学制度が社会の発展に対してどのような固有のダイナミズムをもつのかを説いている。
2) この図は、「大学の成果とは何か—〈大学経営評価指標〉をもとにした成果志向」『私学経営』2012、11（通巻第453号）、pp. 31–48 を執筆した際に、筆者が作図したものを論文中に掲載し、これをさらに本稿では一部修正して掲載している。大学の発展を目的に、FD（Faculty Development）、SD（Staff Development）の今後の進展の在り方として、UD（University Development）概念を新たに提示し、大学力の向上に結び付ける方向性を提起したものである。
3) 大学経営評価指標は、大学行政管理学会の下にある大学経営評価指標研究会と一般社団法人日本能率協会との共同研究・開発の成果として、27の国公私立大学に導入されてきている指標である。①事業の目的・成果の明確化、情報や課題の共有化　②成果を見える化・可視化して、大学経営状況把握　③大学使命達成への手段の検討と効果把握の論理性の追究を主目標として、大学経営と教学マネジメントに出現する諸事象を12の使命群から約60の施策と約300の指標からデータを取り、大学改革に役立てることを企図している。
4) ジュール・アンリ・ファイヨールは、マネジメント（行政管理、経営管理）について、計画する（prévoir）、組織化する（organiser）、調整する（coordonner）、統制する（contrôler）、命令する（commander）、といった5つの機能を指摘している。また、マネジメントについて原著では〔administration〕としているが、コンスタンス・ストーズ女史が英訳する際に、〔management〕と使用した経緯がある。
5) 永井道雄著「『大学公社』案の提唱」『世界』（1962年10月号）では、大学の管理運営の問題は、大学自治の根幹である財務と人事等の事務の問題に大きく関わっている、旨を記している。後に『未完の大学改革』（中公叢書）に所収。
6) ロバート・バーンバウム等の展開をもとに、江原（2010）は管理運営方式の変化につい

て、マクネイ（1995）の大学組織モデルを紹介し「同僚制」、「官僚制」、「法人制」、「企業制」の4つのタイプを説明している。かつての「同僚制」（教員相互に同僚関係にある仲間群による自治組織）、「官僚制」（学長をトップに置いた官僚としての執行部中心の指揮命令による大学運営）が崩れ、国立大学においても「法人制」と「企業制」とが大学経営の主流になりつつあると説く。

7) 「大学のガバナンス改革の推進について（審議まとめ）」のp.2脚注1では、「一般に、『ガバナンス』という用語は多義的に用いられているが、本分科会では、教学及び経営の観点から、法令上に設けられている各機関（学長、教授会、理事会、監事等）の役割や、機関相互の関係性を中心に議論を行った」と記し、ガバナンスの具体的定義はなされていない。

8) 経済同友会の提言p.8に、「一般に、ガバナンスとは、組織における権限・責任の体制が構築され、それを監視・チェックする体制が有効に機能していることであり、この観点では、企業であれ学校法人・大学（学校）であれ、何ら変わることはない」としている。それにもかかわらず、同提言の中で、マネジメントの意味で使用している箇所が幾つも出現することから、論旨がたどりにくい。筆者は、ガバナンスが、組織のマネジメントを対象とすると明言しないから、何を監視・チェックするのか曖昧になり、提言内容にも概念の混同が見られる結果を導いていると捉えている。

9) 文部科学省の『2011年度学校基本調査（確定値）』結果において、私立大学は4年制大学数780校のうち599校（76.8％）、全学生数289万3,489人のうち212万6,003人（73.5％）を占め、さらに短期大学数387校のうち363校（93.8％）、全学生数15万0,007人のうち14万1,520人（94.3％）を占めている。一方、私立大学等経常費補助金は3,394億円であり、国立大学の運営費交付金は1兆1,528億円である。

10) 日本私立学校振興・共済事業団の「平成24（2012）年度私立大学・短期大学等入学志願動向」〔「学校法人基礎調査」に基づく〕によると、私立大学全体に占める入学定員未充足校の割合は、前年度より7％増の45.8％に上り、過去最悪であった2008年度と同レベルであった。

11) ロバート・バーンバウム（2004）は、米国の状況をもとに「ガバナンス」とは、学術機関とその出資者が、異質ではあるがともに効果的に統制し、影響を与える2つのシステムのバランスを保つ構造やプロセスのことを指す、としている。

12) ピーター・マッセン（2005）は、ガバナンスの概念に焦点を当て、ヨーロッパの高等教育の世界では、責任の多くが国のレベルにあると言うように、国家との関係を中心に捉えている。

13) 清水畏三（2011）は、ハーバード大学を事例としてUSAの大学では、学長は理事会が選考し決定すること、理事会は学長（あるいは財務担当理事）を除き学内教員を理事にしないこと、さらには、マネジメントを学長に委ね、理事会はガバナンスに徹する旨を指

摘している。

【参考文献】

バーンバウム、ロバート（Birnbaum, Robert）著　馬場靖直訳　1992、『大学経営とリーダーシップ』玉川大学出版部、pp. 23–26、76–94、243–249。

バーンバウム、ロバート（Birnbaum, Robert）執筆　羽田貴史・伊藤さと美・葛城浩一・渡辺達雄訳　2004、「ガバナンスとマネジメント：アメリカの経験と日本の高等教育への示唆」『大学運営の構造改革：第31回（2003年度）研究員集会の記録：基調講演』広島大学高等教育研究開発センター編（高等教育研究叢書80）、pp. 26–45。

クラーク、バートン・R.（Clark, Burton R.）著　有本章訳　1994、『高等教育システム—大学組織の比較社会学—』東信堂、pp. 160–163。

ファイヨール、ジュール・アンリ（Fayol, Jule Henri）著　山本安次郎訳　1985、『産業ならびに一般の管理』ダイヤモンド社、pp. 8–9、71、96、172、184、191（原著は1917年刊行）。
　　原著のリプリント版であるが、次の資料を参照した。

Fayol, Jule Henri（1999），Administration industrielle et générale; Administration industrielle et générale : le texte fondateur du management; préface de Jean-Pierre Détrie; présentation de Pierre Morin, Dunod, 1999, pp. 8–9、48、61、108、115、119.

マッセン、ピーター (Maassen, Peter)〔述〕 林隆之訳　2005、「講演録：欧州における高等教育の質とガバナンスのシフト」『大学評価・学位研究』第3号、2005年9月、pp. 103–115、ことに p.108。

McNay, Ian (1995), "From the Collegial Academy to Corporate Enterprise: The Changing Cultures of Universities", Schuller, Tom ed., *The Changing University?*, Buckingham: SRHE, pp. 105–115.

プラール、ハンス・ヴェルナー（Prahl, Hans-Werner）著　山本尤訳　1988、『大学制度の社会史』（叢書・ウニベルシタス）法政大学出版局、pp. 8–9、11–30。

中央教育審議会大学分科会　2014、「大学のガバナンス改革の推進について（審議まとめ）」2014年2月12日付、p. 2、9。

江原武一　2010、『転換期日本の大学改革—アメリカとの比較』東信堂、pp. 190–239。

IDE大学協会　2012、『特集　大学のガバナンス再考』『IDE：現代の高等教育』2012年12月号（no. 545）。

IDE大学協会　2014、『特集　大学のガバナンス』『IDE：現代の高等教育』2014年1月号（no. 557）。

井原徹　2008、『私立大学の経営戦略序論—戦略的経営プランニングの展開』日本エディタースクール出版部、pp. 55–110、pp. ことに pp. 90–91。

井原徹　2011、「私学経営とユニバーシティ・ガバナンスについて（講演要旨）」『私学経営』

no. 431 2011.1、pp. 54–72。
岩崎正洋編著　2011、「ガバナンス研究の現在」『ガバナンス論の現在　国家をめぐる公共性と民主主義』勁草書房、pp. 3–15。
金子元久〔講演〕2012、「大学経営：課題・組織・人材」（これからの大学経営＝誰がどのような役割を担うのか：第39回（2011年度）『研究員集会』の記録：基調講演）」『RIHE』第118号、pp. 1–18、ことにp. 15（2012–04–30　広島大学）。
経済同友会　2012、「私立大学におけるガバナンス改革―高等教育の質の向上を目指して―」2012年3月26日付、p. 8。
絹川正吉　2002、「私立大学の組織・経営再考」『高等教育研究』第5集、2002、pp. 27–52。
文部科学省　2012、『2011年度学校基本調査（確定値）』結果、平成24年2月6日。
文部科学省　2013、『教育指標の国際比較　平成25（2013）年版』2013年3月。
永井道雄　〔1962〕2002、「『大学公社』案の提唱」『未完の大学改革』（中公叢書）所収、中央公論新社　pp. 180–216、ことにp. 195。
日本私立学校振興・共済事業団　2012、「平成24（2012）年度私立大学・短期大学等入学志願動向」〔「学校法人基礎調査」に基づく〕（平成24年7月調査）。
清水畏三　2011、『列伝風ハーバード大学史（1636–2007年）―学長さんたちの成功と失敗―』私家版、改訂増補、pp. 40–42、49、63。
奥島孝康　1998、「ユニバーシティ・ガバナンス」『大学時報』第47巻第258号、1998年1月、pp. 12–15。
新藤豊久　2010、「UD（University Development）概念構築の試み―大学の発展力について」『大学行政管理学会誌』第14号：2010年度、pp. 61–70。
新藤豊久　2012、「大学の成果とは何か―〈大学経営評価指標〉を基にした成果志向」『私学経営』2012、11（通巻第453号）、pp. 31–48。
寺﨑昌男　1998、『大学の自己変革とオートノミー―点検から創造へ―』東信堂、pp. 167–220、ことにpp. 215–216。
寺﨑昌男　2000、『日本における大学自治制度の成立』増補版、評論社、pp. 304–335。
山本眞一　2006、『知識社会と大学経営』ジアース教育新社、pp. 106–107。

第7章　私立大学のガバナンス改革とマネジメント
——概念と具体的提言

はじめに

　現在、わが国の私立大学では、大学経営の改革が必須の課題となっている。大学の経営改革のためにトップ・マネジメント等を機能させることが必要であるとの認識から内部牽制や内部統制のもとに監査室（業務監査）を導入してきた（奥島、2007）。しかし、大学の監査室の設置・導入状況〈国立大学92.9％、公立大学50.0％、私立大学31.8％、私立短大24.7％（日本私立学校振興・共済事業団、2006）〉を見る限り、私立大学におけるガバナンス機能の構築は遅れている。今後さらに、ガバナンス機能の拡充・整備が大学経営の再構築に効果を上げるものと推考する。

　そこで、筆者は現在の私立大学のマネジメントとガバナンスの在り方を問い直すとともに、私立大学のガバナンスの構造について論考する。さらに、本稿において理事会、評議員会、監事の在り方を捉え直し、私立学校法の改正を含む私立大学のガバナンス改革の重要性について提言したいと考える。

1. ガバナンスとマネジメントへの問題意識

　私立大学に限らずより良いガバナンスモデルの構築は、大学経営や事業展開の戦略的課題となっている。主体的に大学が改革を推進する上で、改革を継続するためのシステム創りが、経済界（経済同友会、2012）をはじめ、大学の内外から求められている（井原、2011）（大場、2011）。とりわけ、大学ガバナンスについて、多様な意見があるなかで主な意見は次の3者の考え方に代表されると考える。

　井原（2008、pp. 90–91）は、高等教育のなかでも特に私立大学の事業経営や

マネジメントを対象としたガバナンスの監視、チェックの意義が重要であると提起する。ことに私立大学のガバナンスを主体的に実施する監事の役割を中心に置いて、その基盤となる監査体系構築のなかで、業務監査（監査室）の役割について、「ガバナンスの〔機能として〕監視をする監事の目と耳を支援する」ことの意義を説いている（〔　〕は筆者が補足した）。

また、金子（2012、pp.15-17）は、大学経営の人材や組織、課題として、大学におけるリーダーの資質、学長像、幹部系人材像に触れるなかで、「日本の大学は、実は大学教員の教育研究以外の時間が非常に多いのです。これはやっぱりシェアード・ガバナンス（shared governance）と言いますが、ガバナンスに参加しているということが一つありますし、あるいは本来は事務職員に任すべきことを任していないというところからきている」と、大学のガバナンスを、教学を中心とする大学教員の共同統治、運営管理を含む、統治、統制の意味で使用している。

一方、山本眞一（2006、pp.106-107）は、国立大学の法人化を機にバートン・B.クラークのモデルをもとにわが国の大学のガバナンスを論じるなかで、ガバナンスを統治、統制と管理等を含意して使用している。そして「私立大学は段々、政府の規制や古い慣わしから自由になって、どんどん市場指向型つまり利用者側の意思に影響されるようになるのではないか、反面国立大学については、市場指向も無視できないが、それと同時に政府の意向に逆らえない状況が強まってくるのではないか」と、予測している。

中央教育審議会の『新たな未来を築くための大学教育の質的転換に向けて～生涯学び続け、主体的に考える力を育成する大学へ～』答申（2012年8月28日付、以下「答申」と略す）では、大学進学率の上昇等により高等教育の質の維持が困難になっているという認識を示し、大学教育の質保証を論じる際に教学マネジメントを説き、その構図に必要なものとして大学のガバナンスを挙げている。同答申は「大学改革を推進し、大学が社会をリードする役割を一層果たしていくために、多様な目的をもつ大学マネジメントの本質にふさわしいガバナンスの在り方や財政基盤の確立について議論を進める」[1]と記している。このように、大学のガバナンスとマネジメントを説明している

が、その概念や機能の差異について具体的提起はなされていない。

　このようなガバナンスの問題意識の下、大学運営について学長のリーダーシップが発揮できるようにするといった考え方が、中央教育審議会の大学分科会組織運営部会でも論議されていた。その後の中央教育審議会の大学分科会「大学のガバナンス改革の推進について（審議まとめ）」においても、前記答申と同様に、ガバナンスの具体的定義はなされていない[2]。その内容の多くは、国公私立の設置主体の違いによって、ガバナンスの用語を使っても大きな開きがあり（濱名、2014）、ガバナンスの考え方自体も、行政府との関係を重んじる国公立大学においても、国立大学法人は文部科学省、また公立大学は総務省と自治体というように両者の間でも関係は異なり、さらに私立大学とは異なる。例えば、学長のリーダーシップがガバナンスとして取り上げられているが、私立大学の実態から見ると実際にはマネジメントの問題として考えられる。

　経済同友会の提言「私立大学におけるガバナンス改革―高等教育の質の向上を目指して―」では、「一般に、ガバナンスとは、組織における権限・責任の体制が構築され、それを監視・チェックする体制が有効に機能していることであり、この観点では、企業であれ学校法人・大学（学校）であれ、何ら変わることはない」[3]としている。筆者は、ドラッカー（1999、p.126〔1974〕）の「マネジメントの本質は責任である」[4]（佐々木、2013）などにより、「組織における権限・責任体制の構築」とはマネジメントを指すものと捉える。また一方で、ことに私立大学のガバナンスを考えるとき、経済同友会の提言どおり、コーポレート・ガバナンスの考え方が参考になる。

　宮内（2004）と大平・佐藤（2012）は、コーポレート・ガバナンスとは「株主による経営者のマネジメントを監視、チェックを行うこと」であるとする。山本哲三（2012）は経済協力開発機構（OECD）のコーポレート・ガバナンス原則が参考となるとする。そしてOECDのコーポレート・ガバナンスの定義の一つである「コーポレート・ガバナンスは、会社が目標を設定したとき、その目標を達成するための戦略や会社業績を監視・監督するための手段を決定する仕組みを提供するものである」を引用し、わが国の商法も企業等の不祥

事に対応しさらに改定すべき旨を説明する。

　こうした考え方を参考に、大学に株主はいないけれども、マネジメントが行われていることから、私立大学のガバナンスについて、マネジメントを監視・チェックする体制を指すものと捉えて、本論を展開したいと考える。

　筆者は、マネジメントは、経営並びに管理の両方を意味し、さらに大きく組織や事業等の再資源化とともに付加価値や効率化を高める概念であると捉えている。この場合の経営は、組織としての最高の意思決定機能を指すとともに組織全体の目標実現に向けた戦略を備えている。その意味で、経営とは組織の全体と未来に向け戦略性を備えた意思決定について統率力や牽引力を発揮する機能である。また、管理とは、経営を進める上で確保しなければならない計画、組織、調整、統制、命令、管理の6機能の一つに過ぎない（ファイヨール、1985〔1917〕）。組織の限定された範囲において、意思決定事項を実施した際の工夫・改善、点検、維持、確認の行為である。

　一方、ガバナンスは、組織や事業の目的や目標の到達・達成と合致することを重視し、経営の効率化、機能化等が損なわれないように経営責任者の意思決定の下に遂行するトップ・マネジメント等を監視、チェックする組織の内外からのシステムであると捉えている。組織的にはマネジメントとガバナンスに、相互牽制（相互チェック）、相互補完が機能するような構造を必要としている。

2. 社会のなかの大学——大学の公共性

　大学は社会制度のなかにあり社会の構成メンバーであり（プラール、1988）、公共性を帯びた存在であること（林、2006）に拠って、地域や住民、地方自治体や企業等をはじめ、社会からの信頼を獲得している。大学はその教育・研究等の活動に対して、具体的には寄付や施設等の提供にあずかっている。

　大学を取り巻くステークホルダーは、学生、父母は当然のことながら、受験生、卒業生、教職員、寄付者、就職先等の企業、地域住民等その範囲は広い。大学は公共性を有する機関であることから、学生を守り育て、社会に貢

献する卒業生を輩出する使命を果たすために、組織の維持や発展を促すトップ・マネジメントの役割を牽制するガバナンスが重要であり、大学の継続性を確保し大学の倒産や廃止は避けなければならない。そのためにも、他の機関よりも大学という組織においては、トップ・マネジメントの監視やチェックのレベルを高める工夫やガバナンスの強化が課題となっている。大学には、多くの利害関係者に対し、情報開示（ディスクロージャー）を積極的に行い、コンプライアンス（法令遵守）への関心に対する評価を実施し、社会的責任（ソーシャル・レスポンシビリティ）を果たすことが求められている。社会倫理や大学という組織がもつ組織倫理をもとにする監視やチェックを率先して実行し、説明責任（アカウンタビリティ）を果たしていくことが、まさに大学の社会的責任：USR（University Social Responsibility）であると考えられる。

　コーポレート・ガバナンスの場合は、企業のマネジメントを対象に、株主やステークホルダーの視点や立場から監視、チェックすることにより、マネジメントをコントロールし統治している。

　ところが、学校法人（大学）のガバナンスには、コーポレート・ガバナンスと異なり、牽制、チェックの主体である企業の株主のような強いステークホルダーが存在しない。学校法人（大学）の場合には、法人格を得ることにより多くの法規制や制度上の担保はあるが、株主のような直接的発言権をもつ者がいないことによる問題点がある。私立学校法第37条第3項第4号により、監事が不正行為等を所轄庁に報告できること及び、理事会に「意見を言える」監事（同法第37条第3項第6号）や評議員会（同法第43条）は存在するが、実態として「意見が言える」だけであって、私立学校法では理事会に対する是正を求める勧告権限や命令権をもたない。そこに私立学校の自主独立制を建前に、学校法人（大学）へトップ・マネジメント等の恣意性が持ち込まれる可能性や私立学校の独自性をもとにした独自慣行やルールをつくる等制規への弛緩がある。そのために、大学の公益性、公共性の立場からガバナンスを行う（小松、2012）ことが必要となる。

　こうした理由から、大学のマネジメントやガバナンスは、社会からの監視、チェックを受けるのである。大学のガバナンスは、組織としての大学が社会

のなかで持続的に、成長することを保障するための機能である。この保障機能を発揮するためにまず、第一義として大学組織内部のガバナンス機能を有効に作動するような制度・体制を築くことが必要となる。

3. 私立大学のマネジメントとガバナンスの構造

　私立大学は、学校教育法と私立学校法による法的規制を受けている。そして、学校法人の〈法人組織〉を中心とした法人マネジメントが財務や人事等を中心に行われている。もう一方で学校法人の設置学校、いわゆる〈教学組織〉を中心とした教学マネジメントが行われている。しかしながら、現状では、マネジメントやガバナンスは、学校教育法や私立学校法においても、その概念が明確に存在しているとは言えない。筆者のこれまで論述してきた立場から、改めて私立大学のマネジメントとガバナンスの構造を捉え直し、**図1**として、これを図示した。

　ガバナンスの構造について、本図では3つのステージから捉えている。第一の段階は、監事、評議員会による組織内制度としてのガバナンスである。監事、評議員会がガバナンスの立場から、理事会が代表するマネジメントについて、情報公開や法令遵守、説明責任を求め、監視、チェックを行っている。第二の段階は、教職員、学生（大学院生）、父母、同窓会、企業、組合、等による、いわゆるステークホルダーによる監視、チェックである。筆者はステークホルダーを内部組織に属するものと捉えている。第三の段階は、国内や海外の地域、自治体、政府等からのガバナンスで、社会からの信頼によってチェックするものである。これはいわゆるソーシャル・ガバナンスであり、コミュニティよりも広く社会にエリアが広がるなかで、法律等によらない市民や国民によって行われる監視、モニタリング、規制であると考えている。ソーシャル・ガバナンスの考え方として、松尾（2011）は、政府や市場（企業）が提供する財やサービスが市民の求める内容と乖離が大きくなったときには、社会的責任を背景とした市民参加型の政策や施策の立案、提供が必要である、と述べている。

第Ⅲ部　マネジメントとガバナンス　133

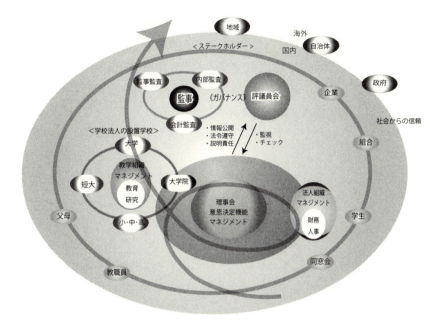

図1　大学マネジメントとガバナンスの構造　円環図

　なお、理事会のなかに内部統制マネジメントの一部として、理事の職務の執行を監督する役割があるが、ここではガバナンス機能ではなく、理事会の活動の一部として捉え、3つのステージには含まないものとした。
　本図の大学のマネジメントとガバナンスの構造は、現状の各大学における法人系と教学系の組織図で展開されている認識とはいささか様相が異なる。けれども、私立学校法、及び学校教育法の概念を、筆者がマネジメントとガバナンスの関係から捉え直すと、このような相互の牽制作用と補完作用が成り立つと考えられる。ここでいう大学とは、理事会が行う意思決定をもとにした法人組織と教学組織の両マネジメントを手段として、法人が設置する学校を経営する概念を含んでいる。同時に、設置されている短期大学、大学、大学院等について、学長を中心とする教学マネジメントを行っているとは、理事会が行う意思決定を基にした法人組織と教学組織の両マネジメントによって、法人が設置する学校を経営する概念を含むものである。

この構造図は、個別大学の観点から見ると、内側から外側へと展開する図と捉えられる。その一方で、大学は公共性をもつ機関であり、社会からの信頼を基底にしなければならないと考えると、外側から内側への視点に立って大学経営を行う必要があるという意味合いをもっている。そして後者の視点の重要性は、学校法人の設立が幾つかの法令に則って認可されるという、法律の規定による社会からの一定の監視、チェックを受けることからも明らかである。この構造を読むに当たっては、大学のマネジメントを牽制するガバナンスの位置から地域や自治体、政府等を見てゆく遠心的な観点と、それとは逆に求心的な観点の両方向から捉えることが必要であると考える。

　もとより「私立」大学といえども公的な教育制度のなかに存在している。私立大学のガバナンスの根底には、公的制度の範疇にあるものとして私立大学には公正であることが求められ、「大学は社会のもの」であるという認識が存在する。パットナム（2006〔2011〕）が「社会からの信頼を得ることにより成立する」関係の重要性を説くように、まさに大学は社会的機関であるという認識が基盤になっている。

　さらに付言すれば、コーポレート・ガバナンスの場合は、企業のマネジメントを対象に、株主やステークホルダーの視点や立場から監視、チェックすることにより、マネジメントをその上部からコントロールし統治している、と言える。しかし、大学のガバナンスは、社会からの信頼を得るために社会的責任を果たすことが最も重要であることから、社会的責任＝社会からの信頼が、構造の最重点部に置かれていると捉えている。

　曽根（2011、p.91）は、ガバナンスは意思決定とマネジメントへ影響を及ぼす旨を説く。次の**表1**は、私立大学、企業（主に公開企業）、地方自治体の三者について、意思決定機関（マネジメントの一部を担う）、意思決定に影響を与える機関、執行者（マネジメントの実行）、主な（利益）関係者（いわゆるステークホルダー）、チェック機関・者・方法（ガバナンス行為）を表している。

　三者の機関では、それぞれの成立における法的根拠や設置される事情や背景も異なるが、それぞれ社会が求めている信頼を中心としたガバナンスの構造を保持する必要がある点については同じである。具体的にガバナンスの構

表1　日本の各組織体のガバナンス構造について

	私立大学	企業(主に公開企業)	地方自治体
意思決定機関 (マネジメント)	理事会 常任理事会	(株主総会) 取締役会 執行役員会	議会 市長・知事(一部)
意思決定に影響を 与える機関、組織等	教授会 委員会、プロジェクト等	委員会、プロジェクト等	審議会 委員会、プロジェクト等
執行者 (マネジメント)	法人本部長・学長 部長・学部長	取締役 執行役員	市長等特別職 部長
主な関係者 (ステークホルダー)	学生 教職員 卒業生 保護者 地域	株主/投資家 従業員 顧客 取引先	住民 事業者
チェック機関・者・方法 (ガバナンス行為) ※所管官庁除く	監事(外部監事) 評議員会 監査室(内部)	取締役会(社外取締役) 監査役 株主総会 株主代表訴訟	議会 内部監査(内部) 監査委員(外部) 住民監査請求 住民による外部評価

第17回大学行政管理学会総会・研究集会2013.9.8の研究発表資料を、筆者が一部修正[5]。

造(仕組み)は、個人や機関(組織)が、異なる立場から信頼を中心にして相互に対等な関係性を築き、仲間や協力者というパートナーシップの考え方の下に形成される。パートナーシップは、お互いに教え、教えられる、相互に学び合うチームとして関係性を構築するなかで育ちやすく、参加者(協調する者)の目線が常に対等である場で形成されるものと考えている。

4. 意思決定機関としての理事会に係る問題

　大学とは、理事会が行う意思決定をもとにした法人と教学の両マネジメントによる設置学校の経営を含むとともに、短期大学、大学、大学院の教職員、学生(大学院生)が、行う教育研究や既存事業、新規事業開発等の活動の総体である。

　大学のトップ・マネジメントに関わる機関、会議体は、理事会である。2005(平成17)年4月1日改正・施行〔公布は2004年5月12日〕の私立学校法によれば、理事会は学校法人の最高議決機関として位置付けられており、

同法第36条第2項に「理事会は、学校法人の業務を決し、理事の職務の執行を監督する」と定められている。

理事会は、学校法人内外の業務の意思決定機関である。また、その主な業務には二つあり、一つは、法人業務と法人が設置する諸学校の経営・管理、すなわち〈法人組織〉を中心とした法人マネジメントである。二つには、学長等を中心とした設置する大学、その他の学校等の〈教学組織〉を中心とした教学マネジメントである。マネジメント業務として、法人系の人事・施設設備・財務・組織運営、及び教学系の教育・研究・社会貢献などに加え、寄附行為で定められた学校法人の目的及び事業を達成するための事項が含まれる。

この改正された私立学校法によって、理事会の役割が法律上明記された。理事長は法人を代表し、その業務を総理し、理事会を招集し議長となる。代表権登記も基本的に理事長一人とするなど、そのトップ・マネジメントとしての権限が強化されている。

理事会には理事会自体の組織マネジメントをはじめとして、組織全体の幾多の課題解決に向けた取り組みがあり、最も重要な課題は、理事会の意思決定機関としての経営施策決定である。現状では、理事会が意思決定機関としてだけ振る舞うのではなく、経営政策の執行責任機関であり、マネジメント代表機関としての位置付けがある上に、理事長を含む理事の監督機関としても位置付けられている。理事会に限定しての権限強化は行われたが、その責任体制のチェックは誰が行うのか。理事会の経営の監視、監督体制には、日常業務のプロセスである内部統制が重要であり（奥島、2007）、現行の監事や評議員で監督やチェックはできるのか、法的整備や修正が必要である。

大学の理事会等に限定したことではないが、ドラッカー（1999、pp. 398–399〔1974〕）は、トップ・マネジメントの構造に触れて次のように言及する。ことにトップ・マネジメントの職務はチームで遂行されるべき性質のものだと認識することは、中小規模組織の場合に特に重要である。そして、ワンマン型トップ・マネジメントが、変革意欲等を喪失することによって、組織の成長が阻害され機能不全に陥ることを防止するため、成長能力をもつ人間組織

を必要としている旨を指摘する[6]。

　筆者は、理事会が現在有している職務を、今後は理事長、または理事と部課長や専門の職員等からなるトップ・マネジメント・チームによる仕事に組み直して、意志決定機関と執行機関との連携を進め、理事会の監督機関としての機能を監事や評議員会へと分離し独立させるべきであると考える。現在でも理事会が議題を通し、意思決定することは可能である。しかし、現状の理事会は意思決定の他に一部のマネジメントしか担当できてはいない。理事会のメンバーが責任をもってマネジメントに当たるには、担当理事制を設ける等の措置を取るほかに、実際の制度として業務把握やマネジメントを担当する時間を工夫することが重要であり、執行機関として機能を果たすためにも、その役割を遂行することが必要である。

　そのためにも今後の方向としては、執行機関の機能を、理事会の機能から独立させて、教学マネジメントは学長に委任し、教学組織で実行するものとし、法人マネジメントは、法人の本部長、事務局長等に委任し、法人組織で実行すべきであり、執行役員制等を導入することも有効である。また、実際に業務監査を行う監査室やガバナンスを行う監督機関については、理事会から分離・独立させて監事の下に置き、併せて、評議員会にもガバナンスの権限を委譲すべきである。

　マネジメントについては、理事会から執行役員会（制度）を独立させ、事業計画や予算、開発の範囲等を棲み分けすることが重要である。そのため、現在の社会ニーズに対応したマネジメントの独立制をとらなければ、ガバナンスの独立制をとることも困難になる。

　また、現在のトップ・マネジメントの具体的なチェック項目として必要なものに、役員業績評価がある。理事長や学長、理事等に報酬や給与が支払われているにもかかわらず、その職務執行について、役員業績評価がほとんどなされていないことがある。大学の職員評価[7]は言うに及ばず、教員評価でさえも20％程度の実績[8]が確認されている現状において、最高の意思決定機関である理事会として、責任をもって、自ら業績評価を実施できる機関に変わる必要がある。

トップ・マネジメントや経営層である理事会を内部牽制することは、組織の体制の課題でもあり、中小規模大学ではトップ・マネジメントをチェックするガバナンスの組織として内部（業務）監査室がない法人もあり、監査後の指導体制を築くことができない等の課題事項を挙げることができる。

さらに、今後はガバナンスを機能や構造として客観化し、経営やマネジメントの指標と同じように指標化することが重要になってくる。どのような観点からガバナンスについて評価するのか、その範囲や方法、組織や基準作りなど、明確にすべき課題が多く残されている。

5. 私立学校法の問題点

私立学校法は2005（平成17）年4月1日改正・施行（公布は2004年5月12日）により、①学校法人の管理運営制度の改善、②財務情報の公開、③私立学校審議会の構成の見直しの3点について大きな改革を行った（文部科学省HP、私立学校法の一部改正〔平成16年法律第42号より〕）。

ここでは、「学校法人の管理運営制度の改善」に関わる問題に焦点を当て取り上げる。同法改正の趣旨は、学校法人が様々な社会情勢の変化に対応しつつ、安定運営を行い発展していくため、理事・監事・評議員会の制度を整備し、権限・役割分担を明確にすることにある。

この改正により、理事会を法定化し、最高の意思決定機関とした。同時に代表権をもつものを原則として理事長のみとし、理事会の業務執行に対する監督権を明確にした。また1名以上の外部理事の選任を義務付けた。これは、理事会の業務執行に対する自らのチェック機能の強化を図ったものであると同時に、重要な意思決定及び執行の監督と執行体制との分離の方向性を図ったとも言える。また、2点目は、監事制度の改善について、監事の内部統制機関としての独立性を保つように選任方法を改めるとともに、1名以上を外部から選定するものとしていた。しかしながら、この改正も下記のような問題を孕んでいる。

5.1 理事会の役割と責任、権限の委譲

　私立学校法の第36条に「学校法人に理事をもつて組織する理事会を置」き、同条第2項では、その役割について「理事会は、学校法人の業務を決し、理事の職務の執行を監督する」とある。これでは、理事会が意思決定機関として学校法人の業務決定を行い、執行に加えて監督という3つの役割を担うことになる。したがって、理事会は、学校法人に必要な業務を自ら決定し、自ら推進し執行した事業活動について、自らチェック、監督し、是正する（清成、2009）。つまり、自己チェックをガバナンスとして理事会自らが行うことになる（西野、2007）。私立大学の実態からすると、このような自己責任に頼る方法でガバナンスの実効性が保証されると考えることは困難である。

　この第36条第2項の考え方は、理事会による自己管理、あるいは自己完結の概念で構成されており、マネジメント概念のPDSあるいはPDCAサイクルの前段階的概念が想定されたような条文である。マネジメントの類似概念は存在するけれども、ガバナンスという概念がここには未発生である。

　マネジメントを規制、チェック、牽制できるのは、理事会以外の第三者であることが妥当であり、一義的にはガバナンスの概念に拠る実行機関として、監事、評議員会等を置くべきであり、理事会から権限と責任を委譲することが望ましい。

　さらにマネジメントの本質は責任であり、ガバナンスは監督、チェックを本質としていることから、今後の在り方として、私立学校法等の改正により、経営責任と監督責任を分離明確化するといった考え方が必要である。

5.2 評議員会制度の改善

　2005年4月1日改正・施行の私立学校法では、学校法人が機動的かつ安定的に経営を行っていくために、理事、監事、評議員それぞれの役割分担を明確にし、協力して運営に参画することを目的に次のように改正した。

　改正の私立学校法第42条関係では、理事長が従来から意見を聞く事項であった、予算、借入金及び寄付行為の変更、合併、解散、収益事業等に、さらに加えて事業計画についても、あらかじめ評議員会の意見を聞かなければな

らないとした。また、同法第43条では、「評議員会は、学校法人の業務若しくは財産の状況又は役員の業務執行の状況について、役員に対して意見を述べ、若しくはその諮問に答え、又は役員から報告を徴することができる」としている。そして前年度の事業計画については、同法第46条に「理事長は、毎会計年度終了後2月以内に、決算及び事業の実績を評議員会に報告し、その意見を求めなければならない」と定めた。評議員である教職員、保護者、卒業生等その他のステークホルダーのチェック機能の強化を行っている。

そのような観点から、2005年4月1日の同法改正・施行により監事、評議員会の役割として、次の事項が新たに規定された。

①監事は毎会計年度、監査報告書を作成し評議員会へ提出すること。(第37条)
②監事は、評議員会の同意を得て理事長が選任する。(第38条)
③理事長は、翌年度の事業計画策定にあたり、予め評議員会の意見を聞かなければならない。(第42条)
④理事長は、評議員会へ、前年度の事業の実績について報告し、意見を求めなければならない。(第46条)

その当時はこれらにより評議員会の役割がより明確化されると考えられた。しかし、その機能が理事長への事業計画策定や事業報告の際の意見提出に留まっていることから、トップ・マネジメントを牽制する権限が付与されるまでには至っておらず、能力が発揮できていない。

今後は、これをさらに進めて、評議員への選出プロセスや選出方法等を改め、外部からの選任比率を高める等の改正が必要である。あるいは、理事等の役員が評議員を兼職しないように改正するとともに、評議員会を理事会から独立させて、理事会の監視を行い是正や規制を求めるだけでなく、理事の解任を求める勧告権限を評議員会に与えるべきであると考える。

5.3 監事の役割と責任、選任について

2005年4月1日改正・施行の私立学校法における監事制度の整備と改善に

関する事項において、第37条第3項で監事の職務が、2005年4月改正以前の監査対象の一つであった「理事の業務執行」から「学校法人の業務」にまでその範囲が拡大された。加えて監査報告書の作成と理事会、評議員会への提出が新たに規定された。第38条第4項で監事の選任条項として、「監事は評議員会の同意を得て理事長が選任する」よう定められた。さらに外部監事を1名以上選任することが義務付けられている。加えて第39条で、監事は理事、評議員、または教職員と兼ねることができなくなった。

ガバナンスの意義は、経営者のマネジメントを牽制することである。学校法人のガバナンスとは、建学の精神に基づく経営理念や事業計画に従った意思決定の実行によって、将来生じるかも知れない不利益に対し、それを補う保証をする仕組みである。さらに、その意思決定に基づいて経営することを監督、監視する仕組みでもある。

したがって、監事の選任については、理事長が選任するのではなく、マネジメントとの分離独立を行うために「評議員会の指名により、評議員会が選出する」ように変更すべきである。加えて、理事会の監視や是正勧告を行う等理事の解任を求める勧告権限を監事に与えるべきである。

6. ガバナンス改革——大学が社会の信頼を得るために

これまで筆者が述べてきたのは、制度におけるガバナンスをテーマに、個別大学や私立大学等の事例及びガバナンスの概念の構造を述べたものであるが、ガバナンスという制度全体を捉えた論議ではない。

大学のガバナンスは、高等教育という個別のマーケット（市場、制度）としてのガバナンスであり、その意味では、分野や領域が極めて限られている。

大学のガバナンスは、マネジメントと同様に、大学の発展に不可欠な機能の一つである。そして大学のガバナンスは、大学の自己責任を中心において実行されるマネジメントを対象に行われる。このことを理由として、自己責任によるガバナンスとも言い換えられる。

大学が、学生や卒業生の誇りや母校愛を高め、持続的に成長を続けていく

ためには、単に経営的安定や教育・研究上の成果だけを重視する行動様式を取るのではなく、社会的責任を果たすことが重要である。社会的責任を果たすには、大学への社会からの評価や、環境への配慮、人道主義的な配慮（人権への配慮）等、幅広い視野からの対応施策やチェック等が必要になる。大学のガバナンスをより広い範囲から考察すれば、社会的責任という観点からの評価を盛り込むことが大切である。もとより、コンプライアンスの感覚がなければ、ガバナンスの機能は発揮できない。かつて企業モラルが問題となり、モラル低下を指摘されたときもあったが、現在は大学に対してもモラルが求められている。社会から信頼される大学に近づく努力が必要である。

　また、大学の社会的責任は、社会貢献だけを指すのではなく、環境、産業、経済、社会に役立つ人材を育成する取組であるとも言える。企業の社会的責任：CSR（Corporate Social Responsibility）を評価するケースと同様に大学の社会的責任：USRにおいて、人材活用（人権、女性雇用、ハラスメント、障害者雇用等）や環境、社会性、財務とともに、これまで論じてきたガバナンスも、社会的責任を測定する要素の一つであると捉えている。

　例えば、大学の社会的責任：USRの要素の一つである環境だけを取り上げても容易に解決できない課題を抱えていることが理解される。環境という言葉は地球という概念に等しい広がりをもつことが現実であり、環境への適応力がなければ組織に限らず個人においてすらも生き残れない。同様にガバナンスも、大学や企業という組織にとって、持続的発展を目指すには改革が重要な要素であり機能となる。しかも、そこには大学が社会的責任を果たすことに拠って、社会からの信頼を獲得するという、社会と大学とのさらなる相互作用を生みだす循環の構造があると捉えている。

　他方、ソーシャル・ガバナンスは多様性を帯びたガバナンスであり、大学という制度や選挙という制度、社会福祉という制度といった様々な社会の制度をチェックする役割をもっている。ソーシャル・ガバナンスは、市民参画等の下に社会の側が責任をもって、大学という制度に向けた監視やチェック、牽制を行う機能である。個別大学のガバナンスに内部から関わるのはステークホルダーであるが、個別大学ではなく、大学という制度の全体を見てゆく

のは、ソーシャル・ガバナンスに関わる市民社会であり、今後重要な役割をもつことが想定される。

　大学の改革を進めるには、ガバナンスの改革が不可欠であり、大学のガバナンスという内側からの力に加えて、ソーシャル・ガバナンスという大学の外側からの力も必要になり、大学を社会的存在として規律する役割を果たす。

おわりに

　大学のガバナンスへの認識を、大学経営の改革に向けて、実際にどのように制度化し改善に向けて工夫し定着させるかにより、これからの大学のマネジメントの行方が変わると考えている。私立大学のガバナンス改革は、経営の効率化及び組織や事業の付加価値を高めるために行われる日常的業務やマネジメントの在り方を問い直すことから始まる。今後、中小規模の大学では、ガバナンス改革の必要性が、大規模大学よりもさらに大きく求められるようになると推考している。その理由として人的資源が少なく独走しやすい体制やワンマン経営に陥りやすい等の環境的要因が挙げられる。

　筆者の所属する大学行政管理学会の下にある大学経営評価指標[9]研究会では、現在「大学ガバナンス評価指標（仮称）」を検討している。本論は、研究会での検討とは別の立場から論じていることが多くあり、別途、同研究会での論議の進捗を報告できるものと考えている。

【注】
1) 中央教育審議会『新たな未来を築くための大学教育の質的転換に向けて〜生涯学び続け、主体的に考える力を育成する大学へ〜』（2012年8月28日付答申）p.25。
2)「大学のガバナンス改革の推進について（審議まとめ）」のp.2脚注1では、「一般に、『ガバナンス』という用語は多義的に用いられているが、本分科会では、教学及び経営の観点から、法令上に設けられている各機関（学長、教授会、理事会、監事等）の役割や、機関相互の関係性を中心に議論を行った」と記している。
3) 経済同友会の提言p.8に、「一般に、ガバナンスとは、組織における権限・責任の体制が構築され、それを監視・チェックする体制が有効に機能していることであり、この観点では、企業であれ学校法人・大学（学校）であれ、何ら変わることはない」としている。それにもかかわらず、同提言の中で、マネジメントの意味で使用している箇所が幾つも

出現することから、論旨がたどりにくい。筆者は、〈ガバナンスは、組織のマネジメントを対象とする〉と明言しないから、何を監視・チェックするのかが曖昧になり、提言内容にも概念の混同が見られる結果を導いていると捉えている。

4) ドラッカー（1999〔1974〕、p126）は、「マネジメントとは、上司への盲従を責任に、権力にもとづく権限を、業績をあげるための権限に置き換えることを意味する」として、マネジメントの本質は責任であり、責任をとるために権限が必要である旨を提示している。

5) 第17回大学行政管理学会総会・研究集会 2013.9.8「大学ガバナンス指標の検討について（経過報告）」新藤豊久、内藤雅宏の研究発表資料を筆者が一部修正した。

6) ドラッカー（1999〔1974〕、pp. 398–399）は、「トップ・マネジメントの仕事は、一人の人間の仕事というよりもむしろチームの仕事である。一人の人間が、〔トップ・マネジメントの〕職務が要求するさまざまな体質を兼備するなどということは、まずもって不可能である。しかもトップ・マネジメントの課題を分析してみれば、一人の人間では手に余るほどの仕事があることがわかる」と説く。

7) 日本私立学校振興・共済事業団（平成20年）「学校法人の経営改善方策に関するアンケート調査」によると、「人事考課制度を実施している」大学法人は、職員で42.9％、教員で20.4％、となっている。

8) 鳰田敏行、ほか（2009）「日本の大学における教員評価制度の進捗とその課題」では、平成20年2月現在の教員評価アンケート結果を掲げ、国公私立大学756校のうち、442校の回答があり、全体では158校、20.9％が実施している。そのなかで、私立大学580校のうち、80校、13.8％しか実施していない、ことを示している。

9) 大学経営評価指標は、大学行政管理学会の下にある大学経営評価指標研究会と一般社団法人日本能率協会との共同研究・開発の成果として、27の国公私立大学に導入されてきている指標である。①事業の目的・成果の明確化、情報や課題の共有化、②成果を見える化・可視化して、大学経営状況把握、③大学使命達成への手段の検討と効果把握の論理性の追究を主目標として、大学経営と教学マネジメントに出現する諸事象を12の使命群から約60の施策と約300の指標からデータを取り、大学改革に役立てることを企図している。

【参考文献】

クラーク，バートン・R.（Clark, Burton R.）著　有本章訳　1994、『高等教育システム―大学組織の比較社会学―』東信堂、pp. 160–163。

ドラッカー，ピーター・F.（Drucker, Peter F.）著　風間禎三郎・久野桂・佐々木実智男・上田惇生訳、野田一夫・村上恒夫監訳　1999、『マネジメント―課題・責任・実践―』（上・下）ダイヤモンド社、下巻、pp. 126、398–399、668–670（原著は1974年刊行）。

ファイヨール，ジュール・アンリ（Fayol, Jule Henri）著　山本安次郎訳　1985，『産業ならびに一般の管理』ダイヤモンド社、pp. 8–9（原著は 1917 年刊行）。

プラール，ハンス・ヴェルナー（Prahl, Hans-Werner）著　山本尤訳　1988、『大学制度の社会史』（叢書・ウニベルシタス）法政大学出版局、pp. 8–9、11–30。

パットナム，ロバート・D.（Putnam, Robert D.）著、柴内康文訳　2006、『孤独なボウリング――米国コミュニティの崩壊と再生』柏書房、pp. 14–49（原著は 2001 年刊行）。

中央教育審議会大学分科会　2014、「大学のガバナンス改革の推進について（審議まとめ）」2014 年 2 月 12 日付、p. 2 脚注 1。

濱名篤　2014、「日本の大学のガバナンス――中小規模の私立大学の立場から」『IDE：現代の高等教育』（特集大学のガバナンス）2014 年 1 月号（no. 557）、pp. 58–63、ことに p. 59。

林直嗣　2006、「私学法改正と大学の経営・ガバナンス　上」『経営史林』第 46 号第 1 号、2009 年 4 月、pp. 1–14、ことに pp. 11–12。

井原徹　2008、『私立大学の経営戦略序論――戦略的経営プランニングの展開』日本エディタースクール出版部、pp. 55–110、ことに pp. 90–91。

井原徹　2011、「私学経営とユニバーシティ・ガバナンスについて（講演要旨）」『私学経営』no. 431　2011.1、pp. 54–72。

金子元久〔講演〕2012、「大学経営：課題、組織、人材」（これからの大学経営＝誰がどのような役割を担うのか：第 39 回（2011 年度）『研究員集会』の記録：基調講演）『RIHE』広島大学　第 118 号　2012.4、pp. 1–18、ことに p. 15。

清成忠男　2009、「学校法人のガバナンスとコンプライアンスマネジメント」『私学経営』no. 414（2009.8）、pp. 73–82、ことに p. 79。

経済同友会　2012、「私立大学におけるガバナンス改革――高等教育の質の向上を目指して――」2012 年 3 月 26 日付、p. 8。

小松親次郎　2012、「私立学校法に見るガバナンス像――評議員会と理事会との関係を中心に――」『IDE：現代の高等教育』（特集大学のガバナンス再考）2012 年 12 月号（no. 545）、pp. 45–48、ことに p. 46。

松尾憲忠　2011、「ガバナンスの主体としての市民」岩崎正洋編著『ガバナンス論の現在　国家をめぐる公共性と民主主義』勁草書房、pp. 93–116、ことに pp. 108–109。

宮内義彦　2007、『経営論』改訂版（日経ビジネス人文庫）日本経済新聞社、p. 151。

日本私立学校振興・共済事業団　2006、『大学経営強化調査研究　大学経営強化の事例集　大学経営を成功に導くために』（平成 18 年度　文部科学省委託調査研究報告書）、p. 156。アンケート調査のなかで、内部監査部門の設置を質問。

日本私立学校振興・共済事業団　2008、「学校法人の経営改善方策に関するアンケート調査」（平成 20 年 7 月調査）。

西野芳夫　2007、「学校法人のガバナンスと理事会の役割」『大学時報』第 56 巻第 312 号、

2007年1月、pp. 38–43、ことに p. 41。

奥島孝康　2007、「大学のガバナンスと内部統制」『大学時報』第56巻　第312号　2007年1月、pp. 34–37、ことに p. 35。

大場淳　2011、「大学のガバナンス改革――組織文化とリーダーシップを巡って」『名古屋高等教育研究』第11号（2011）、pp. 253–272。

大平浩二・佐藤成紀　2012、「わが国企業の不祥事から見るコーポレートガバナンスの調査・研究」〔原題の表記ママ〕明治学院大学産業経済研究所『研究所年報』29号（2012年12月）、pp. 57–64、ことに p. 58。

佐々木恒男　2013、「大学のガバナンス管見」『関東学院大学　経済系』第254集（2013年1月）、pp. 12–17、ことに p. 16。

蔦田敏行・奥居正樹・林隆之〔共著〕　2009、「日本の大学における教員評価制度の進捗とその課題」『大学評価・学位研究』独立行政法人大学評価・学位授与機構、第10号 2009.12、pp. 61–78、ことに p. 63。

新藤豊久　2010、「UD（University Development）概念構築の試み――大学の発展力について」『大学行政管理学会誌』第14号：2010年度、pp. 61–70。

新藤豊久　2012、「大学の成果とは何か――〈大学経営評価指標〉を基にした成果志向」『私学経営』2012、11（通巻第453号）、pp. 31–48。

曽根泰教　2011、「ガバナンス論――新展開の方向性」岩崎正洋編著『ガバナンス論の現在　国家をめぐる公共性と民主主義』勁草書房、pp. 19–33、ことに p. 31。

山本眞一　2006、『知識社会と大学経営』ジアース教育新社、pp. 106–107。

山本眞一　2013、『質保証時代の高等教育』（上・下）ジアース教育新社　上巻、pp. 176–179。

山本哲三　2012、「コーポレート・ガバナンスの規範分析」『早稲田商学』第431号（2012年3月）、pp. 213–242、ことに p. 221。

第8章　私立大学のガバナンス概念と構造
―― 社会からの信頼

はじめに

　私立大学のガバナンスは、理事会の意思決定をもとに行うマネジメントを対象とした監視、監督、規制、チェック機能であり、今後新たな制度として定着させるべき概念である旨を、筆者は提起したい。

　本章では、現行の私立学校法や私立大学の現状を考察し、理事会並びに監事、評議員会、あるいは、ガバナンスの在り方について論述する。理事会はマネジメントを代表する機関であり、その中心は意思決定である。また、現行の監事や評議員会は、私立学校法により、理事会の意思決定をもとに活動している。監事や評議員会が、理事会が代表するマネジメントをチェックする目的の下、理事会とは分離、独立した機関として機能すべく、新たな概念としてガバナンスの機能を担当する必要性を述べた。加えて、新たな制度として位置付けるべく特にガバナンスの構造を論じた。

1. ガバナンスへの視点

　筆者は、大学には多くの課題があり、ガバナンスの機能や制度の定着に向けた課題への取り組みや問題解決が、大学の発展（University Development）[1]とサスティナブル社会の実現に向けたプロセスの一部であると認識している。大学という組織の発展のためには、必ず社会からの信頼を獲得することが重要になる。社会からの信頼獲得のために、大学にはマネジメントの行き過ぎや不足をチェックし、自らの襟を正し自律する力の形成が求められる。

　すでに、『私学経営』（2014年10月号）に掲載「大学マネジメントからガバナンスへ―概念の差異―」（本書第6章）にて、大学マネジメントとガバナン

スの概念の差異を論じているので、関心のある方はそちらも参照願えればと考える。

マッセン（2005、p.108）は、国立大学が圧倒的に多い英国やフランス、あるいは、私立大学も存在する中で州立大学が大多数を占めるドイツ等に見られる高等教育機関の現状とヨーロッパを背景に、「マネジメント（Management）もガバナンスの要素の一つ」であるとして、「高等教育機関のマネジメントの責任とは何か。それは規則の決定や統制に関する責任ももつかなり独立した機能なのか。それとも、政府がマネジメントに関して決定したことを実行する政府の一部門なのか」と述べて、マネジメントもガバナンスに含まれるという考え方を示している。確かに、国公立大学のマネジメントには、政府等との関係を重視せざるをえないために、ガバナンスの観点においても政府等を意識せざるをえない。

けれども、現在ではマネジメントの機能がガバナンスに包含されるということではなく、マネジメントは、統治に必要な手段として活用され[2]、その後、意味や概念の変遷を経てガバナンスの対象となっている。マネジメントとガバナンスは、互いに独立した別の機能として認識すべきである、と筆者は捉えている。

一方、筆者は、企業のコーポレート・ガバナンスが組織のマネジメントを対象とするように、わが国の私立大学の組織内のガバナンスの場合は、協治（協働して統治する）の概念の下に、組織としての大学のマネジメントを対象に、監視、チェック、牽制する仕組みであり、機能であると捉えている。

2. ガバナンス概念の認識の背景

ここでは、特に私立大学のガバナンス改革に深く関わる法改正に関連した大学行政の背景について触れる。高等教育のカリキュラムや教員定員の基準要件等の制度的な枠組みについて、文部省（当時）は、規制を緩和して個々の大学の教育理念や目的に基づき、独自性のある教育・研究の展開を可能とすべく弾力化を図り、1991年7月には学校教育法、大学設置基準などの関係

法規が改正・施行された。この「大学設置基準の大綱化」が行われる一方で、教育・研究の質の保証を大学自らに求める方針のもとに、自己点検・評価の努力義務が課せられた。このことが、後の2004年4月に認証評価制度の概念を導入・実施する契機となった。

また、2004年4月には、国立大学が法人化されている。以来、国立大学法人では、文部科学省の財務統制と人事権、並びに政策の意向をもとにした運営への協力によって、大学改革にいち早く着手し、文部科学省のモデルとする大学改革への着手を、ある一定レベルで実施できている。公立大学は、2004年4月に国立大学法人に準じて、公立大学法人化に向けて舵をきった。その後、公立大学法人化していない公立大学も18校[3]あり、必ずしも、一律に公立大学法人とは呼べない状況にある。文部科学省をはじめとする、国の法令改正等の規制とコントロールをもとに、大学改革は進展してきた。これまでは私立大学の中に先行的事例があり、その内容や取り組みが中央教育審議会の答申レベルに反映し、法律等の新規導入やモデルとなる取り組み（マネジメントサイクル、行政評価への取り組み、SDへの取り組み）紹介もあり、法律等の一部改正に結びついてきた。

　従来の規制を緩和し、社会のニーズや学術の進展に応じて大学が新たな魅力をもち、大学の責任で、大学自らが組織や教育のフレームワークを変革し、学生への教育や研究を促進することが求められるようになった。その一環で教学にマネジメントの概念を導入し、教員にはFD（2007年4月1日に大学院設置基準、2008年4月には大学設置基準を改正）を、職員にはSD研修（法整備未定）を試行するなど、大学職員自らが大学経営の一端を担うべく、マネジメントへの責任を果たしモチベーションを高めるべきであるとして研修制度等が求められた。そして、2007年4月1日にFDは大学院設置基準の改正施行により義務化された後、大学・短大でもFD、SD研修などにより教職員に資質向上の機会が設けられることとなった。

　2004年4月に国立大学が法人化されて、2014年で満10年になる。国立大学法人では、国立改革実行プランを中心に改革が進捗し、10年経って、国立大学法人が中期目標・計画（一期6年間）の策定をもとに、マネジメント

(PDCA) サイクルを導入して、大学組織と個人（教職員）業績評価を実施するなど、いわゆる目標管理を導入している。

一方、私立大学は2004年4月の国立大学法人化当時、大学のマネジメントの分野では国立大学よりも進んでいたかと思えるが、マネジメントへの認識や危機意識のレベルとして、10年経過後の私立大学がことさらに進展しているとは言い難い。これらは、個々の大学内のガバナンス改革における認識の背景となった論議であったが、個々の大学の実際の様相は異なっている。

3. 私立大学のガバナンスの構造

2005年4月1日施行の私立学校法の改正内容は、現状に配慮した最小限のものであった。さらに、2014年4月2日公布・施行した改正の私立学校法においても、新たに第40条の2として、理事の忠実義務を掲げ「理事は、法令及び寄附行為を遵守し、学校法人のため忠実にその職務を行わなければならない」旨が追加された。従来から、同法第62条による所轄庁（文部科学省）による学校法人への解散命令はあった。その上で、新たに第60条として学校法人への解散措置手続の手立てが追加され、措置命令等を行おうとする場合には、あらかじめ私立学校審議会等の意見を聴かなければならないとし、措置命令に従わないときには役員の解任勧告まで可能となった。

しかし、同法では、ガバナンスの観点から監事や評議員の個別の権限を見直して、理事等役員の解任勧告を視野に入れて規定が整備されているわけではない。したがって、今後とも個々の法人において、さらに先進的なガバナンス改革に取り組むことが必要になる。

ガバナンスのもととなる考え方を振り返ると、ガバメント（政府）＝治者は、被治者（国民）から同意を得ることで、初めて国民から権力を認定されるという構造がある。このことを次の事例から説明することができる。

アメリカ独立宣言 (The Unanimous Declaration of the thirteen United States of America) の一節に拠れば、「政府というものは被治者の同意を得て初めて正当な権力を導くことができる」(Government derive their just powers from the consent of

第Ⅲ部　マネジメントとガバナンス　151

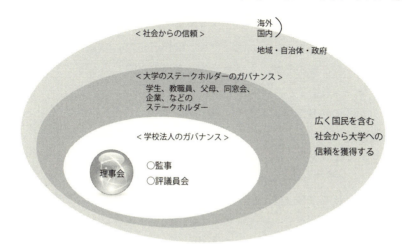

大学の利害関係者（ステークホルダー）が、理事会が代表するマネジメント（法人・教学マネジメント）をcheckして、大学の組織行動、意思決定等を規律することにより、社会的責任を果たす機能及び仕掛け。

図1　ガバナンスの広がり

the governed）と記述している。治者（統治者）と被治者の関係、すなわち統治する者と統治される者との関係が単なる上下の関係ではなく、委託と受託の関係であることが明瞭に語られている。

この委託と受託の概念を直接活かすことはできないけれども、わが国の私立大学の個別大学におけるマネジメントとガバナンスの構造について捉え直すと、マネジメントは大きく二つの系統に分かれ、契約（書）はないものの理事会の意思決定をもとに理事会から委任されたマネジメントを、法人マネジメントについては法人本部長（事務局長）、教学マネジメントについては学長が受任するという形を取っている。そして、法人と教学の両マネジメントを監事がチェック、規制することになる。

図1は、個別大学の視点で捉えるのではなく、社会のなかの大学、大学の公共性という観点からガバナンス構造を捉え直し筆者が作成した。学校法人のガバナンスを、さらに大学のステークホルダーのガバナンスによりチェッ

クする。その上で、社会からガバナンスが加えられることで、社会からの信頼を得ることに結実するという認識をもとに作図した。つまり、社会からの信頼を獲得することこそが、ガバナンスの本来の目的であることを、社会との関係のなかで説明した。

ガバナンスの構造を考えるとき、例えば、政府（国家）の在り方について、組織の外部からガバナンス機能を発揮するステークホルダーと見るのか、それとも法的支配（規制）者と見なすかは、シチュエーションによるものと考える。

具体的に、政府は各大学に補助金等の支援を行うとともに、改革に向けた協力も行うことからステークホルダー（利害関係者）の側面も確かにある。けれども、常にステークホルダーの立場だけに踏みとどまるのではない。個別の大学の設置と改廃の際には、法的支配（規制）者の立場にあり、大学は必ず政府（文部科学省の設置基準等の法規制）に従う。

また、その一方で、EU（欧州連合）に加盟するそれぞれの政府（国家）の例を考えると、EUのガバメント（政府による統治）を監視、牽制するガバナンスのフェイズ（局面）においては、EUに加盟する個別の国家さえも、ステークホルダーとなる。一国家さえも、EU政府のルール（支配）に縛られると同時に、EUへのガバナンス機関の立場へと変わる。

4. 私立大学のマネジメントとガバナンスの機能不全

個別の大学を見たときに、各大学で作成している、いわゆる「組織図」では、理事会を中心に事務組織や各学部・研究所等が配置されている。そうして理事会を中心に指揮命令や業務系統が大きく二つに分かれる。一つは学長の下に行われる教学系の事務組織、及び、各学部・研究所等を起点とする教学上の指揮命令系統である。もう一方は法人本部長、事務局長等が差配する法人系の総務・財務等の事務組織を中心とした指揮命令系統である。そして、組織図では、理事会の脇に監事や評議員会が置かれ、監査室等があれば別であるが、指揮命令権も示されない形で配置されているのが通例である。

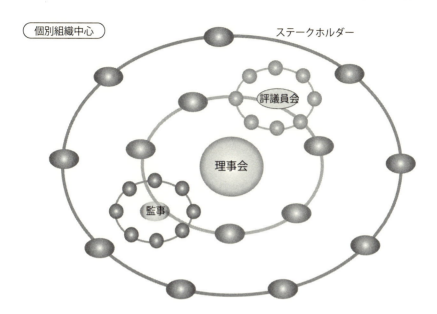

図2　大学のマネジメント中心の配置図

　筆者は、現行の私立学校法及び私立大学の現状をもとに、マネジメント概念は存在するけれども、ガバナンスの概念が不在である旨を認識し、図2を作成した。理事会は意思決定を中心としたマネジメントの代表機関であり、監事や評議員会といった諮問機関が、理事会を取り巻くように配置された図である。

　また、ここで言う大学とは、理事会が行う意思決定をもとにした法人と教学の両マネジメントによる設置学校の経営を含むとともに、設置された短期大学、大学、大学院等の教職員、学生（大学院生）が行う教育、研究や既存事業、新規事業開発等の活動の総体であると考えている。

　大学の組織図でも同様であるが、図2においては、現行の私立学校法で規定されているように理事会の意思決定を主とするマネジメントを支援することを目的にして、監事や評議員会が置かれていることを示している。けれども、図2のとおり、現行の私立学校法では監事や評議員会といった機関が、理事会の諮問機関として従属的位置に留まることから、理事会から独立して

おらず、理事会を取り巻く関係にある。これに拠って、今後主体となるガバナンスを目的とした、理事会に対する牽制、監視やチェック機能をもつ新たな関係を示せない。また、このことから、理事会や監事、評議員会という三者（機関）の関係性も曖昧であり、ガバナンスの概念が欠如した構造になっている。図2に示されている内容が、端的に私立大学のマネジメントやガバナンスの機能不全の状態を表している。

5. マネジメント概念とガバナンス概念の相互補完

　図3は、筆者のガバナンスへの観点から、大学と社会との関係性を念頭に置いてガバナンスを中心に、現状のマネジメントと比較考察し作成したものである。大学の発展UD（University Development）とサスティナブル社会実現に向けたプロセスとして、マネジメントの機能を発揮することが必要となり、そのためにガバナンスの機能が重要な位置にあることを示している。

　マネジメントは、FD、SD等をとおした人材育成や、既存の計画を見直すほか、イノベーティブに組織化を進め、資源への付加価値を高め、再資源化を行う。そして、組織行動を管理するために、マネジャーは組織を指揮し、効率化を企図する。このようなマネジメントに対して、ガバナンスの機能には、マネジメントの力を十全に発揮させることを目的にした支援、補完作用をもつという本来の役割がある。

　ガバナンスは、マネジメントにより発生した事業や計画について点検、チェックを行うなかで監視、規律化を実行しつつ、マネジメントの適否や過不足を監視し、ルール化等の規制や統制により、牽制することを大切な機能としている。そして、ガバナンスは、マネジメントの活動に対し相互に補完する関係や、相互に牽制する機能があり、双方向で影響し合う構造をもっている。このガバナンスの本来の目的は大学の発展であり、サスティナブル社会の実現に寄与すべく社会からの信頼を獲得することにある。

　また、ガバナンスを行うのは、人々が組織化された機関である。しかもガバナンスの機関は、マネジメントの機関から分離独立していなければ、牽制

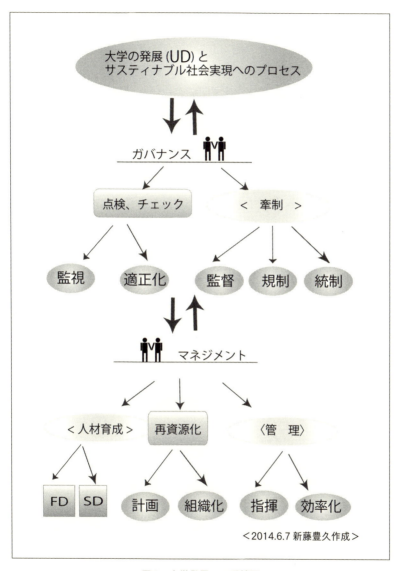

図3　大学発展への系統図

機能を発揮できない。ガバナンスにおいて、マネジメントからの独立性が重要であることは、この図からも読み取ることが可能であろう。

マネジメントをあたかも万能であるかのようなフェイズ（局面）で、語ることはできない。大学に限らず組織が発展し続けるには、成長のみを続けることも不可能であり、新たなシーズ開拓がなければ発展に繋げることもできない。組織のなかで成長と衰退を繰り返すうちに、成長する組織では新たな分野での開発が展開される。

しかし、衰退する組織では、ガバナンス機能が不全に陥り、既存事業の分野そのものに将来性が失われているというマネジメント上の事実を点検、チェックすることもできず、マネジメントの行き過ぎや欠如から脱却できないこと等が特徴として挙げられる。

6. 公共によるガバナンス

学校法人には、企業のような株主が存在しない。学校法人は、寄付者の寄付財産をもとに設立され成り立っている。このことは各大学の寄附行為に厳に定められており、寄付財産は、設立目的以外に使用できないという意味から公共性を帯びた財産となる。したがって、学校法人は誰のものでもなく、公共のものとなる。すなわち、学校法人のガバナンスを検討するときに、大学のステークホルダーや地域住民が公共性の観点から経営を見直して、理事会の意思決定を社会との関係をもとにした適切なビジョンや、事業計画等のマネジメントへ反映させることが求められる。

公共によるガバナンスの一つに、国民やその地域の住民、地方自治体を含む行政府の側からのレギュレーション（規制、制御、ルール化等）がある。私立大学の場合には、文部科学省の大学の設置段階での審査や補助金交付等への関与、法律等に基づく規制や監督等が挙げられ、認証評価やFDの義務化もこのカテゴリーに入る。けれども、このような行政の関与は、「私立大学の独立性と自主性」の理念に基づき、例外的に抑制的に用いるべき手法である。2005年4月1日改正・施行の私立学校法は、このような工夫を促すものであ

った。したがって、私立大学のガバナンスにおいては、私立大学が自主的にガバナンスの仕組と実施方法を検討し、自らの制度として構築することが重要である。

　それには、まず理事会、監事、評議員会などを含め、学校法人の機関・役員等を中心に実施する管理運営と呼んできた考え方を改めるとともに、次いで、それをマネジメントとガバナンスの概念から捉え直し、各機関のメンバー構成、組織的規制や権限等に改善・工夫を加えて、公共の意思が経営に反映されるように変革することが必要である。それによって私立大学として、経営責任者である理事長等の専断と独善を抑制することが可能になる。同時に、効率性や公共性を担保し、維持できるよう概念を共有化することで新たなメカニズムを自主的な制度として構築することも認知されるようになる。

　ここでいう「公共の意思」とは、物事や事象に対する社会の人々のコモンセンスであり、共通認識の及ぶ範囲内での意思である。その意味から言えば、公共のガバナンスという考え方は社会の人々による共有価値や共有課題をもとにした、監視やチェックである。具体的には、監事をはじめ、評議員の構成は社会の有識者、学識者、校友等の比率を高めることにより公共の意思を一定程度担保することが可能になる。これが第一段階である。そして私立大学の組織内部で行う自らのマネジメントに向けて、大学のステークホルダーによりガバナンスすることが、第二段階としての公共の意思の反映である。さらに第三段階では、社会的責任を背景に社会の側からも、私立大学のガバナンスへの補完として、課題や問題点を摘出、チェックし監視することを明確にしなければならない。その主体となる考え方や立場が公共のガバナンスの観点である。現時点では、公共のガバナンスの考え方をもとに、大学等の組織や、そのトップ・マネジメントや大学の紛争、トラブル等に向けた情報開示を求める等、公共のガバナンスの立場から大学に求めるべき課題は多いと捉えている。

7. 社会から信頼を獲得

　マネジメントは、UD（University Development）すなわち大学の発展を目的としている。そして、ガバナンスは、マネジメントの過不足やバランスの維持を正すだけではなく、大学が自らの教育、研究、社会貢献活動等をとおして、社会からの信頼の獲得を目的としている。その結果が、やがて大学の発展に結実するという意味では、それぞれの力を発揮する分野も対象も機能も異なるけれども、組織が社会に果たそうとする大学の理念の遂行に貢献する働きにおいて異なることはない。

　大学が学問の自由を標榜し、大学が国家の干渉からも産業界との癒着からも離れ、ウェーバー（1979、pp.79–97〔1908–1917〕）の認識した大学教員が同僚制[4]の下に大学の自治を主張していた時代とは正反対に、大学は孤立しないこと、象牙の塔にならないことが、重要であると主張される時代へと変化した。

　かつてトロウ（1976、pp.63–67〔1973〕）が唱えたように、大学進学率が15％に届かない頃の大学はエリートの集まるところであり、エリートとして、孤絶を保っていても許された。しかし、大衆化（15％から50％未満のマス段階）の時代から、さらに進みユニバーサル化（50％超え）の段階となって一人大学のみが、産業や地域から離れて、社会の特別な存在として許容されることはなくなった。そして18歳人口の50％以上が、高等教育に進学するオープン・アクセス（ユニバーサル段階）の時代の拡張性や透過性を反映していることが、社会連携の背後にある。

　その理由として、私立大学が国からの補助金を受ける立場となり、国立大学は国民の税金により政府が設立した大学であるとの自覚が国民の意識に芽生えてきた。国民が自ら納めた税金の使途に関心を寄せて、監視やチェックをはじめ、国民自らが注意喚起を政府に促し始めた。大学に対するステークホルダーの位置に国民が位置することで、社会からの大学へのガバナンス機能が発揮され始めている。

筆者は、現在進行しているグローバル化という施策や企業等の行動には、様々な組織が自らの物的資源や人的資源、社会的資源に限りがあることを自覚し、その結果、海外の地域、自治体、政府等との連携により、共有する資源を拡大する意図が背景にある。これを模索する働きかけが本来の意味であると考えている。社会において大学は単独では成立しないし存在できない。社会連携活動の本質は、自己にない資本や資源を他の組織・団体等から提供を受けながら、自己組織の活動領域（分野）を拡充し、より大きな社会への貢献を実行する試み（営為）であると捉えている。

　かつて、社会資本とは物質的な社会共有財を示す言葉であった。電気、ガス、上下水道のライフラインや道路、港湾、空港等の整備であるという認識を示すことで了解が成立していたのは、1995年1月17日の阪神・淡路大震災までである。現在では社会資本の概念だけでは、社会の事象を読み解けないことから、社会に共有された教育、交通、医療等の分野や制度にまで広く公共性の概念が影響をもつようになってきたと筆者は捉える。

　いわゆる制度とは、人間の行動や関係を規制する社会の規範が複合化し体系化したものである。具体的に、ブルデュー（1991、pp. 212-229〔1970〕）は、『再生産』において、言語・文化資本を含む社会の在り方として望ましくはないが、ことに教育制度のなかで、繰り返し再生産される教育格差が、社会に出た後も、さまざまな階層的不平等を生じさせるという認識を示している。教育という制度に国家（政府）が介在し、統治（国家的ガバメント）を試みること自体が、社会に歪みを生じさせる原因となる点を問題として指摘している。

　筆者は、教育に限らず、医療や交通に至る各種の社会における制度について、社会の構造に歪みを生じさせ難くする方法が、ソーシャル・ガバナンスであるとの観点から捉え直したいと考える。政府や自治体等に限らず、ある経済分野や領域では企業でさえも独占的に社会の大部分のコントロールが可能となるケースについて、社会の構成員であるNPOや地域、住民等がチェック、監視することにより改善を加えることがソーシャル・ガバナンスとして重要である。

　社会でのモラリティや社会への信頼回復について、パットナム（2006、pp.

14-49〔2001〕）は、経済活動に関わる物的資本や自己への教育投資に関わる人的資本とともに、市民が自発的にコミュニティを形成する他に、自ら参加し、共通目的や価値観の下に、報酬や見返りを求めることなく触れ合い、活動する関係性及び社会的ネットワークを「社会関係資本」と呼んでいる。これらのネットワークの形態、及び連携の形態や頻度などの構造性にもよるが、他者との関係性において協調行動をとることにより、社会への信頼とともに社会効率が上がるといった効果が見られ、社会関係資本の在り方を重視している。

筆者は、「社会関係資本」は、社会からの信頼獲得であり、豊かな社会づくりには不可欠の無形財であると捉えている。個人と個人の繋がりが、幾つもの広がりを持ち始めることで、社会的ネットワークが形成されると同時に、参加する人々の相互作用によって生じる互酬性[5]と社会への信頼が規範となって広く社会から支持されることに結びつくと考える。そして、それらの活動結果の蓄積によって、社会からの信頼が構築されることがさらに重要であると捉えている。

おわりに

本章では、大学を中心に置いたガバナンスを、大学ガバナンスとして捉えている。今後、大学内でのガバナンスは、理事会を中心とした意思決定の下に行われるマネジメントを、大学の内部統制により監事や評議員会という機関が、ガバナンスの観点からチェックするだけでは十分とは言えなくなる。大学の内部統制等のガバナンスを踏まえ、さらに外側から、大学のステークホルダーが行うガバナンスを実行することが必要になる。加えて、この大学のガバナンスよりもさらに大きな広がりのなかに、大学に対する社会的責任を背景として、国民や市民等が参画する社会からのガバナンス機能がある。そして何か問題があれば、社会から大学へのガバナンスが行われる。いわゆるソーシャル・ガバナンスの観点から大学を対象に、チェックや監視等が展開されることになる。その結果、ソーシャル・ガバナンスの実効力を背景に、大学が公明正大である旨が確認されれば、それが大学における社会からの信

頼獲得に直結する。

【注】
1) 筆者は、「UD（University Development）概念構築の試み―大学の発展力について」『大学行政管理学会誌』（第14号：2010年度）において、大学のマネジメントが、UD（University Development）という大学の発展を目的に、マネジメントサイクル（PDCAサイクル）を回すことに力点を置くものと考える旨を発表した。その理由は、事業計画の遂行に総合的な計画立案が必要であり、現状把握のためにはIRや「大学経営評価指標」等の指標化（視覚化）を手段として活用することで、事業結果への評価と今後の施策改善へと反映されるからである。さらに、FD（Faculty Development）、SD（Staff Development）の今後の進展の在り方として、UD（University Development）概念が、大学力の向上に結び付くものとして方向性を提示した。
2) ドラッカーは、病院や大学の「統治」に触れて、いずれもその内部に、統治のための手段〔機関あるいは機能：筆者注〕として「マネジメント」を必要としており、成果を上げる上で必要な大幅な自治権をもつとする。
3) 中央教育審議会大学分科会『大学のガバナンス改革の推進について（審議まとめ）』p. 9 脚注9に拠れば、平成25年11月現在、公立法人化していない大学は18大学である。
4) マックス・ウェーバーは1904年のUSA調査を契機に、「官僚制」の比較を行っている。ドイツの大学は国家による予算配分等「国家官僚制」と大学内における「同僚制」の間にあり、USAでは資本主義経営の下「学問」経営は学長に統括されている。具体的にドイツの同僚制の延長にある「私講師」と、競争的環境下にあって、特に研究所や実験室に配置され、所長の下にある「助手」では、資本主義のもとに官僚制が進んだ結果競争的立場には大きな違いがあると指摘する。
5) 元来はマルセル・モースの「贈与論」等から発生した概念であり、モノを贈ったり、受け取ったりすることは、相互に一つの社会関係を結ぶことであり、そこに働く原理を、文化人類学や社会学等では互酬性と呼ぶ。

【参考文献】
ブルデュー、ピエール（Bourdieu, Pierre）、パスロン、ジャン＝クロード（Passeron, Jean-Claude）著、宮島喬訳　1991，『再生産―教育・社会・文化』（ブルデュー・ライブラリー）藤原書店、pp. 13–133、212–229（原著は1970年刊行）。
ドラッカー、P. F.（Drucker, Peter F.）著、上田惇生、佐々木実智男訳　1989，『新しい現実―政府と政治、経済とビジネスおよび世界観にいま何がおこっているか―』ダイヤモンド社、1989。
マッセン、ピーター（Maassen, Peter）〔述〕、林隆之訳　2005，「講演録：欧州における高等教育の質とガバナンスのシフト」『大学評価・学位研究』独立行政法人大学評価・学位

授与機構、第 3 号、2005 年 9 月、pp. 103–115、ことに p.108。

モース，マルセル（Mauss, Marcel）著、有地亨、伊藤昌司、山口俊夫訳　1973–76、『社会学と人類学　I・II』弘文堂、うち 1 巻 pp. 219–400 に「贈与論」を所収。

パットナム，ロバート・D.（Putnam, Robert D.）著、柴内康文訳　2006、『孤独なボウリング―米国コミュニティの崩壊と再生』柏書房、pp. 14–49（原著は 2001 年刊行）。

トロウ，マーチン（Trow, Martin A.）著、天野郁夫・喜多村和之訳　1976、『高学歴社会の大学―エリートからマスへ』（UP 選書）東京大学出版会、pp. 63–67（原著は 1971、1973、1975 年刊行の 3 編の論文）。

ウェーバー，マックス（Weber, Max）著、上山安敏・三吉敏博・西村稔編訳　1979、『ウェーバーの大学論』木鐸社、pp. 79–97（原著は 1908–17 年刊行の論文）。

中央教育審議会大学分科会　2014、「大学のガバナンス改革の推進について（審議まとめ）」2014 年 2 月 12 日付、p. 9 脚注 9。

IDE 大学協会　2012、『特集　大学ガバナンス再考』『IDE：現代の高等教育』2012 年 12 月号（no. 545）。

IDE 大学協会　2014、『特集　大学のガバナンス』『IDE：現代の高等教育』2014 年 1 月号（no. 557）。

井原徹　2008、『私立大学の経営戦略序論―戦略的経営プラニングの展開』日本エディタースクール出版部、pp. 55–110、ことに pp. 90–91。

井原徹　2011、「私学経営とユニバーシティ・ガバナンスについて（講演要旨）」『私学経営』no. 431 2011.1、pp. 54–72。

岩崎正洋編著　2011、「ガバナンス研究の現在」『ガバナンス論の現在　国家をめぐる公共性と民主主義』勁草書房、pp. 3–15。

経済同友会　2012、「私立大学におけるガバナンス改革―高等教育の質の向上を目指して―」2012 年 3 月 26 日付、p. 8。

西野芳夫　2007、「学校法人のガバナンスと理事会の役割」『大学時報』第 56 巻第 312 号 2007 年 1 月、pp. 40–41。

奥島孝康　1998、「ユニバーシティ・ガバナンス」『大学時報』第 47 巻第 258 号、1998 年 1 月、pp. 12–15。

新藤豊久　2010、「UD（University Development）概念構築の試み―大学の発展力について」『大学行政管理学会誌』第 14 号：2010 年度、pp. 61–70。

新藤豊久　2012、「大学の成果とは何か―〈大学経営評価指標〉を基にした成果志向」『私学経営』2012、11（通巻第 453 号）、pp. 31–48。

新藤豊久　2014、「大学マネジメントからガバナンスへ―概念の差異―」『私学経営』2014、10（通巻第 476 号）、pp. 35–47。

山本眞一　2006、『知識社会と大学経営』ジアース教育新社、pp. 106–107。

［付章］ 私立大学のガバナンス
―― マネジメント概念との差異について

1. 大学マネジメントを誰がチェックするか

　2015年7月3日（金）、大学行政管理学会が主催し、青山学院大学に共催を、文部科学省に後援を頂き、「大学のガバナンス改革と職員の役割」のタイトルで、大学のガバナンスをテーマにシンポジウムを開催した。このシンポジウムは、私立大学では特にマネジメントを強化し支える職員の役割と、そのマネジメントをチェックする制度的役割としてガバナンスが求められているという、筆者自身の課題でもあった。

　大学行政管理学会では、大学職員やアドミニストレーター、経営者等の研修、並びに、現場での経営やマネジメント、実務等から獲得した経験知や実践知を理論化し、深化させる「大学行政管理学」の研究をミッションとして活動している。

　現在の大学においては、一般職から専門職、管理職、理事・理事長に至るまで、各人が実務家でなければ仕事は前に進まない。実務家として、私たちが行動する際の手段、ツール（道具）となるのは、自分自身の考え方を深化させることであり、責任をもって使命を遂行するために、マネジメントの概念を身に付けることである。

　現在、社会からの大学への要請、いわゆる社会的ニーズを先取りすべく文部科学省等が大学改革を施策として進めている。そうした流れのなかで、中央教育審議会大学分科会等の大学のガバナンスの論議の動向を踏まえ、本章では大学のマネジメントとの関係と概念の差異を取り上げ考察したい。特に私立大学のマネジメントとガバナンスの観点から、改めて捉え直したいと考える。

　中央教育審議会の『新たな未来を築くための大学教育の質的転換に向けて

〜生涯学び続け、主体的に考える力を育成する大学へ〜』答申（2012年8月28日付、以下「答申」と略す）では、大学進学率の上昇等により高等教育の質の維持が困難になっているという認識を示している。大学教育の質保証を論じる際に教学マネジメントを説き、その構図に必要なものとして大学のガバナンスを挙げているのである。

同答申は「大学改革を推進し、大学が社会をリードする役割を一層果たしていくために、多様な目的をもつ大学マネジメントの本質にふさわしいガバナンスの在り方や財政基盤の確立について議論を進める」と記し、大学のガバナンスとマネジメントとの関係を説明しているが、その概念や機能の差異について具体的提起はなされていない。

こうした背景をもとに、大学運営について学長のリーダーシップが発揮できるようにするといった考え方が、中央教育審議会の大学分科会組織運営部会でも論議された。その骨格は、中央教育審議会の大学分科会の「大学のガバナンス改革の推進について（審議まとめ）」（2014年2月12日付）においても引き継がれたが、ガバナンスの具体的定義はなされなかった。

その内容の多くは、国公私立の設置主体の違いによって、ガバナンスの用語を使っても大きな開きがある。行政府との関係を重んじる国公立大学においても、国立大学法人は文部科学省、また公立大学は総務省と自治体というように両者の間でも関係は異なり、私立大学とは異なっている。

例えば、学長のリーダーシップがガバナンスとして取り上げられている。ここで言うガバナンスは、私立大学の実態から見ると、実際には学長によるマネジメントの問題として考えられる。私立大学は国公立大学と異なり、学納金収入に大きく依存しており、自己資金で学部等の設置を行うことなどが義務付けられている。自己責任を基とするマネジメントに立脚して大学を経営する方向を取らざるをえない。

ベビア（2012）[1]は「ガバナンスの概念は、主権国家に対する信奉に反比例する形で、盛衰を繰り返してきた」と言う。「市民が統一主権国家に信頼を置いている間は政府（ガバメント）が〔機能している〕ことが多い。しかし、国家に信頼が置けないときには、ガバナンスという〔機能と〕プロセスが必

要になる」と指摘する（〔　〕内は筆者が補記した）。

　こうした意見を参照しつつ、大学のガバナンス概念には、国公私立の大学による構造や成立要件は異なるものの、コーポレート・ガバナンスが参考になると考える。

　ガバナンスは、大学が手掛けるマネジメントを対象にした監視、監督、規制、チェック機能であり、新たな制度として定着させるべき重要な考え方であると筆者は捉える。ガバナンスはマネジメントを対象に、その実施結果やマネジメントの根拠となる組織内の制度や基準や数値、規程等の有無や過不足をチェックし機能させる役割をもつ。ガバナンスは大学のマネジメントの実施結果を補正する役割があり、その機能や概念の差異によって、相互に牽制機能や補完機能をもつという構造があり、大学の発展にはマネジメントとガバナンスの考え方が不可欠となる。そしてガバナンスを新たな制度としていかに大学に導入することができるかが、今後の私立大学発展のプロセスに関わる重要な与条件になってゆくものと捉える。

　マネジメントもガバナンスも、ひとや組織に働きかけるという意味では同じである。ただし、その対象となるフィールドや機能が異なり、構造も違っている。マネジメントとガバナンスの時間的関係としては、常にマネジメントの実施が先行する原則により、ガバナンスはマネジメントの後から、その経過や実施結果について、チェックして不足するところを補うという構造をもっている。

　ここでいうマネジメントとは、次のような内容を指している。

　マネジメントは、経営並びに管理の両方の意味を概念としてもち、両者の機能を含んでいる。さらに、マネジメントの概念には、ヒト、モノ、金、情報、知識といった資源を見直すことにより、既存の資源の付加価値を高めるとともに再資源化するという機能を含有すると筆者は捉えている。この場合の経営は、組織（機関）としての最高の意思決定機能を指すとともに、組織全体の目標実現に向けた戦略を備えている。その意味では、経営とは組織の全体を対象とした未来に向かう戦略性を備えた意思決定を行うことである。

　これにより、経営者が統率力や牽引力を発揮して事業活動を展開し、機能

の拡充を図る。経営の意義は前進する仕事に向けてひとを組織し、新たな価値を創造することにある。一方、管理とは組織の限定された範囲における、意思決定した事項を計画し実施した際の点検、維持、確認の行為である。マネジメントには、経営や管理の意義や区別性、さらに概念の統合と融合によって課題を解決する新たな意義が包含される。そして、資源の拡大やひとの成長、あるいは、組織等の発展を促す概念を導く意義が挙げられる。

そうした区別の下に、トップ・マネジメントが経営責任者となり、准トップ・マネジメントが経営職層に該当するように、経営への責任の軽重がロワー・マネジメントとトップ・マネジメントでは異なる。

マネジメントは、目的や目標、あるいは、事業化に向けて、ひと、モノ、金、情報、知識といった資源に、ひとが働きかけることで、計画性をもった組織の行動へと変換する仕掛けや機能を意味する。マネジメントは創意工夫により既存の資源（ひと、モノ、知識等）を再資源化することによって組織を価値づけるとともに効率化や合理化、そして機能化を図ることであると筆者は考えている。

とりわけ、私立大学の場合には、マネジメントの最高の意思決定機関として理事会があり、実際のマネジメントは、大学の執行部や管理職等が行っている。このマネジメントの代表機関としては理事会が位置付けられている。

そして、この理事会のマネジメント機能をチェックするという「ガバナンス」の役割を果たす機能的機関（組織）が、私立学校法に定める監事である。大学のガバナンスの概念は、組織及び事業の目的や目標の到達・達成と合致することを重視し、経営の効率化、機能化等が損なわれないように経営責任者の意思決定をもとにしたトップ・マネジメント等を、監視、チェックする組織の内外からのシステムや機能等であると捉えている。

そして、実際のガバナンスは、直接的には私立学校法上の機関である監事が行う。他に権利付けされた階層ではないが、大学の学生や卒業生、父母、教職員等のステークホルダーが担っている。

2. 概念の差異について

　大学に限らず、組織や事業体で行われるマネジメントとガバナンスの関係では、常にマネジメントが先行して行われる。先行して行われた過去のマネジメントを監視、チェックし、その過不足を補完することがガバナンスの役割であり、マネジメントの結果や働きかけについて牽制する機能を併せもっている。時間の経過とともに、マネジメントを後から追い掛けるようにガバナンスの活動が行われる。

　そのためマネジメントとガバナンスの関係では、相互牽制（相互チェック）、相互補完が機能するように、マネジメントとガバナンスが、従属関係をもつのではなく、相互に独立した組織であり、別個の関係にあるという認識が必要である。また、マネジメントの目標は、事業等の取組活動の効率性を高めることにある。組織体として一定の事業の目的を実現するには経営効率が求められる。学校法人の場合には、事業経営の効率が求められるのは企業と同様であるが、それだけでは不十分である。これに加えて、学校法人の各事業は、設置学校が実行する教育や研究そのものを含み、「社会に資する人材育成」が主目的として位置付けられ、社会制度として認められ「公共性」を伴うものである。

　私立学校法には、その目的を「私立学校の特性にかんがみ、その自主性を重んじ、公共性を高めることによって、私立学校の健全な発達を図ること」（同法第1条）と定めている。国民の税金を主体として設立された国公立の大学とは異なり、私立大学（学校）は、私人等の寄付財産によって設立され経営されることが原則であり、自己責任に基づくマネジメントに特長がある。私立学校において、建学の精神や独自の理念が基盤となるなど、文部科学省等の所轄庁による規制ができるだけ制限されるのはこの特性に依拠するものである。

　わが国の18歳人口減少とは対照的に、私立大学は増加傾向にあり、高等教育の7割以上を支えている。日本私立学校振興・共済事業団調査（2013）に

拠ると、調査協力の私立大学588校のうち、入学定員800名未満の中小規模大学が70.9％（417校）にのぼり、定員割れ状態を継続する法人が増え大学経営の衰退が始まっている。筆者は衰退からの離脱方法の一つとしてガバナンスに着目する。特に全国の中小規模の私立大学において、ガバナンスの概念は重要である。

なぜならば、私立大学のうち中小規模の大学では、大規模大学とは異なりヒト、モノ、金、情報、知識などマネジメントの対象となる資源は、経営する規模に従って中小の量や幅に比較的小さく限定され、そのスケールに比例して小さく制限される。その制約によって、大学や教学マネジメントの発揮される機会となる大学改革に伴う施設・設備、人材確保などへの資本（資金等）投下の機会が限られ少ないことなど、資源が少ないことから遣り直しが利かず、大学改革のチャンスが少なくならざるをえない。

その意味から中小規模大学では理事会の政策の成否が大学の盛衰に大きな影響を与え、理事会が独断に陥らないためのセーフティ・ネットがより重要となる。また、マネジメントの代表的組織である理事会が単体でPDCAサイクルの機能だけに頼って、マネジメントの不足や補充すべき点を、見つけるのは至難の業である。そこで、マネジメントの役割を代表する理事会ではなく、別個の組織であるガバナンスの機能的機関（組織）の立場から、私立学校法に定める監事が行うチェックや規制等を含む助言や提言は、必然的に重要な意義や働きをもつことになる。

また、こうしたガバナンスの概念とは別に、大学のマネジメントには、大学の発展を目的に、FD（Faculty Development）、SD（Staff Development）の今後の進展の在り方として、ことに、両者を統合するUD（University Development）概念が新たに必要であると筆者は提示してきた[2]。それはFDやSDを大学力の向上に結び付ける方向を唱えたものである。マネジメントは、大学の発展を目的としており、マネジメントサイクル（PDCAサイクル）を回すことに力点を置く。その理由は、事業計画の遂行に総合的な計画立案が必要であり、現状把握のためにはIR（Institutional Research）や大学経営評価指標（大学行政管理学会と一般社団法人日本能率協会が共同開発）等の指標化（視覚化）を手段とし

て活用することにより、事業結果への評価と今後の施策改善へと反映されるからである。大学の場合、教員と職員の協働する考え方と相互のパートナーシップがなければ、教育の魅力であるPBL型などのアクティブ・ラーニング等での学生のプロジェクト活動や課外活動の支援が困難となる。特にマネジメントとしてFD、SD等の研修や人材開発に傾注する理由は、人材の活用なしに組織や事業の進展は見込めないし、事業等を継続する力量が保持できない点にある。

　このマネジメントの要素には幾つもの観点が必要である。例えば前述のIRを考えたとき、一つの大学を知るためには、ことにマネジメントする立場から見たとき大学の様々な数値が必要になる。具体的に、何時、誰によって、どのような理念の下で、当初は教育研究分野を何処に特化し、フォーカスして、入学生は何人であった。それから、25年、50年、100年の時を経て、現在の学生数（入学定員、収容定員、実員）、教職員数、校地面積、校舎面積、事業活動収入（旧：帰属収入）、補助金収入、等が収集、蓄積され、fact (data)bookとして作成される。これに類した数値が、学校法人の併設中学・高校、等を始め、多くの事項データとして集められる。このデータ収集と蓄積行為を経て、ベンチマークすべき大学、関係機関との比較分析が実施される。現在の大学経営では、これらのデータが大学の変化を呼び覚ます戦略計画の策定に用いられている。新学部構想、新規事業計画など組織の未来戦略と政策決定には、必ず200から300以上の項目から特定の事項を選択して、比較し、評価すべき数字（値）を見出すことが必要になる。

　そして、何よりも重要な比較すべき20から30以上の数値を特定し、具体的な比較優位や劣位、評価すべき事項をイメージとして把握して、一連の数値の繋がりから、別個の数値の意味を探り出しリンクすることができること、それがIRの意味する内容である。

　単に個別の数値や文字の羅列を見ていても、別個の意味を探り出し、数字の背景を読み、経営戦略を練り、意思決定を行うことに役立つものではない。学校法人の現代的な使命を大学改革や経営改革という具体的な事業活動として実行に移す際には、組織の中長期事業目標と計画を策定することが必要に

なる。中長期目標や中長期計画策定にあたり、大学の過去の数値やデータの現在までの変遷を10年から20年の単位で見取るには、重要な課題への認知と解決策を導き出す融合（統合）する力量の形成が必要である。

このようにIRのマネジメントに資する意義を見たとき、これとは別にガバナンスの役割をIRはもつことに気付く。具体的に、パブリック・ガバナンスでは、政府や自治体等のガバニング（あるいはパブリック・マネジメント）するための多くの情報を発信する側と、情報の受け手であり、ガバナンスとしてチェックする側となる市民等への情報の少なさを指して、情報の非対称が早くから問われている。これは大学のガバナンスについても同様の課題となる。大学のIRが保持している多くのデータが監事や評議員、さらには教職員等のステークホルダー、広くは社会に公開されていないと、ガバナンスは少なく制限された範囲の情報に留まるチェックしかできず、監事のガバナンスに悪影響を与えかねない。

こうしたガバナンスの中心となる現行の監事の位置付けとして、2005年4月1日改正・施行の私立学校法、第37条第3項で監事の職務が、2005年4月改正以前の監査対象の一つであった「理事の業務執行」から「学校法人の業務」にまでその範囲が拡大された。そして、第38条第4項で監事の選任条項として、「監事は評議員会の同意を得て理事長が選任する」よう定められている。しかし、これでは、監事の独立性を保つことは難しいことから、その選任については、理事長が選任するのではなく、理事会のマネジメントとの分離独立を行うために「評議員会の指名により、評議員会が選出する」ように変更すべきである。加えて、複数の監事を常勤化[3]すると共に、理事会の監視や是正勧告を行う等理事の解任を求める勧告権限を監事に与えるべきであると考える。

監事という機関（組織）では、本来マネジメントの修正すべきポイントに焦点を当てる機能や、外部の視点から点検し錯誤を是正することが使命であり、ただのチェックや規制、監督を遂行するだけでは十分とは言えない。さらにマネジメントを活性化すると同時に、具体的な施策と内容を提示して、組織の改革へのプロセスを示すことが必要である。

3. 注目されるソーシャル・ガバナンス

　私立学校法に定める監事の位置づけや役割を見直し、理事会からの独立性を強化する等が必要であることは前述した。

　本項では、ガバナンスと関係のあるマネジメント等の概念との差異について、問い直し、大学のガバナンスやコーポレート・ガバナンスのようないわゆる、マーケット・ガバナンス（市場を対象としたガバナンス）の限界にも触れて考えたい。

　大学に限らず組織には、統治や自治が必要である。組織や機関であれば、集団を自分たちの手で統制し秩序形成を行うことは、自らの理念や使命を果たす上で重要な意義をもつものである。統治（ガバニング）とマネジメントの関係を考えるときに、統治（ガバニング）は少数者が多数者を秩序づける行為であると考えている。この統治を行う際の手段として生まれたのが、現在用いられているマネジメントである。

　すでに1910年代に、ジュール・アンリ・ファイヨール[4)]が提唱したマネジメントの概念には、計画、組織化、調整等と同様に、統制という概念を含んでいたし、今も統制という概念が含まれている。したがって、筆者は、統治（ガバニング）の手段であるマネジメントには、統制という概念を含むものと捉えている。

　そして、政治上では政府による統治（ガバメント）があれば十分と考えられた時代から、歩を進めガバメントをリカバリーして補充するために、ガバナンス〔（協治：協働して統治）するプロセス〕の考え方が生まれた[5)]。さらに、国民の側が政治に参画して、行政府や自治体等の政策をチェックし施策をも提言する[6)]パブリック・ガバナンス、及び社会のさまざまなマーケット（市場）についてチェックし、様々な市場のシステムについて、具体策の提案や是正を求めるための施策の策定などの機能をもつソーシャル・ガバナンスが求められる時代へと移行した。

　これは、マネジメントについても同様のことが言える。時代とともに意義

や概念は変遷し、ガバナンスによって、統治（ガバニング）や経営・管理（マネジメント）の行き過ぎや不足をチェック、監視し、規制、監督することで適正化することが求められる時代へと政治、経済等の分野を中心に社会状況は変化している。

　ガバナンスは統治（ガバニング）するプロセスである。けれども、ガバメントのような政治制度に関わることはない。そして、大学のガバナンスや企業等を対象とするコーポレート・ガバナンス、行政府や自治体等を対象とするパブリック・ガバナンス、あるいは、個別のマーケットとなる各市場全体を総括してチェックするソーシャル・ガバナンスなど、様々な所で見られるプロセスでもある。

　具体的に、大学のガバナンスの対象となる大学のマネジメントがしっかりと機能している間は、ガバナンスがほとんどその概念の存在や機能について着目されることも、意義を認めて積極的に活用されることもない。先行するマネジメントの方向性や行方を監視し見守ることに終始し、あまり影響力をもたないし、対象となるマネジメント全体をチェックするだけで十分である。ところが、先行するマネジメントに問題が見つかったときには、その監視に留まらず、マネジメント全体を包み込み、チェックすることをとおして、その課題を解決するとともに、具体的施策にまで踏み込み、計画や目標設定、手段にまで言及し、提言することが、ガバナンスに求められる。それほどに、大きな影響力をもち始める。

　大学は公共性を有する機関であることから、学生を守り育て、社会に貢献する卒業生を輩出する使命を果たす目的から、大学の継続性を確保し大学の倒産や廃止を避けることが重要である。さらに、組織の維持や発展を促すトップ・マネジメントの役割がより大きな意義をもつ。こうした使命を果たすためにも、他の機関よりも大学という組織においては、トップ・マネジメント等のマネジメントを牽制し、監視やチェックのレベルを高める工夫やガバナンスの強化のプロセスが大切な課題となってくる。

　前項まで、監事や評議員について、理事会の代表するマネジメントへの規制や監督組織としての独立的立場が重要であると論考した。この監事や評議

員のさらに周囲に存在するステークホルダーの役割が、大学のガバナンスでは重要であると考えている。大学を取り巻くステークホルダーは、学生、父母は当然のことながら、受験生、卒業生、教職員、寄付者、就職先等の企業、地域住民等を含み、その範囲は広い。

　大学には、多くの利害関係者に対し、情報開示（ディスクロージャー）を積極的に行い、コンプライアンス（法令遵守）への関心に対する評価を実施し、社会的責任（ソーシャル・レスポンシビリティ）を果たすことが求められている。社会倫理や大学という組織がもつ組織倫理を基にする監視やチェックを率先して実行することにより協働して、説明責任（アカウンタビリティ）を果たしていくことが、まさに大学の社会的責任：USR（University Social Responsibility）を実行する証明となる。

　コーポレート・ガバナンスの場合は、企業のマネジメントを対象に、株主やステークホルダーの視点や立場から監視、チェックすることにより、マネジメントをコントロールし牽制機能を果たしている。コーポレート・ガバナンスが企業という種類の固有のマーケット（市場）を対象としたものであるのと同様に、大学のガバナンスは、高等教育という個別のマーケット（市場、制度）へのガバナンスであり、その意味では、分野や領域が極めて限られているという特徴がある。

　大学のガバナンスは、マネジメントと同様に、大学の発展に不可欠な機能の一つである。そして大学のガバナンスは、大学の自己責任を中心において実行するマネジメントを対象に行われる。このことを理由として、自己責任によるガバナンスとも言い換えられる。

　確かに、大学のステークホルダーを含む、大学に関係する者（機関）の範囲内で行われる大学のガバナンスには、チェックや規制等が組織の内側の関係者（機関）の立場から行われることによって、その影響においても、個別大学について牽制することを可能としている。しかし、大学というマーケット（市場）の全体を対象として、ガバナンスを実施するには、規模的にも1大学に留まることなく、国公私立大学の全体の規模から捉え直すことが必要になる。

そこで、個別の大学ではなく、大学という全体のマーケット（市場）を対象とする外部から行うソーシャル・ガバナンスが着目されることになる。

ソーシャル・ガバナンスは多様性を帯びたガバナンスであり、大学という制度や選挙という制度、社会福祉という制度といった様々な社会の制度をチェックする役割をもっている。ソーシャル・ガバナンスは、市民参画等の下に社会の側が責任をもって、大学という制度に向けた監視やチェック、牽制を行う機能であり、そのプロセスである。個別大学のガバナンスに周囲から関わるのはステークホルダーであるが、個別大学ではなく、大学という制度の全体を見てゆくのは、ソーシャル・ガバナンスに関わる市民社会であり、今後重要な役割をもつことが想定される。

大学の改革を進めるには、ガバナンスの改革が必要である。大学の監事や評議員に加え、大学の利害関係者であるステークホルダーが参加し、大学の内側とその周囲に存在する力である大学のガバナンスを機能的に導入することが不可欠となる。加えて、ソーシャル・ガバナンスという大学の外側からの力も必要になり、大学を社会的存在として規律する役割を果たすものと捉えている。

4. 社会に信頼される大学を目指して

大学の USR（University Social Responsibility = 大学が社会へ果たす説明責任）が提唱されて久しい。USR の考え方やその構成要素を考えるとき、大学のガバナンスは大学が社会へ果たすべき、様々な説明責任の要素の一つであることに気付く。つまり、USR 遂行のためのマネジメントであり、ガバナンスであると捉えることができる。大学にも企業と同様に、環境活動への対応や労働への取り組み、人権擁護、平和貢献等、大学には様々な説明責任が求められている。

大学は社会制度のなかにあり社会の構成メンバーであり、公共性を帯びた存在であることに拠って、地域や住民、地方自治体や企業等をはじめ、社会からの信頼を獲得している。大学はその教育・研究等の活動に対して、具体

的には寄付や施設等の提供にあずかっている。大学は社会の中にあり、大学は公共性を担保にして存在している。

　大学が、学生や卒業生の誇りと母校愛を高め、持続的に成長を続けていくためには、単に経営的安定や教育・研究上の成果だけを重視する行動様式を取るのではなく、社会的責任を果たすことが重要である。社会的責任を果たすには、大学への社会からの評価や、環境への配慮、人道主義的な配慮（人権への配慮）等、幅広い視野からの対応施策やチェック等が必要になる。大学のガバナンスをより広い範囲から考察すれば、社会的責任という観点からの評価を盛り込むことが大切である。もとより、コンプライアンスの感覚がなければ、ガバナンスの機能は発揮できない。かつて企業モラルが問題となり、モラル低下を指摘されたときもあったが、現在は、大学での公的研究費の公正な使用等、大学に対してもモラルが求められる時代となっている。社会から信頼される大学に近づく努力が必要である。

　また、大学の社会的責任は、社会貢献だけを指すのではなく、環境、産業、経済、社会に役立つ人材を育成する取り組みであるとも言える。筆者は、企業の社会的責任（CSR：Corporate Social Responsibility）を評価するケースと同様に大学の社会的責任（USR）において、人材活用（人権、女性雇用、ハラスメント、障害者雇用等）や環境、社会性、財務とともに、これまで論じてきたガバナンスも、社会的責任を測定する要素の一つであると捉えている。

　例えば、大学の社会的責任（USR）の要素の一つである環境だけを取り上げても容易に解決できない課題を抱えていることが理解される。環境という言葉は地球という概念に等しい広がりをもつことが現実であり、環境への適応力がなければ組織に限らず個人においてすらも生き残れない。同様にガバナンスも、大学や企業という組織にとって、持続的発展を目指すには改革が重要な要素であり機能となる。しかも、そこには大学が社会的責任を果たすことに拠って、社会からの信頼を獲得するという、社会と大学とのさらなる相互作用を生み出す循環の構造があると考えている。

　ただし、このUSRについても、大学が社会からの信頼を獲得するという目的を達成するための一つの要素となる大切な考え方であることに変わりはな

い。そして、USRの実行は、大学自身が行う社会からの信頼獲得に向けた組織行動であり、構成員個々の様々な社会への貢献を図る活動の行為である。私たちの大学が社会へ様々に貢献することによって、社会からの信頼を獲得することが重要である。そのために、信頼獲得に根ざす大学のガバナンス改革を実行する必要がある。

　筆者の所属する大学行政管理学会と一般社団法人日本能率協会では、大学のガバナンス改革のツールとして「大学ガバナンス評価指標（仮称）[7]」の開発を、共同して現在手がけている。2013年から大学ガバナンスについて着目し、その研究を進めている。本共同研究では、大学ガバナンスの実態把握と課題を探ることを目的に、全大学への実態調査を検討し、その一環として、大学ガバナンスの実態調査の項目の妥当性や状況把握のために、試行的調査を実施している。大学のガバナンスの制度・取り組み・運用に関する取り組み状況について、調査を継続し、研究を進めている。

　私たちの大学行政管理学会では、1997年1月の設立総会の頃より、特に理念を定めて活動してきたのではない。ただ、これまでの学会の活動を会長として自ら、振り返って見たとき、次の3点が大きく浮かび上がってくる。(1) 既成の大学、大学院の概念や制度を持続、発展させると同時に、高等教育の新たな概念を創造し未来を拓くこと。(2) 大学のマネジメント（行政、経営管理）を通して、学生の未来を創造すること。(3) 社会的制度として教育が存在する状況のもとで、大学という優れたシステムを仮定すれば、高等教育の受け手の範囲を拡大し、より多くの人材育成を可能にして、社会を変革すること。これらが理念として掲げられよう。

　そうして、これらの理念の下に、人材育成と大学行政管理学の研究という二つの使命の推進を行っている。大学行政管理学会の使命の一つとして、次世代の人材育成、リーダー育成がある。大学職員やアドミニストレーター、専門人材等の養成を行うための各種研修や大学のSD研修等の開発などが具体的な組織行動として挙げられる。この研修等の原点には研究がある。大学職員等による大学行政管理の現場での困難な課題解決に向けた日常的な取り組みと、常に先端を切り開き大学行政管理学の深化と拡充を追究する研究活

動がある。会員個人と組織の活動として研究会・グループ等の調査と研究の推進はもう一つの使命であると言える。

　大学のガバナンスへの認識を、大学経営の改革に向けて、実際にどのように制度化し改善に向けて工夫し定着させるかにより、これからの大学のマネジメントの行方が変わると考えている。私立大学のガバナンス改革は、経営の効率化及び組織や事業の付加価値を高めるために行われる日常的業務やマネジメントの在り方を問い直すことから始まる。今後、中小規模の大学では、ガバナンス改革の必要性が、大規模大学よりもさらに大きく求められるようになると推考している。その理由として、経営資源や規模が比較的小さく限定されていることによって、大学改革に伴う施設・設備などへの資本投下の機会が限られ少ないこと、並びに、一度資本を投下したら、やり直しが効きにくく、挑戦する機会や頻度にも限界があること等が挙げられる。また、これらに加えて、人的資源が少なく多様な人材を内包でき難いことに起因して、志に反し、独走しやすい体制やワンマン経営に陥りやすい等の環境的要因が所在することなどが挙げられる。

　筆者の所属する大学行政管理学会の下にある大学経営評価指標[6]研究会では、先述のとおり、現在「大学ガバナンス評価指標（仮称）」を検討している。本論は、研究会での検討とは別の立場から論じていることが多くあり、別途、同研究会での論議の進捗を報告できるものと考えている。

【注・参考文献】

1) マーク・ベビアは、「ガバメント」という言葉は、統一国家の下にある均一の道徳的、経験的信念との相性が一番良いのに対し、「ガバナンス」という言葉は、単一ではない道徳的、経験的ヴィジョンを喚起させる、と説く。筆者は、ガバメントに対し、主体者（機関）に加え、市民（周囲の人々）等が協働して点検し、牽制し、さらに政策提言などを行うという補完的意味がガバナンスにはあると考えている。
   Bevir, Mark（2012）, *Governance: A Very Short Introduction Oxford Univ.*,2012, pp. 11–12　マーク・ベビア著　野田牧人訳『ガバナンスとは何か』NTT出版、2013、pp. 20–21。
2) 新藤豊久　2010、「UD (University Development) 概念構築の試み―大学の発展力について」『大学行政管理学会誌』第14号：2010年度、pp. 61–70。
3) 2016年4月1日付の86国立大学法人の監事調査を筆者が行った結果、2名全員が常勤の

大学は東京大学のみであり、全体の1.2%に過ぎず、1名が常勤、1名が非常勤の大学は46大学（53.6%）、2名全員が非常勤の大学は39大学（45.3%）であった。未だに監事の役割は予算に見合うことのない位置付けに甘んじている。

4) ファイヨール、ジュール・アンリ（Jule Henri Fayol）著　山本安次郎訳　1985、『産業ならびに一般の管理』ダイヤモンド社、pp. 8–9、71、96、172、184、191（原著は1917年刊行）。
因みに、原著のリプリント版の下記資料を参考として使用した。
Fayol, Jule Henri（1999）, *Administration industrielle et générale; Administration industrielle et générale : le texte fondateur du management*; préface de Jean-Pierre Détrie ; présentation de Pierre Morin, Dunod, c1999, pp. 8–9, 48, 61, 108, 115, 119.

5) 澤井安勇は、国家・政府の一元的統治という意味での「ガバメント」と対比させる概念として、多様なアクターの共同統治的な意味合いを中心とした新しい統治概念としての「ガバナンス」という用語を使う場合が多くなっている、と説く。筆者は、従来のガバメントを全面的に、共同統治に置き換えられないことから、ガバナンスがそのリカバリーを行うという考え方に立っている。
神野直彦・澤井安勇編著　2004、『ソーシャル・ガバナンス』東洋経済新報社、pp. 40–41。

6) 大学ガバナンス評価指標（仮称）は、大学行政管理学会の下にある大学経営評価指標研究会と一般社団法人日本能率協会が2013年度から共同研究・開発に着手し、現在はその途上にある。試行版が2015年度にできあがり、全国の会員のいる大学が参加して、さらに精度を向上し改訂版に纏めるべく検討を重ねている。

7) 大学経営評価指標は、27の国公私立大学に導入されてきている指標である。①事業の目的・成果の明確化、情報や課題の共有化、②成果を見える化・可視化して、大学経営状況把握、③大学使命達成への手段の検討と効果把握の論理性の追究を主目標として、大学経営と教学マネジメントに出現する諸事象を12の使命群から約60の施策と約300の指標からデータを取り、大学改革に役立てることを企図している。

第IV部
大学職員と経営マインド

第9章　大学経営と大学職員の流動化

はじめに

　本章では、大学経営と経営資源（ひと、もの、金、情報、知識）を見直し、大学職員の行う経営資源に関するマネジメントの課題として知識資源（教育・研究資源）等を取り上げ、さらに大学職員の流動化を大学経営の今後の方向性に関連付けて考察した。大学職員を、教員と同じく日本の高等教育の発展に資する人的資源として捉え、個別の大学職員の移動がもたらす高等教育の場での知識・スキルの循環という概念を提起する。

1. 大学職員の流動化と大学経営の方向

　筆者は、先に、18歳人口減少等の影響により競争型社会環境に置かれた高等教育界を考察し、大学が大学経営のために経営者の支持者層、即ち二次的経営者として「准経営者」を育成しておく必要がある旨を87、93ページで論述した[1]。本章では論考をさらに進め、大学職員を既存の大学事務職員や管理職として捉えるのではなく、将来的に「准経営者」の役割を果たす大学経営専門職となりうる存在として位置付ける。大学職員の役割として、既存の経営資源を見直し、再資源化することを求める。大学の経営資源（ひと、もの、金、情報、知識）の見直し及び、マネジメントの手法を論じることで、知識資源（教育・研究資源）等、検討に着手すべき幾つかの課題をここでは取り上げる。

1.1　大学の諸活動の原点を見直し、学生支援を追加

　大学の諸活動を支える4つの柱としては、教育・研究・社会貢献・学生支援があり、これを大学が本質的基盤として手がけ、探求しなければならない

と筆者は思っている。これまでの大学は、教育と研究を大学活動の二本柱としていたが、平成18年12月22日公布の教育基本法第7条には、教育、研究に加え社会貢献が追加された。大学はもはや象牙の塔では在りえない。大学が自治体、まちの人々、企業等との社会連携について模索し、大学の研究成果や教育成果をもとにして社会（地方自治体、まちの人々、企業等）に貢献することを目的に、自ら率先して教育課程、教育方法、研究手法等の開発・実践へと、改革する時期が到来している。

また、大学は、学生が行う正規の勉学だけではなく、学生たち自身がボランティア活動等で実践する社会活動を、組織としてサービスラーニング等の授業科目に整備し、カリキュラム上に位置付けて制度的に支援すべきである。正課授業を主幹とする学生生活を側面から支援するとともに、学業以外の活動を行う学生に対し、大学としてその活動を奨励し助成する必要がある。

近年、ボランティア活動、社会貢献活動、入学前教育等の場における指導など、学位（卒業要件単位修得）に直接繋がらない教育については、その多くを大学職員が担当するとともに、授業以外の教育支援者、あるいは、教育担当者として教育力を発揮することが大学職員に求められている。その理由として、大学において学生が求める知の範囲と、教員の担当する正規教育課程の知の範囲（専門分野）に、重なりをもてない領域が拡大してきたことが挙げられる。学生の学習意欲とこれらの正規勉学の隙間にある学習支援、教育支援、学生活動支援は総て大学職員の仕事として教育をフォローアップし教育構造を重層化すべきである。これらの教員と職員の中間領域にある機能や業務は職員が積極的に引き受ける。そうなれば、学生は大学における学習や大学で携わる研究での経験知を、社会に生かすという体験を在学中に獲得でき、その成果は学業に還元され、さらに、その結果が大学の教育力を向上させるという知の循環システムの形成を可能とする。

1.2　経営資源の見直しと開発

これまでの経営資源としては、ひと、もの、金、情報の4つの資源が取り上げられてきたが、知識社会ではこれに知識が加わり5番目の資源として、

人の頭のなかにある知識を資源化する。ここでは、収入、人的資源、職員評価と給与との関係を見直すとともに、この知識資源の見直しを図るにあたり、大学職員の開発すべき課題として教育・研究資源を取り上げる。

(1) 収入の減少に対する防衛措置と人的資源の見直し

受験生減少に伴う入学希望者の減少は、収入の減少に直結する。例えば、受験生の納める受験料が、1件約2万円として1万人減少で2億円の収入減となる。その防衛策としては支出の節減であり、施設設備、人件費等の固定費の節減が必要となる。なかでも消費収支のなかで学納金収入の7割から6割を占める人件費（人件費依存率）を確保する方策として、競争的資金の獲得や事業会社の設立、寄付金戦略等が必要になる。ひと、もの、金、情報の各資源を見直すときに、もの、金は事業戦略上の配分が年度ごとに必要となるので、常に経費節減の方向性を維持することは困難である。18歳人口減少下にあって経営資源の横ばい状態のなかから、人的資源の活用を重視する方向に向かうのは趨勢である。

今後は、教員資源と職員資源の双方についての人事施策がより一層必要になってくる。特に、この点で手付かずの問題を抱えるのは教員採用方針や教育・研究戦略に結びついた教員人事施策である。通常は各大学とも、一般的な教員人事は教授会マターとして選考が進められる。しかし、新規に教育・研究の分野・領域を設置、あるいは、強化する場合には、理事長・学長以下の特化した任務として強化補充の人事施策が実施されるべきである。

なお、すでに教員評価を実施している地方国立大学法人の医・薬学系、あるいは地方私立大学の工学系では教員評価の結果を研究費等の配分に用いているが、評価結果を給与体系に直結させる大学も出現している。

(2) 職員評価と組織評価及び給与体系の再構築

現状では、職員についての人事施策としてマネジメントに力点を置いた施策を打ち出す大学は少ない。大学経営上の人事施策は昇格や異動などを含み、大きく大学の将来構想と直接性をもつものであり、適材適所の人事施策が有効に機能すれば最も優秀な教育・研究戦略の構築となる。

現行の大学職員評価と給与との関係は、目標到達制度を取り入れても、日

本型年功制による給与体系をもつ大学と、あるいは、それを批判して業績評価（成果主義）と給与の直結を提唱する大学に分かれている[2]。現行、大学の業績評価（成果主義）の前提は客観的評価であるとするが、成果主義を給与体系にまで直結させて客観的[3]に評価することは不可能である。なぜならば、現行の各大学の職員評価は、教員評価の際に用いられる学生（授業）アンケートに類するものもなければ、教員や学生等の利益関係者への職員評価アンケート類もない。職員評価と言いながら、実際は上司からの評価しか実施されず、同僚や部下からの評価もないケースがしばしば見受けられる。このような評価を給与に連動させることは、職場環境の活性化を損ない、組織に必要な人材育成機能を破壊する。

個人評価を補充する意味で学内評価会議等の名称で合議体を設けている例もあるが、実情としては機能しづらいケースも存在する。筆者は職員の評価制度と給与体系は切り離して実施すべきであると考える。企業の場合には、短期的に施策と結果が業績に直結する業種もあることから、成果主義（業績主義）による評価も成立するが、大学においては当てはまらない。給与体系については、完全な成果主義ではなく、日本型年功制を基盤に新たな給与体系に移行すべきであると考える[4]。

1.3　大学職員の流動化の現状

多くの大学では人事施策が活発化し、優秀な職員を新卒採用あるいは中途採用するために、公募という手段を採るようになってきた。あるいはヘッドハンティング、スカウティング[5]という手段も採られる旨を見聞する。ただし、その採用結果についてほとんどの大学では、企業が先行して実践する採用結果のホームページ公開というレベルには遠く及ばず、以下に示す「自校出身比率」を含めた積極的な公表には踏み切っていない。大学自身のアカウンタビリティ（説明責任）を含め、採用結果を公開してゆく姿勢がなければ、良い人材は集められない。

(1) 大学職員の自校出身者（卒業生）比率

大学職員に占める自校出身者の比率は、かつては高かったが、新卒採用・

表1　関西大学（採用実績）

通常応募		応募者数	男女内訳		本学出身	男女内訳		他大学出身	男女内訳		採用者数			大学別		学歴別	
		総数	男子	女子	総数	男子	女子	総数	男子	女子	総数	男子	女子	本学出身	他大学出身	学部卒	大学院修了
2000年度	新卒	322	101	221	217	75	142	105	26	79	13	9	4	13	0	13	0
2001年度	新卒	357	110	247	190	69	121	167	41	126	10	6	4	9	1	10	0
2002年度	新卒	283	88	195	180	57	123	103	31	72	7	4	3	6	1	7	0
2003年度	新卒	345	110	235	199	75	124	146	35	111	12	7	5	9	3	11	1
2004年度	新卒	257	90	167	207	72	135	50	18	32	7		5	11			2
2005年度	新卒	320	126	194	214	87	127	106	39	67	13	6	7	11	2	12	1
2006年度	新卒	266	122	144	138	62	76	128	60	68	14	7	7	13	1	14	0
2007年度	新卒	254	108	146	147	67	80	107	41	66	14	8	6	12	2	14	0
	既卒	249	172	77	79	57	22	170	115	55	7	5	2	2	5		1
計		2653	1027	1626	1571	621	950	1082	406	676	102	59	43	86	16	97	5

出典：関西大学ウェブサイト（http://www.kansai-u.ac.jp/saiyo/jisseki_shinsotsu.html）より記載し、筆者が書式を改めた。
閲覧日　2007.11.17
2007.11.19(月)総務部から協力を頂戴した。

中途採用ともに逓減する傾向にある[6]。その要因の一つとして挙げられるのは、公募採用を実施する大学が増えたことによる。早稲田、慶應義塾、関西大学（表1）、立命館（表2）、等の大規模大学、また、筆者の所属大学（前任の女子美術大学や現在の実践女子大学）のような女子大学等においても、公募採用により大学職員の自校出身者（卒業生）比率が減少している。

公募制採用については、大学職員の事例ではないけれども、ハーバード大学[7]等の教員採用条件の事例を見るまでもなく、公募等の採用を実施する場合には、自校出身者と他大学出身者を区別せず採用するケースが多くなる。

私立の単科大学と総合大学を例に考えた場合、単科大学において、例えば美術大学では自校出身者よりも総合大学等からの採用が多い傾向にある。また、総合大学においては、地域的に見て関東圏、関西圏ともに中途採用者が増加し、関東圏、関西圏ともに自校出身者（卒業生）以外も積極的に採用している。その理由として、学校法人が他の地域に新規に大学を設置したり、学部を増設したりすることによる、勤務地に対応可能な中途採用者の選択採用を図る必要から、自校出身者（卒業生）以外も積極的に受け入れる傾向にある。

(2) 中途採用者の増加

日本の1990年代以降の経済環境の悪化も要因となっているが、先述のとおり大学が新規卒業生を大学職員として育成する時間と経済的コストを削減する意味から、大学職員の中途採用は増加傾向にある。大学行政管理学会の「大学人事」研究グループ（2004）の調査では、1999年度に89大学中、65大学（73.0%）が中途採用を実施していたが、2004年度には80大学中、67大学（83.8%）が実施している[8]。筆者の所属していた大学、あるいは、大学行政管理学会の会員においても、大学職員が、他大学職員、あるいは他大学教員として大学間の移動をするケースが見られ、大学職員の流動化はすでに始まっている。これをさらに裏付ける事実として、大学職員の中途採用のケースでも他大学職員からの移動が、少ない件数ながら増えていることが挙げられる。

ことに、国立大学・公立大学法人の管理職を求める中途採用の募集内容には、大学職員経験に留意し、私立大学職員や専門業務経験、管理職経験年数

表2　学校法人 立命館（採用実績）

通常応募		応募者数	男女内訳		本学出身	男女内訳		他大学出身	男女内訳		採用者数			大学別		学歴別	
		総数	男子	女子	総数	男子	女子	総数	男子	女子	総数	男子	女子	本学出身	他大学出身	学部卒	大学院修了
2001年度	新卒	163	62	101	110	42	68	53	20	33	8	3	5	5	3	5	3
	既卒	301	208	93	108	84	24	193	124	69	9	6	3	5	4	9	0
2002年度	新卒	259	101	158	148	56	92	111	45	66	8	1	7	7	1	7	1
	既卒	434	287	147	156	93	63	278	194	84	9	7	2	4	5	9	0
2003年度	新卒	327	102	225	169	58	111	158	44	114	14	7	7	14	0	12	2
	既卒	484	316	168	199	141	58	285	175	110	21	13	8	15	6	20	1
2004年度	新卒	319	113	206	175	74	101	144	39	105	14	4	10	13	1	9	5
	既卒	488	313	175	173	107	66	315	206	109	17	9	8	11	6	14	3
2005年度	新卒	287	110	177	154	58	96	133	52	81	13	7	6	11	2	11	2
	既卒	456	294	162	150	105	45	306	189	117	12	9	3	9	3	10	2
2006年度	新卒	220	82	138	120	41	79	100	41	59	10	5	5	9	1	8	2
	新卒	692	459	233	206	137	69	486	322	164	27	19	8	16	11	21	6
2007年度	新卒	282	119	163	124	49	75	158	70	88	17	8	9	15	2	14	3
	既卒	1355	915	440	334	231	103	1021	684	337	39	29	10	19	20	29＋専1	9
計		6067	3481	2586	2326	1276	1050	3741	2205	1536	218	127	91	153	65	178＋(専1)	39

出典：立命館大学。2007.12.17(月) 総務部から協力を頂戴した。

を条件に掲げるケースが見られる[9]。優秀な人材を他大学からスカウトすることが異質な人材のもちきたる文化を吸収し交流を可能にする。大学職員をプロフェッション（専門的職業）として、認知する事象が国立大学・公立大学法人では出現している。

（3）大学職員の流動化の各要因

日本の大学職員の移動の主要因は給与・待遇等の大学間格差にある。また、大学業界全体として民間企業経験者採用を行う場合が多く、採用側の大学が他大学出身者に関心をもちにくい。あるいは、大学職員業務は各大学独自のローカル・ルールが多く、キャリアに汎用性がないと考える傾向がある。これに加えて、大学職員はプロフェッション（専門的職業）であるとともに、やがて大学経営専門職へと移行しうる存在であるとの概念が、未だに大学職員、教員、大学経営者等の間に形成されず共有化もされていないこと等が挙げられ、流動化の抑制要因となっている。

1.4　大学組織、経営組織の評価と再構築

現在、18歳人口減少など社会環境の変化に機動的に対応する経営組織改革が求められている。一つの戦略目標の下には、大学の部門ごとの使命、組織目標、到達課題等を明示する必要がある。戦略目標を達成するには、いわゆる縦割りの大学組織図に則った部署ごとの到達目標、課題の提示だけでは用をなさない。個別の業務を横断的に集合したプロジェクトチームを作り、新たなプロジェクト目標や課題を設定することにより、チーム活動が展開され、積極的な問題解決を実践することが可能となる。プロジェクトチームでは、それぞれの個別組織をリンクし総合力をアップする循環型系統図が生まれるはずであり、戦略型大学組織においてはこの組織形態が必須となる。

経営組織の見直しとしては、例えば、人事配置は、経営資源としての有効活用・活性化の観点から、人事部（課）で決めるものではなく経営者自らが着手すべき最初のトップ・マネジメントである。教員と同様に大学職員をいかに集団として位置付けてマネジメントするのか、大学組織、経営組織の見直しの観点からもその実行は重要であり検討する必要がある。

2. 知的資源の循環と流動化

　本節では、人的資源の移動の形態である大学職員の転職や大学職員のヘッドハンティングを、知的資源の獲得という観点から考察したい。転職を決意した要因について、(株)リクルートの転職サイト：2007年度「リクナビNEXT第二新卒」では転職した際の動機ランキングが公表されている。第1位は自己成長できる仕事がしたいであり、単純に年収のアップを理由としたケースは全体の第2位となっている。成果主義の下では、通常個人の志向性として自分のアイデアや発想法を重視するようになり、自己成長できることを望むようになる。

　仮説としての到達目標の設定は、個人のレベルでは組織力を向上させる能力を有することが要求される。このことは、大学という社会にあっても組織の理念やミッションをいかに実現できるかが問われ重視されることを示している。大学職員として理事長、学長を支える役割を受けもつ立場からいえば、模範とする経営は大学改革が順調に進行している間に、いかに次の組織形態に変身（メタモルフォーゼ）できるかを、提示でき実践できるかにある。迅速な社会対応を迫られている今日の大学業界では、具体的な戦略を策定できる人材は貴重であり、ヘッドハンティングの対象となる。ただ一つの大学に一生勤め続けるのではなく、大学を含む高等教育機関と称される様々な組織を転々としながら、大学という社会の階段を上り進む人材が評価される時代が来るとすれば、それは大学職員の流動化の時代の到来でもある。

2.1　知識資源（教育・研究資源）の開発

　大学は知の拠点センターとして機能し、教育と研究に代表される学術文化に貢献することが使命になっている。この知識資源（教育・研究資源）の見直しは、カリキュラム編成等の授業関連業務を除き、これまで大学職員があまり関わってこなかったテーマである。

　学生にとっても、大学の経営資源としても、一番重要な教育・研究資源が

大学職員によって見直されてこなかった理由は、これらの課題が大学職員の業務推進・支援範囲から脱落していたからではない。最大の要因は、筆者が別稿（本書第5章）で論述したとおり日本では比較的最近まで「大学には予算の管理、教学の運営があれば良い」との趣旨から、大学という社会に「経営」や「マネジメント」という概念が定着しなかったからである。

　大学職員の今後の重要な課題は、大学の知識の鉱脈として眠っている教育・研究資源を開発し、新たな付加価値を付けて商品化する仕事や事業である。大学職員がマネジメント力を発揮することで大学の教育・研究資源の商品化を実現できるか、その結果いかんにより大学経営の方向が決まると言っても過言ではない。

2.2　人材流動化の意義

　大学職員が大学間の移動を希望する場合に、移動に備えて個人レベルで各大学の情報収集とデータ管理をしながら、自己能力の研鑽を目的に継続学習を行い、大学院等で研究トレーニングを積むといった人的資本の投下・蓄積が実践されるようになる。大学への移動は、様々な大学の組織風土を自ら経験することが可能となり、大学によって異なるノウハウ等を身に着け能力を高めることができる。このようなタイプの大学職員が少しずつ増加することで、大学業界全体に通底する大学職員という専門的職業（プロフェッション）への思考も深まり、職業の標準化、一般化に役立つようになる。ベッカー（1976）は能力と収入について「有能な者ほど一般に、移動したり教育を続けたりして自分に多くを投資する傾向がある」としている。人的資本を個人に投資するような転職者を採用することは、経営者から見ると人材登用により訓練を施さずとも雇用の初期から、その知識・経験を活用できる利点がある。また、社会全体から見れば単一大学の知識が他大学に転用されるようになり、これも一つの知識移転と捉えられる。

　日本の企業はこれまで運命共同体と言われ、所属する社員は同じ釜の飯を喰ってきた仲間であるから、一つの組織・企業のためなら個人的な欲求を犠牲にすることが美徳とされ、組織に服従することに疑問をあまりもたずに過

ごしてきた。言うまでもなくこの図式はもう成立しなくなっている。労働者の帰属する組織・ソサエティの崩壊により、雇用される側にとっても終身雇用制度が崩れつつある。自らの服属する組織・企業が終身雇用を保障しなくなった現在、激変する環境下で企業の求める人物像としては、協調性よりも問題意識や提案力が挙げられている。(前出:(株)リクルートの転職サイト:2007年度「リクナビNEXT第二新卒」による。)これに呼応するかのように、大学職員の中途採用においても同様の結果[10]が見られる。

2.3 流動化の影響と知的資源の循環

大学職員の流動化を、将来的な大学経営人材(知的人材)の流動化と見れば、マスとしての大学職員集団の流動化として捉えることも可能となる。本節では、知的人材、知的資源の流動化が齎す日本の高等教育、個別大学、個人への影響を考え、大学経営の方向について論じる。

(1) 日本の高等教育の充実・発展への大学職員の寄与

大学職員は単なる人的資源であるばかりでなく、知的資源でもあり、大学職員集団の流動化の現象については、日本国内の大学(高等教育機関)を知的資源が循環し、職員の能力を高め合うという観点が成り立つ。大学職員の集団を知的人材集団あるいは、大学経営推進・支援集団と捉えれば、専門知識と経営支援力により大学経営と組織変革を促す集団と見なすことができる。大学職員集団の流動化は、集団内、あるいは、集団を超えた異文化コミュニケーションが成立することを意味する。将来の大学経営人材となりうる大学職員が既存の大学組織に参画することで、組織内部で職員相互の刺激と反応、吸収が生まれ大学組織がエンパワーメントされ、新たな組織文化が形成される。大学経営人材の移動により、個人が保持する知識・スキルなどの知識移転が行われ、仕事に対して積極的な思考性を組織に注入することが可能となり組織細部が活性化する。こうした移動型職業人の参画により、大学の精神風土に異種文化交流の新たな力が加わり、大学職員集団の世界観の拡大、精神の優位性が形成・保持されると考える。

(2) 大学職員集団の役割

広く日本の高等教育に果たすべき大学職員集団の役割は、閉鎖性を帯びた教員従属集団ではなく、開放的な教員パートナー集団である。大学職員集団の流動化の影響は、開放的な異文化からもたらされる刺激のある提案、考え方の創出にあり、教員集団への働き掛けも積極的に展開されるものと考える。もちろん、高等教育の底上げは職員集団が教員集団とともに協働しパートナーシップを組まなければ実現できない。現在の環境下で、この認識の上に立って大学経営を観れば、大学職員がより広く教員集団をマネジメントする方向に向かうことが重要であり、やがては「大学経営専門職」として活躍することが日本の高等教育の充実・発展へ寄与することにも繋がると筆者は確信する。

他方では、大学職員という集団が、これまでは自校出身者ばかり採用するといった純粋自給率の高い閉鎖的集団であったが、プロフェッション（専門的職業）、職能集団として、より広く大学間を移動する人材群の出現により、開放的な集団に変化することで社会的認知も深化すると考える。大学職員集団は、将来的な大学経営人材群として社会で認知されるようになり、プロフェッション（専門的職業）としての認識が共有化されよう。

さらに、日本の高等教育業界の人事システムが、固定型から循環型に変化すれば、硬直化した職員集団から、柔軟化した職員集団へと構造変化を起こす。大学職員の流動化は個別大学の活性化をもたらし、日本の大学の発展、つまり日本の高等教育の発展へ貢献する。

（3）経営変革への貢献と個人のモチベーション

人が動くことは、知識、技術（スキル）の移転が行われ、知的資源が動くことであり、組織風土に変化と刺激を与えることを意味する。その結果、移動した大学職員による新たな観点からの経営マインド、経営マネジメントにより、新しい精神が、既存の良き伝統の上にさらに重層化され、大学組織の活性化が行われる。

また、個別大学においても、教員とのパートナーシップをもとに、教員集団（ファカルティ）のマネジメントが職員集団の重要な役割であり、大学経営の推進・支援者としての責務を果たすことで教員集団における職員集団への

認知方法、価値付けも変化し、職員集団への信頼度の向上が期待される。
　大学職員個人においては、内発的モチベーションとして目標到達による達成感があり、外発的モチベーションとしては収入や昇格等が該当することになる。大学職員個人が移動した大学でどのように寄与していくべきか考えるとき、組織風土は異なっていても、大学職員として個人的に身に付けたエッセンシャル（本質的）なものは、プロフェッション（専門的職業）としての思考や知識、提案力、実践力であり、これらを駆使することにより、ロワー、ミドル、トップの各層でのマネジメントに寄与できると考える。

2.4　大学職員のネットワーク形成

　日本の大学では、大学外部の環境がどう変わろうとも、大学外の社会の規範よりも大学内部の規範を重んじて日本型年功制人事を行ってきた、その組織風土が強固に共同体としての個々の大学を守ってきた歴史がある。ところが、年功序列が崩れ若い階層に有利な評価主義のもとでは、ある職務等級レベルの仕事ができれば年齢に関係なく昇格人事等も遂行される。評価主義のシステムのなかで、大学職員は自己の属する大学の評価が高ければ問題ないが自己の属する大学の評価結果（基準）に疑問を抱けば、他大学の価値基準に従った場合は自分自身の価値、評価がどうなるのかと、自分自身の実力の客観的評価について関心をもつ。仮に自己の所属大学よりも他大学の評価が高く、収入その他も高まることが保証されるときには、転職（流動化）という事態も生じる。転職者にとり、大学という業界（社会）こそ大きな存在となり、個人は大学社会に帰属し、単純に狭い単一大学だけに帰属するのではない、との概念を共有するようになる。すなわち、大学間を移動する大学職員にとり、経済基盤と帰属意識の変容を伴うことは、価値基準のパラダイムシフトの転換となる。大学職員が、大学社会においていかなる位置にいるかを知りたければ、『大学行政管理学会誌』のような専門誌からも測定可能であり自己の所在位置を確認できる。『大学行政管理学会誌』は個人加入の学会誌であるが、メールアドレスもあり大学職員間でのネットワーク化に一役買っている。

単一の大学は単なる職場であることに留まるが、同学会等に参加することで、一組織への帰属意識を高めることよりも、より広く大学社会（業界）という連合共同体への帰属意識を高め、大学社会での共有的価値観を尊び始める。このことから必然的に大学組織への職務を通じた貢献と自己実現、並びに、個の自立を基礎とする行動規範に従うという精神風土が形成されてくる。同一大学に一生涯留まる根拠は薄まっていかざるを得ない。

2.5 流動化への準備

日本の高等教育業界では「大学職員のネットワーク形成」やヘッドハンティング等により、今後は大学職員の流動化が進展すると考えられる。日本の大学全体で大学職員の労働市場を開放すれば、外国人を始め多様な経営人材を確保することに繋がり、市場の公開性が高まる。筆者は日本の大学の人事施策面で、実質的な公募制や任期制が拡大するなかで、雇用の活性化と人材の流動化が促進されると推考する。

また、大学職員の流動化により、大学経営手法として、単なる大学職員としてではなく、良い大学経営専門職への可能性をもつ人材を確保した大学だけが生き残ること、及び、知的経営資源のもたらす日本の高等教育、個別大学、大学職員個人への循環（サイクル）を検討し、高等教育全体が活性化することを考察し以下に述べる。

（1）流動化の意味、範囲

流動化のためには、個人において自らの成長を認識する必要がある。大学職員はいきなりトップ・マネジメントを始めるのではなく、責任範囲の小さなロワー・マネジメントを実践しているうちに、次の段階で着手するミドル・マネジメントも経験している。このことは日常的に業務の一環としてマネジメントに取り組み、自分自身をブラッシュアップしていることを意味する。例えば、ヘッドハンティングされた管理職の役割としてのマネジメントの範囲はミドル・マネジメントであるが、トップ・マネジメントの領域の一部を視野に実践してゆくことが、自らの成長を促すことになる。

個人のキャリア形成の観点から見れば、流動化とは、他大学への流動化だ

けを指すのではなく、自大学におけるジョブ・ローテーションを含み、担当業務の変化や人事異動も流動化の要素となる。自大学における人事異動は流動化への準備と捉えられ、自己形成能力を涵養し続けることが自分自身の流動化に備える力となる。

大学経営人材や経営専門職への可能性を、管理職に限定していては、流動化は稀にしか生起しえない。一般職を含めて流動化することにこそ意味があるのであって、現在の職位（位置）に固定化して捉えていては、流動化は起こりえない。流動化とは、個人において〈大学間の移動等〉を示すこともあれば、〈自大学内での移動〉を示すこともある。

(2) 大学経営とマネジメント

大学の評価システムに、PDCAを用いたマネジメントサイクルが取り入れられるようになった。その理由は大学経営、並びに、大学教育・研究にビジネスの現場で使用されているマネジメントの概念を導入することで目に見える成果を挙げたいとの考え方によるものであり、大学業界における職員のマネジメント力への期待は大きくなっている。

18歳人口減少下にあり、日本私立学校振興・共済事業団の私学経営情報センター（2008）に拠れば、私立4年制大学の47.1％が定員割れを起こしている現状[11]がある。大学経営が厳しい時代に入り、大学職員の流動化により大学経営が困難な大学に呼応するように、やがて多くの大学が合併・統廃合の変動の流れに巻き込まれてくる。大学職員は流動化に備えるとともに、大学経営の専門職人材となるべく個々の力を蓄積し、その時に備えるべきである。自分達大学職員の職位を見つめ直して、自大学にも他大学にも通じる職員となって流動化すべきである。個人がレベルアップするキーワードが流動化であり、流動化とは個人の研究・研修とイコールである。

大学職員を大学経営専門職になりうる存在として認識する大学は、大学職員の流動化により大学経営のマネジメント人材を確保することが可能となる。

おわりに

本稿を記す契機は、カミングス（1997）の「アメリカと日本の教員モビリ

ティ」に因る。その中では、日本の教員は米国の教員よりもモビリティ(流動性)が低いが、今後はモビリティが高まることを指摘している[12]。また、これとは別に米国大学の経営職及び管理職や職員(アドミニストレーター、マネジャー、スタッフ)はモビリティが高いことで知られているが、日本の現状においても、大学倒産が現実に発生する事態もあり、大学職員の流動化を指摘する高等教育研究者の声も聞かれ始めた。

　筆者は、大学職員の流動化は、幾つかの理由に起因して発生するのではないかと捉えた。経営、マネジメントに関わる大学職員の在り方、大学職員の仕事の位置付けを考え、大学が必要とする職員の役割と使命を確認した。大学職員を将来の大学経営人材として着目し、さらに、専門的職業である「大学経営専門職」として捉え、「経営者」、あるいは「経営者」を支援する「准経営者」になるべき存在として位置付け、従来に増して大学職員自らの研修・研究が必要であると述べた。

　そして、本章では大学経営の第一歩として経営資源の見直しを捉え、大学職員の流動化と大学経営の方向を踏まえて、再度把捉し直すと、従来の方向とは異なり大学は少しずつ職員マネジメント重視の形に変貌していると考察した。大学への危機意識をもとに、大学職員は大学や個人の経済的要因を含め、自らの評価や自己開発を目的に、研究能力の向上や専門知識の蓄積、問題解決に向けた企画・提案力、実践力を身につける努力を継続する傾向が高まることを指摘した。そして、大学職員が来るべき未来に向けて、学生や教員、卒業生等を、社会で活躍する人材としてマネジメントし、その方向をデザインすることができる大学が生き残ると推考した。また、大学自らが、経営に対する職員のポジションを考慮し、個別大学の戦略経営に沿って大学職員を位置付けデザインすることが重要となる。これを可能にする大学が経営を強化できるとの認識から、今後、各大学においては、さらに大学職員マネジメント力を求める傾向が強くなり流動化が高まることを論じ、大学職員の流動化がもたらす日本の高等教育、個別大学、個人への影響について考察した。大学職員の移動を、大学改革や大学経営への推進支援力や専門知識の移転として位置付け、大学職員集団が流動化することを日本の高等教育機関で

の大学経営人材、知的資源の循環システムという観点から捉え、高等教育全体が活性化すると論考した。

もとより本稿では、大学職員の大学間移動の実態を検証した実証研究となってはいない。今後、質問調査票等を用いた実証事例研究があれば、日本の高等教育の質的向上にさらに具体的に資すると考えるが、他日を期したい。

【注】
1) 大学経営の方向性としては、いつでも経営者の交代を可能とするために、経営者の一翼を荷う二次的経営者層としての「准経営者」を育成しておく必要がある。
2) 現在、職員評価として取り入れられているのは目標到達制度という名の業績評価である。この業績評価は、給与体系と直結することが多く、しばしば成果主義とも呼ばれる。「1999年度大学職員人事政策に関する調査結果概要」には「賃金決定の要因は『年齢・勤続』が圧倒的である（大学数比率で89.9％）。……民間企業の同様の調査では年功主義は30％となっている」とある。
3) 住友生命顧問（当時）である糟谷は「従来も、出来高払い制の単純労働や成約高を指標にできる保険の営業職員の場合には、成果主義が採用されてきた。しかし、民間企業においても、ホワイトカラーの働きを客観的に評価することなど不可能である」と、客観評価への疑問とモチベーションの低下、人材育成機能の破壊を指摘する。
4) 高橋伸夫は、「成果主義も年俸制も底を流れるものは『切る論理』であろう」として人材の切り捨てを批判している。さらに成果主義について「目標を達成すること自体が快感を伴っていたもののはずなのに、その後、それが金銭的報酬に連動したときにわき起こる不条理感」を指摘する。
5) 個別の大学では、中途採用について、前述の大学職員のネットワーク形成の成果として、ヘッドハンティング、スカウティングが、現在でも僅少ではあるが実施されているように、将来的にはネットワーク形成の充実により、このケースが増すと推考される。
6) 関西大学や立命館の大学職員の採用実績だけではなく、慶應義塾の事例として、2007年度採用実績は、以下の内訳であった。
【内定者数】24人のうち、
慶應義塾大学出身者　11人（46％）、他大学出身者　13人（54％）
【書類選考者数】759人のうち、
慶應義塾大学出身者313人（41％）、他大学出身者　446人（59％）
となっているとおり、新卒採用、中途採用ともに他大学出身者が僅かであるが増えている（各数値については人事部の御協力を頂戴した）。
7) ハーバード大学では、自大学卒業後に他大学院修了者か、あるいは、他大学卒業後に自

大学院を修了した者といった条件をもとに、教授を選んできたが、近年ではそれも崩れ始めてきた。ことに、学長の選考では、このルールが厳に守られてきた。しかし、キャサリン・ドルー・ギルピン・ファウスト（Catherine Drew Gilpin Faust）学長は、ハーバード大学初の女性学長であるとともに、大学はブリンマー大学卒、ペンシルベニア大学院（Ph.D.）を経ており、学生時代に在籍経験がない学長となった。

8) 水野雄二ほか、〔「大学人事」研究グループ（2004）〕、「2004年度大学職員人事政策に関する調査集計結果」『大学人事研究――大学職員人事制度の分析と事例』学校経理研究会、p.241。〔　〕内は筆者が補記した。

9) 2007年では、京都大学、東京工業大学、大分大学、信州大学等の国立大学法人、並びに、大阪府立大学、大阪市立大学、横浜市立大学等公立大学法人で、大学職員管理職（課長以上）等の公募が実施され、その件数が増加している。内容としては、大学の募集部門における課長職相当の管理職経験を10年程度有する者、私立大学での業務経験の有無を掲げるケース等、明らかに他大学職員の流動化を認識し、人的資源の補充を前提とした募集内容となっている。

10) 先の注7）に同じ。水野雄二ほか、前掲論文、p.241。

11) 平成20年5月1日現在、私立の4年制大学は573校、短期大学は383校、大学院は448校ある。この調査は、通信教育部のみを設置する学校（大学3校、短期大学1校、大学院4校）、株式会社が設置する学校（大学3校、大学院5校）、募集停止の学校（大学2校、短期大学22校）を除く、私立大学565校、短期大学360校、大学院439校について、志願者数と入学者数等を集計し、入学定員充足率等の分析結果を纏めている。

12) W. K. カミングスは、18歳人口やマーケットの縮小に対応するために、「日本の大学は教育の質、コストといった点に敏感にならなければならない。そして最も大切なのは、基本的な資源である教員を柔軟に配置できるか否かという点だ。したがって、教員の移動がさまざまな意味で促進されなければならない」として、大学経営上での教育コストの妥当性を論じ、柔軟な教員配置をキーとして移動の必要性を説いている。

【参考文献】

ベッカー、ゲーリー・S.（Becker, Gary Stanley）著　佐野陽子訳　1976、『人的資本――教育を中心とした理論的・経済的分析』東洋経済新報社、p.87。

カミングス、W. K.（Cummings, William K.）著　金子元久訳　1997、「アメリカと日本の教員モビリティ」『IDE』no.391、1997年10月号、pp.53-58。

大学職員.net-Blog/News　2007、「研修会・講習会・転職」。入手先：国立大学・公立大学法人の各大学のWEB及び〈http://blog.university-staff.net/archives/4/cat30/〉

原邦夫・吉田信正・水野雄二・高橋清隆　2000、「1999年度大学職員人事政策に関する調査結果概要」『大学行政管理学会誌』第3号、2000年、p.81。

井原徹　2008、『私立大学の経営戦略序論―戦力的経営プランニングの展開』日本エディタースクール出版部、pp. 167–201。

関西大学　2007、「事務職員採用実績」関西大学HP。入手先
〈http://www.kansai-u.ac.jp/saiyo/jisseki_shinsotsu.html〉

糟谷正彦　2005、「成果主義の限界」『内外教育』メールマガジン第55号、2005年10月14日号、時事通信。入手先　〈http://www.melma.com/backnumber_127865_2322648/〉

宮村留理子　2003、「大学事務職員の専門職化に関する全国私立大学調査結果報告」『大学職員研究序論』（高等教育研究叢書74）広島大学高等教育研究開発センター、2003年、p. 145。

水野雄二・髙橋清隆・山口輝幸・髙橋剛・金澤一央・行川恭央・椎名絵理香・河村哲嗣　2004、「2004年度大学職員人事政策に関する調査集計結果」『大学人事研究―大学職員人事制度の分析と事例』学校経理研究会、p. 241。

日本私立学校振興・共済事業団の私学経営情報センターが発表した「平成20（2008）年度私立大学・短期大学等入学志願動向」。入手先〈http://www.shigaku.go.jp/s_home.htm〉

「リクナビNEXT第二新卒」2007年度（株）リクルートの転職サイト。入手先〈http://rikunabi-next.yahoo.co.jp/nisotsu/news_guide/senpai/senpai_01.html〉

新藤豊久　2007、「大学経営人材の方向とマネジメント」『大学行政管理学会誌』第11号、2007年、pp. 165–176。

高橋伸夫　2004、『虚妄の成果主義―日本型年功制度復活のススメ』日経BP社、p. 42、117、pp. 166–167。

高橋真義　2004、「大学倒産回避のための原理原則」桜美林大学大学院国際学研究科『桜美林シナジー』第3号（2004.8）、pp. 67–75。

山本眞一　2008、『大学のマネジメント』放送大学教育振興会、pp. 140–143。

第10章　経営マインドの養成
――大学職員養成に向けて

はじめに

　大学を巡る環境は厳しくなり、日本経済低迷の長期化やグローバル化等、様々な要因により大学が「経営」を意識しなければならない時代に入った。わが国においては、いわゆる18歳人口の減少による大学入学者マーケットの縮小が、少なからず大学経営に影響を及ぼすと考えられてきた。その一方で、実際には中等教育卒業者のうち大学進学希望者が増加（2010年度：大学・短大合せて57％の進学率）したことにより、2011年現在、大量の大学倒産は免れている。

　今後2020年以降、18歳人口はさらに一段と減少することが予測されている。厚生労働省所管の国立社会保障・人口問題研究所が算出した、「将来推計人口」における18歳人口は、2020年の117万人をピークに、悲観的予測のもと2030年には89万人程度まで激減する見込みである。2020年以降の18歳人口〈激減期〉への大学の備えとして、既存経営資源の見直しと新規資源開拓が大学の行方を左右する。大学の存立の危機は経営への危機認識として大学の構成員である教職員に自覚を促すことになる。そして、この経営的意識は経営職層（理事長・理事等）だけがもつものではなく、管理職から中堅層職員や若手を含むすべての大学職員の意識の底に根付かせておくべき重要課題であり、大学の強化に結びつくものと捉えている。

　筆者は経営マインドについて、組織構成員の全体が理解し身に備えるべき考え方であり、組織における人材育成の要件であると考えている。

　本章では、実際的な大学経営とマネジメントへの考え方、大学経営に求められる「経営意識」について、若手から中堅層職員をはじめ、総ての大学職員を対象に「経営的視点に立った」人材育成の必要を提起している。

1. 大学における運営から経営への意識変化

　21世紀に入り、18歳人口減少、並びに大学卒業後の雇用環境を左右する労働市場の縮小を含め、様々な社会的要因を背景に、国公私立の大学はそれぞれの形態に応じて、安定的財源を確保するため、これまでの大学の「運営」に変えて「経営」を、意識せざるをえない状況となった。

　2008（平成20）年12月24日付、中央教育審議会の『学士課程教育の構築に向けて』（答申）では、「大学間の協働― 現状と課題」に触れ、「教員全体の組織的な教育力の向上、教員と職員との協働関係の確立などを含め、総合的な教職員の職能開発が大切になっている。ユニバーサル段階において多様な学生が入学し、教学経営の在り方及びそれを担う教職員の在り方も大きな変化を迫られることになるなか、その改革に向けた組織的な取り組みは急務である」（下線は筆者による）と説明する。

　学校法人の行う財務、総務系を中心とする狭義の〈法人経営〉概念に対置してきた、従来の教授会中心の〈教学運営〉から前に踏み出し、教学分野におけるカリキュラムや教育方法等を教育資源として着目し、マネジメントの考え方を取り入れた〈教学経営〉の概念を提示した。

　筆者の認識として、運営とは、組織を動かすこと、巡らせることを言い、組織・団体などの活動機能を発揮できるように、全体をまとめて動かすことを指している。そして運営は、集団・組織・企業などの全体を考え事業や取り決めを行う等を意味する。他に、組織、あるいは個人などが、物事への責任を持ち、プロジェクト等を指揮すること、または、その活動実施を意味している。

　しかし、運営には、何を、誰と誰がどう分担して行うか、資金はどこから引き出すかを決めて、実行すること等を意味するのみである。そこに組織を発展させる、あるいは組織の人間を成長させるという概念はない。

　経営には、何のためにそれを行うのかという目的、及び、実現し果たしたい使命、並びに、その具体的な映像イメージとなるビジョンが必要になる。

しかも今後とも継続し、成長していくための手立て（戦略、人材育成など）を決めることが必須条件となる。高度情報化社会、ICT 社会においては、組織の有する資源（ヒト、もの、金、情報、知識）のなかで、知識だけが他の組織との独自性を保持し、組織の競争優位を担保できる。また知識はひとに獲得、所有されることでひとの成長を促す。このような循環から各種資源のなかでも、人間だけが成長できる要素となる。したがって、組織の人材を成長させ、経営やマネジメントの意識をもつ人材を作ることにより、組織の発展が可能になる。

　そのため組織改革のなかで、一番に実行しなければならないのは、人事改革戦略とりわけ人材マネジメント改革であり、人材を育成することが、組織の発展を導く。組織においてひとが成長するには個々人の意識改革が必要となる。拠って、人材マネジメント改革で最初に実行すべきことは、組織構成員の一人一人である個人が自己変革することである。他人を変えることは至難の業であり、他人は容易に変えられない。けれども、自分は変えられる、自分を変えれば世界への認識が変わる。自分は少なくとも世界の一部であるから、世界のなかのほんの僅かな部分であっても変革が可能になると筆者は考えている。

2. 組織とマネジメント

　経営マインドは組織構成員の全体が備えるべきであると「はじめに」で述べた。それでは、なぜ全体が備えるべきか、その理解を得るために、組織の意思決定・行動の様態について先に説明しておきたい。

2.1　組織体と経営マインド

　一般企業や学校法人という組織体は、擬制[1]として存在している。組織体には、その組織体の維持、発展のために効果的で能動的な行動をとる代表機関が求められ、その機関が経営陣である。これらの組織体、あるいは機関では、組織維持や発展のために「経営」並びに、諸資源に工夫、改善を加える

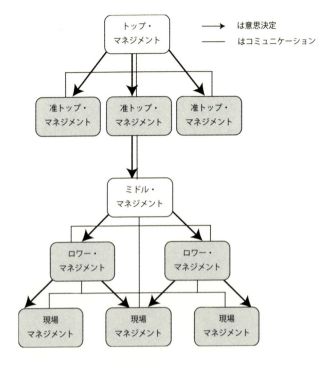

図1　意思決定の在り方とマネジメント

ための「マネジメント」の考え方を必要としている。

　その結果、経営職層には、経営に伴う意思決定を専門に行う職位が生まれる。企業ではマネジャー、軍隊ではコマンダー（指揮官）、大学や政府機関、病院ではアドミニストレーター（管理者）と言ってきた。あるいはエグゼクティブ（執行委員〈役員〉）と呼ぶ組織体もある。

　組織体は個人の集合体としても認知されるとおり、「経営」や「マネジメント」意識によって、経営者の抱える機能や課題、仕事を、組織構成員の個々に責任を分かちつつ、役割分担して計画等を実行している。そして、経営者と各組織の構成員との間では、後述する「経営マインド」をもとに、経営目的や各種事業目標が具体的な組織行動の形態を取って、展開され実行に移される。

2.2 意思決定の在り方とマネジメント

　組織においてトップの意思決定が、全部門の組織意思を代表することはあっても、組織のすべての意思決定を覆い尽くすことはできない。組織の各部門にある職場では、アルバイトや正社員、管理職、役員等のトップ・マネジメント層（准トップ・マネジメント）からトップに至るまで、様々な「層」や「場」での意思決定が行われている。各事業体でも同じように組織の意思決定が進行しており、マネジメントには意思決定が付き物である。図1は意思決定の在り方と組織の各階層のマネジメントが、コミュニケーションの重要性を意識しながら実行に移される状態を示したものである。

　例えば、学生時代にアルバイトをした人はその事例を想起すると理解しやすいであろう。アルバイトに行った時に、誰かに仕事を教えたり、他の人を使ったりした経験があるとすれば、そのようなことからマネジメントは始まる。そのときに、アルバイトだから、いい加減な仕事をしてよろしいとは判断しないし、責任ある行動を示したことであろう。

　組織のトップも、各階層のマネジメントも、アルバイトの経験者がもつ現場マネジメントに近い考え方を取っている。異なるのは、責任の軽重であり、重い責任を問われるのがトップであり、軽いのがアルバイトの立場と言える。

　トップが、すべてのマネジメントの意思決定局面において、自ら意思決定を下すことは不可能である。そのため、さまざまな「層」や「場」での意思決定を後追い承認するケースも生じる。これは現場への信頼とも言えるし、トップ・マネジャーがすべての意思決定に関与しえないことに起因した必然とも言える。

　組織経営のなかで、部門の現場に近接するポジションでの意思決定はロワー・マネジメント層に任されている。そして現場のマネジメントではパート・アルバイト層において意思決定が盛んに行われている。彼らの責任は大きくないとしても、極めて小さな範囲において経営の一翼を担っているのであり、経営責任の一部を受けもっている。

　現在の職場環境のなかでは、正規雇用よりも非正規雇用が増える傾向にあ

る。組織において、非正規雇用者であろうとも、マネジメントの考え方に留意して、経営マインドを理解し身に付ける等の形で現場に適用していかなければ、現場のマネジメントは成立しえない状況にあると筆者は認識している。

2.3 マネジメントと責任

業務の進捗のためには、成行きや自己流、経験、勘、度胸だけではなく、マネジメントの基本や手法を学び、それに沿った仕事の仕方が求められる。

大学の各職場において、一定の実務を知り、これから大学を新たに変えていく人材を育成するには、大学の内外で実施される組織研修が有効に作用する。ジョブ・ローテーションの関係で、マネジメントの実践経験が少ない若手から中堅職員を対象に、緊張感のある環境での研修は効果を期待でき、職員の経営マインドやマネジメントの原則を修得する機会となる。組織のなかで行われているマネジメントの基本は責任である。責任は自分で、あるいは内部に引き取るものである。自身が失敗責任を取らなければ、業務遂行上の問題点は改善できない。責任を問われなければ、誰も変わらないし、組織も変わらない。個人が責任を引き受けることの意味を仕事のなかで学習し、信頼を獲得する大切さを理解するのである。

2.4 学習とコミュニケーション、そして信頼

学習（学ぶこと）の対極に教育（教えること）があり、教え合い、学び合う立場は、経営の世界にも共有されている。

組織のトップが、若年層や中堅層の意見を傾聴するのは、どのポジションに立っても、学ぶ姿勢への自覚や時代の要請（ニーズ）把握への願望や欲求等に留まらない。これに加え、組織内、あるいは組織間における経営へコミットする立場の違いを越えた意思決定の在り方について、若年層や中堅層とのコミュニケーションの形を取りながら、共有化を図りつつ進捗するための方法やスタイルである。

また、仕事上でも組織間での学習が重要であり、組織間で行われる連携や、組織内・外で人々と協働する基底には信頼が必要となる。加えて、信頼は他

者、あるいは外部に託すもの、外部から与えられるものであり、社会構成の基本的な要件である。組織外での仕事においても、そのコミュニケーションの基盤は信頼にあると捉えている。

　例えば、上司が部下への信頼を意思表示することで、部下は上司のマネジメントに従い業務を推進する。上司や部下、並びに同僚に信頼を示すこと、あるいは信頼を他者から獲得する行為が、各階層マネジメントを向上させる。これにより、経営マインド養成の環境要件が整備される。

　このような循環のなかで、職員一人一人が経営マインドやマネジメントの考え方を体験、獲得し、その必要性や活用のポイントを理解することが重要となる。筆者は実際に、当大学行政管理学会の研究会にて、マネジメントの考え方を深める機会をもち、組織の実際的行動に具現化する体験を得ることができた。そのことにより、目的と手段の棲み分けの重要性並びに活動への投資結果と成果の違いを理解した。

3. 経営意識をもった大学職員の育成

　「経営」やマネジメント意識というものは、上位を問わず、中位から下位まですべての組織構成員が、共通のマインドとしてもつべきものである。ところが、この点を意識した職員が少ないときには、現在から将来に向けた大学経営の懸念材料となる。

　大学行政管理学会には、学校法人の理事長や理事者が所属していることから、トップ・マネジメント層の考えや意見を聞く機会を得ることができる。それぞれ経営目標へのアプローチや考え方は異なっているが、目指すべき経営の方向性は、組織の活性化、発展であり、共通の認識となっている。このことは職員育成や課題等についても同様で、個々の大学ごとに特性は違えども、共通の問題事項が浮かび上がる。その一つが、本テーマである経営意識をもった大学職員の育成である。

　一般企業の経営者や学校法人の理事者は、目的達成や課題解決のために定量的・定性的なデータ分析を行い、部下の意見を聞き、複数の課題解決に向

け統合的観点から意思決定する。この意思決定により、各課題を相互に関連付け実現化し、成果を生むという立場からマネジメントは行われている。この意思決定という行為が経営者にとって最重要行為であり、経営そのものである。意思決定を通し決定事項の間に生じるコンフリクト（葛藤）を回避し、相互補完機能を高めること、並びに、資源コントロールや各プロジェクトの産出した競合案件さえも受容可能にすることができる。

しかも、その意思決定は、規模の大小や職位を問わず、大学職員で、ある程度の職責を負う者であれば日常的に行っていることである。

概括して大学職員の場合、事象へのアプローチとして、日常業務について取り組みの根拠となる法律や規程等に基づいた定性的分析に長じている者は多い。

逆に、定量的なものへの分析や参与観察など客観的立場からの考察、並びに、事業に取り組む際の事業背景への認識や目的、本質を問うことへのアプローチ及び、課題克服に向けた思考訓練が不足している。このことが、ジョブ・ステップの中心に、従来の方式や慣例などを置き、それを重視していれば問題なしとする「前例踏襲主義」に陥る要因にもなっている。

組織の経営やマネジメントでは、組織への貢献や組織利益を第一とすべきである。自己の利益を優先する自分貢献を第一とする考え方からは脱却しなければならない。マインドの根底に、組織全体を見通す視線の獲得、並びに、事業を遣り抜く意志及びその姿勢を貫くことを、マネジメントの基本とすることで経営マインドが成立し、経営人材を育成できる。

4. 経営マインドとは何か

大学における経営マインドとは、目的を遥か遠くに見据え、20年、30年先の大学の未来をイメージして、新たな大学の価値創りを行うことである。

大学の経営資源を見直し、再資源化し価値付けること及び、新たな意義を見出す等のマネジメントにより、組織の全体を活性化して、維持、発展させる考え方並びに、その工夫や変革、その心の在り方を経営マインドと呼ぶ。

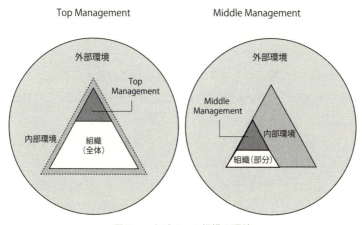

図2 マネジメント組織と環境

眼前の仕事の背景を意識して、仕事の持つ時代の要請（ニーズ）や空間の広がり（与えられた環境）を捉え直して、仕事の本質を見極めることを指す。具体的に、学生は目の前の学生が総ての学生ではない。過去から現在にタイムスリップした学生、未来からの学生への意識や視点がなければ、学生の本当の姿は見えないと考察している。

そうして、経営マインドとは、たとえロワー・マネジメントの立場にあろうとも、経営者の立場から物事を見て、具体的にどのような行動を取るべきかを判断し、考える様態である。経営を常時念頭に置いて、組織の糧となり業績を向上させる方法を検討し、個人行動、並びに、組織全体の行動をイメージできる心の形、心構えと考える。経営とは、組織活動の総ての分野において状況把握と問題解決への意思決定を伴う行為であり、人事・労務、財務、教育、社会へのアピール活動（営業、広報）、法令遵守等のマネジメントの在り方を選択し決定する営為である。さらには、各現場ワーキングの効率化や既存の業務体系を見直し、圧縮・廃止するとともに、新規業務への挑戦と開拓の中から改革へのマネジメントを実行することである。経営マインドは、このような組織活動に伴う各方面の分野、エリアを見渡し、その全体を概観した後に、全体のなかの部分を見てゆくという考え方を取ることによっ

て養成される。

図2は、外部環境に対峙する内部環境としての組織の位置付けを表し、組織におけるトップ・マネジメントとミドル・マネジメント、並びに、組織の全体と部分といった観点から捉えた関係を示している。

その場の対症療法（部分最適）ではなく、常に全体の改革（全体最適）に焦点を当てる考え方のもとに、マネジメントを行う姿勢とマインドが必要である。つまり、組織貢献を考えて、自分の在り方を見直すという手法や捉え方、さらにマネジメントへの考え方が、経営マインドの基盤となる。

筆者が所属する「大学経営評価指標研究会」では、PDCA（PDS）、大学経営評価指標、仕事の見える化、IRの視点から「大学経営力強化に向けた職員育成プログラム」を検討している。大学に求められる将来ビジョンを策定し、目標を実現するために、実務に即した思考体験、経営参画意識を涵養し、問題発見や解決力を身に付ける方策やプログラムを構想している。具体的な方策の実施を研究すべく、実施工程やプログラム調査研究を継続している。この研究については別途論じる機会を持ちたい。

5. 経営マインドの構造

本節では、ひと（個人）と大学組織を対象に、個人のマインド及び組織におけるマネジメント等の観点から、大学の経営マインドの養成について検討したい。

5.1 個人マインドと組織マネジメント

個人のマインドが組織マネジメントのなかに取り込まれてしまうと、組織から自立的に行動できにくい状態、あるいは、組織の中に個人を固定化した状態になる。いわゆる組織内人間ができ上がり、組織から外部に出たときには機能できない。**図3**は個人マインドと組織マネジメントの関係を独立性、自律性、機能性から見たときに望ましくない状態を示している。ハーシュマン（Hirschman 1970）は、個人が組織から離脱するとき、組織への忠誠心によ

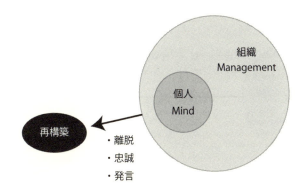

図3 個人マインドと組織マネジメント

る、発言を促すことを指摘し、組織への批判や問題指摘を、組織再構築に生かすべきであると説明する。

現実として、常に組織には不祥事等に起因した危機的状況や衰退が忍び寄るものである。けれども、筆者は、組織は健全な状態に回復するメカニズムを備え、作動する機能を内包していると捉えている。具体的に組織として、個人マインドから生じた発言を封じるのではなく、組織マネジメントによって積極的に生かす方策を用いることが、再構築への足場を掛け、再生を促すと考えている。

そこで、個人マインドと組織マネジメントの独立性と自律性等が、仕事や組織に活かされるポジションを次に検討してみたい。

5.2 自己形成と仕事の組織化

個人マインドには自己形成の目的があり、自己学習はその強化に該当する。組織マネジメントには仕事の組織化等の目的があり、組織（職場）研修等を含む組織学習は、マネジメントの意識形成や強化活動に該当する。

個人と組織は、相互に自立（独立）した主体である。双方の接近、あるいは、交差する方向が相互の強化に役立つ。

図4は、自己学習の方法を工夫するなど、自分で研修すること、及び、組織学習（研修等の契機を含む）の機会を体験し、体験的学習方法を積極的に活

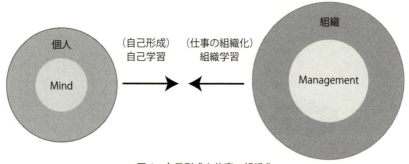

図4　自己形成と仕事の組織化

用することが、自身の求める経験知の獲得に連結する様態を示している。

そのような個人マインドと組織マネジメントの相互アクセス及び、双方のポジションを理解し、共有化することが、個人マインドの広がりと深化を生み、組織マネジメントの強化へと進展するその前段階を示す図である。

5.3　経営マインドの構造

個人マインドが、世界のなかに自分の位置付けを行い、個人の自己形成を目的とするのに対し、組織マネジメントでは、ひとの集団が行う仕事の組織化等を対象に、組織の事業や業務強化を行うことが目的となっている。経営マインドが、個人と組織との関係の中で、どのように位置し構造化されるかを考えた関係図が図5である。個人のマインドと組織のマネジメントが交差する領野に経営マインドがある。その上で、組織内のマネジメントと個人マインドとの親和性が最も重要であると捉えている。

経営マインドは一度身に付ければ、どのような組織や集団間においても効果的な機能となり役立つ。アントレプレナー（起業家）や他の組織、あるいは、異なる環境での集団活動においても、一度形成された経営マインドは有効に機能するものであり、経営の武器になる考え方である。さらに、個人の生き方さえも変えてゆく力となる可能性がある。人間のマインドには生存への欲求や意志があり、これ自体が存在の目的となる。

一つ一つの成功体験を大事にして、クリアすることによってやる気志向の

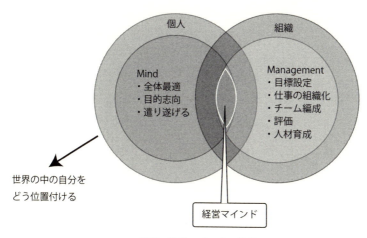

図5　経営マインドの構造

なかで目標が出てくる。〈目的志向〉[2)]である方が望ましいと考える理由はここにある。

組織マネジメントの目標到達への考え方に関連することではあるが、企業等の組織で使用される、いわゆる目標管理制度とは様相が異なる。

6. 経営マインド養成の実際

経営マインドとは、個々の戦略立案等のフェイズ（局面）だけを想定するものではない。日常業務から発想して、個々の実務遂行レベルに取り込み具体的な行動に移すことが重要であると考える。

経営マインド養成のプログラムは、次の5つの観点から内容・構成を考え実施すべきであると考える。

6.1　経営マインド養成の〈対象〉

組織の職務や人物を対象としたとき、トップ・マネジメント、あるいは、ライン役員とスタッフ役員からなる准トップ・マネジメント層だけが、構造に変革を導入しうる立場にあるのではない。組織構造を組み立てまとめる行動

については、組織の中間層であるミドル・マネジメント、あるいはロワー・マネジメントにおいても、既存構造を活用しながら構造改編を行うことによってリーダーシップを発揮できる。

　自分の組織やその置かれた環境に対して、トップ・マネジメント、ミドル・マネジメント、ロワー・マネジメントという、どの階層においても、マネジメントの実行者としては同じ関係性のなかに位置している。マネジャーの責任は、自分の預かる部署（フィールド）のひとの意識構造、及び、組織構造の変革の導入と実施であり、組織改編や既存組織の構造を活用し自組織を稼動させることにある。

　ロワー・マネジメントの立場から、組織全体の構造設計を行うことはないが、個別に自身の現場には注視しており、これはトップ・マネジメントが自組織の全体や部分を様々な角度から検討し考える姿勢と同じである。

6.2　大学全体を見る総合的な観点

　大学経営マインドを持つ人材の前段階的イメージとして、大学の全体について実態把握ができる能力を備える者と考えている。大学職員や教員の業務把握が重要となり、各セクションや各部の数字だけでなく、全体の（全学的な）数字を確認し、理解しポイントを押さえることが必要である。

　例えば、大学の経営状態について把握の方法を覚えることを学習させ、数字の捉え方、数値的な物の見方を教えることが、〈問題発見〉には有効である。実態把握する前に、基礎的な見方が解らないと、何が問題かさえも不明な状態を現出してしまう。そのような意味から大学全体を見る総合的な観点を修得することが必要である。

6.3　分析のスタイル──数字の持つ背景を把握

　大学の日常業務において、成果指標やデータ値に基づいた業務推進や改善が求められている。ここで取り上げる分析とは、定量的には、比較（共通軸の上で2以上の数値を比べること）、構成（全体と部分の比較を言う）、変化（同一のものを時間軸で比較すること）を見る等の観点を指す。また、定性的には、客観

的に評価・数量化しづらい事象や項目（意識アンケート、視覚的データ等）について基準を設け、数値化すること等により、結果を整理して考えること、理解を助けることを指す。成果やデータの分析により課題を的確に捉えることができる。

　具体的に、財務データ、校地面積等は総て数字である。例えば、キャッシュフロー（資金の調達）の数字の持つ背景を語ることができれば、これが大学を見る総合的な観点に繋がっていく。その一例として、学費が高い低いと言われるが、今の環境そのものは、かつての在学生（卒業生）の学費負担によって成り立っている。今の大学の土地、建物、人材（教員、職員）の配置は過去の遺産で構成できたものである。数値の高い、低いは他大学の動向、消費者物価指数や金融動向、雇用状況等の数値の高下に比較して、その変化を説明することができる。

　しかし、創立の年代から辿り来たって今日に至る経過のなかで、原価計算による損益分岐点を定めることはできても、なぜその数値が必要とされたのか、妥当な数値であったか、等の是非は説明できない。

　経年的比較を行うとき、土地を買う、建物を建てる等の数値の動きがあることが容易に把握できる。IR（Institutional Research）に限らず、永続的に続く数値の把握は、実態把握に欠かせない。

6.4　戦略を立てられる人材の育成

　組織の利益に適うように、組織の目的に仮託して、自己の成し遂げたいこと（夢やビジョン）を実現することを企画といい、組織の展開する戦略が必要な時代にすでに入っている。個々の大学がもつべき戦略には、大きく大学経営の戦略があり、その下には、教育改革戦略、財務改革戦略、人事改革戦略等々が策定されることから、戦略策定ができる人材の育成が必要とされている。戦略策定人材育成の基盤として、根拠となるデータを何処からもってくることができるか。抽出先が理解できることや補足してデータづくりができることは重要な要素となる。

　そして、自分で見て、考えて、実行する力、実現する力を創ることは、さ

らに重要な要素となる。能動的な見方、考え方が必要であり、受身のデータの見方は不要である。自分で何かを実現したければ、挑戦し続けるしか方法はなく、時においては成功することも失敗することもある。いくとおりかのプランを提示することで満足せず、その何倍、何十倍のパターン（数量）で考える訓練、並びに、仕事へ挑戦する姿勢そのものが、戦略計画策定と戦略実現化に取り組む人材のスケール（規模）を決めてゆくと捉えている。

このような考え方を身に付けるとともに実務能力を向上させることが人材育成の基本となる。

6.5 大学の業務と職場学習（ワーク・プレイス・ラーニング）

大学の日常業務の改善と業務の推進を行うには、個人と組織の関係を近接することが必要である。個人のマインドや組織のマネジメントを交差させクロスオーバーするには、その手段や媒介として個人学習や組織学習が重要となる。

組織学習については、業務上の職場学習や、訓練を指し示すOJT（On the Job Training）、あるいは、業務を離れて実施される教育訓練Off-JT（Off the Job Training）は一定の条件下では効力を示すものの、必ずしも業績効果に寄与するものではなかった。

その反省として、働く職場での学習であるワーク・プレイス・ラーニング（workplace learning）[3]への取組が実施されるようになった。組織の構成員が、業務経験を積み上げ、他者から支援を得ながら組織の目標達成に向け職場に資する学習として、最先端の知識、情報を獲得し、新たな創造を行うことを目的としたものとも言える。具体的に職場にメンターやコーチング・スタッフ等を置くこともこのような考え方から派生している。

個人の学習では、個人の独学の他に、職場の勤務を続けながら大学院に通学する等の方策が模索されている。

7. 経営マインドから長期的将来ビジョン形成へ

7.1　組織行動と〈目的志向〉

目標を設定し、困難や問題があっても屈することなく、目的を達成するパーソナリティの特徴の一つに〈目的志向〉が挙げられる。

目的志向のひとは、自己をコントロールしながら持続して、自立的な行動を取り続ける。思考スタイルとして、人間は各自の意志の働きかけの下に行動している。拠って、総ての行動は自分が選択した結果であり、自分に責任があると考える。責任を主体的に取る、つまり、自分の人生は自分がコントロールできるし自分で決める、という考え方を取る。

この主体的で能動的な捉え方をもとに、自分は運命の開拓者であり、真の意味の自由を求めており、目標を達成する意志の力、すなわち希望をもつことができると考える。目的志向のひとが他者を励まし、モチベーションを引き出せる特質を備えるのは、このような考え方にある。

目的志向は一般職をはじめ全階層で必要であると考える。ひとが成長するには目的や目標が必要であり、それはマネジメントの必須要件でもある。そして、なぜこの経営マインドの養成を若年者から中堅職員をはじめすべての大学職員に向けて適用しようとするのか。その理由は一般職であろうと将来の経営者への位相をたどることが予測されるからである。それらの人材群に向けて教育プログラムを提供する背景には、ひとは成長することにより発想の幅や理念のもち方が転位するという思考に基づくものである。その成長にはマネジメントの発想が必要であり、戦略策定とその実践家等の有望人材を育成することによって、組織改革へのスタートは切られる。

7.2　長期的将来ビジョン形成

経営マインド養成の実際について前述したが、その第一段階として、長期的将来ビジョン形成のために、組織行動の捉え方を修得し計画立案の訓練が必要である。これとともに、ジョブ・ステップを作成するトレーニング等を

行い、実践力養成に着手すべきである。今後の課題として、プログラム開発を行うことが重要であり、別途、検討する必要がある。

その上で、戦略マインドやスキル、ノウハウが個々の大学に、特に大学経営には必須であり、人材育成を通じたわが国の高等教育の質的向上を図ることがプログラム開発の目的となる。

大学職員は、大規模大学にあろうと小規模大学にあろうと、組織の様々な事業局面での改革や変革の実務を担う。しかし、その総てに携わることは不可能である。

例えば、財務改革、教育組織再編、事務組織再編、人事評価構築、これらを含む大学改革等への参画があったとしても、その歴史や背景、存在や意義を読み違えると、個人の経営マインドやマネジメント力の成長には繋がらない。つまり、組織行動への当てはめ方や見方が個人の力量を決定すると言っても過言ではない。

組織行動をとおして組織の未来をどう構築し、どう捉え直して改革のイメージを表出していけるか、これについて思索する幅や稼動域の拡大、並びに、深化が個人の力量を形成していくと考える。そのなかで組織行動への当てはめ方や見方を修得させることが、大学職員の人材育成では大切なポイントになる。

組織では、戦略の立案実行により、諸々の改革の実績、成果の積み重ねが長期的な将来ビジョンを生み出し、ミッション（使命）を実現する契機になる。つまり組織にはこうした観点に立てる人材を数多く育成、保有することが重要になる。そして、より多くの大学職員が長期的な経営マインドを身につけるときこそが、組織の人的資源、知的資源が増強されるときであり、戦力をもつことに繋がると考える。

おわりに

本章では大学職員を対象として、経営マインドの養成を中心に、個人と組織の関係、並びに、経営とマネジメントを検討し、現行の自己学習、組織学習（研修）や実践活動について論考した。

大学経営にとってトップ・マネジメント、准トップ・マネジメント、ミドル・マネジメント、ロワー・マネジメントの各層に応じたマネジメントを行うに際し、経営マインドの概念が必要となる。さらに経営マインドの概念を実際の行動に移すときには、実行プランと実施基軸とのブレを失くすことが一番の成功要因に結びつく。

　経営マインドをもつ大学職員が育つこと、並びに、業務遂行や研修をとおした大学職員の育成活動、その波及効果等の現象そのものにより、次代のリーダーへのリレーションが可能になると捉えている。

【注】
1) 本質の異なるものを法律上同一視することを指す。組織体は会計実体ではあるが、社会実体ではない。会社や法人というのは、法律が自然人であるかのように擬制することにより存在するという考え方をとる。つまり、会社や法人を個人の集合体と考える立場を指す。
2) 目的志向を説明する際に同義的に、ローカスオブコントロール（locus of control）が内にあるといった言い方もある。自己の行動コントロールへの意識の所在（ローカス）が、内（自己）か外（他者）かで、自己解決型と他者依存型に分類される。この目的志向の反対語として、原因志向がある（自己責任は問わず、総て悪いのは周囲であり、自分のためにひとが尽くしてくれるのは当たり前という考え方である）。
3) ひとは職場の仕事において、他者（上司、同僚、部下）との関わりを通して成長していく。業務支援や個人の内省支援、精神的支援を得ることが、ひとの成長に有効性を持ち、ワーク・プレイス・ラーニング（職場での学習）として位置づける。

【参考文献】
　ドラッカー，ピーター・F.（Drucker, Peter F.）著　上田惇生訳　1995、『創造する経営者』（ドラッカー選書2）ダイヤモンド社、pp. 212–243。
　ファイヨール，ジュール・アンリ（Fayol, Jule Henri）著　山本安次郎訳　1985、『産業ならびに一般の管理』ダイヤモンド社、pp. 172–191。
　ハーシュマン，アルバート・O.（Hirschman, Albert Otto）著　矢野修一訳　2005、『離脱・発言・忠誠——企業・組織・国家における衰退への反応』（MINERVA人文・社会科学叢書）ミネルヴァ書房、pp. 105–117〔原著は1970年刊行〕。
　ミンツバーグ，ヘンリー（Mintzberg, Henry）著　奥村哲史、須貝栄訳　1993、『マネジャーの仕事』白桃書房、pp. 80–87。
　サイモン，H.A. & マーチ，J.G.（Simon, Herbert Alexander & March, James Gardner）著　土

屋守章訳　1984、『オーガニゼーションズ』ダイヤモンド社、pp. 282–285〔原著は1958刊行〕。
福島一政　2010、『大学経営論―実践家の視点と経験知の理論化』日本エディタースクール出版部、pp. 37–61。
羽田貴史　2008、「大学の組織と運営」『大学と社会』（放送大学教材）、pp. 136–151。
井原徹　2008、『私立大学の経営戦略序論―戦略的経営プラニングの展開』日本エディタースクール出版部、pp. 13–31。
中原淳　2010、『職場学習論―仕事の学びを科学する』東京大学出版会、pp. 117–140。
大場淳　2004、「英国における職員開発活動の発達と展開」広島大学高等教育研究開発センター『諸外国の大学職員〈米国・英国編〉』高等教育研究叢書　第79号（2004.3）、pp. 87–113。
新藤豊久　2007、「大学経営人材の方向とマネジメント」『大学行政管理学会誌』第11号：2007年、pp. 165–176。
高橋真義　2004、「大学倒産回避のための原理原則」桜美林大学大学院国際学研究科『桜美林シナジー』第3号（2004.8）、pp. 67–75。
山本眞一　2008、『大学のマネジメント』放送大学教育振興会、pp. 144–162。

あとがき

　本書は多くの読者の皆様に支えられて一冊の書籍となった。これまで様々な誌（紙）面を借りて発表してきた論稿のひとつひとつが、有り難いことに、最初に読んでくださった皆様から、厳しくも暖かな励ましや助言を頂戴している。実に多くのことを教えて頂き示唆を受けている。先ずこの方々に深い感謝を捧げる。また、本書を書くに当って、参考にさせて頂いた書物や論文、その他について、各章末にお名前と書名を掲げ、学恩に感謝したい。

　著者には、これまで公私共に大きな影響を受け御指導を頂戴している多くの方々がいる。その最初に、現在勤務している学校法人実践女子学園の井原徹理事長（元早稲田大学理事、元大学行政管理学会長）のお名前をあげさせて頂く。著者は20年ほど前に重い病に罹り、手術する途しか残されていなかった。その時、或る講演を切っ掛けに、著者に生きることや仕事の意味を、世のため、ひとのため、明るく前に歩み出すこととして教えてくださったのが、井原徹理事長であった。その一言に動かされた。その時から今日に至るまで感謝の思いが常に心の中にある。

　また、本書でも取り上げた著者の所属する大学行政管理学会（JUAM:Japan Association of University Administrative Management）の先達の皆様には、とりわけ大きな御指導を頂戴してきたと感謝している。2016年は、大学行政管理学会の20周年に当たり、多くのイベントが企画、実施されている。

　大学行政管理学会は、アドミニストレーターや実務家と言える人材の育成を行うこと、並びに、実務の研鑽のために、その基礎となる研究を継続し深化できる人材を育成することを使命としている。実務家の育成と研究の深化という二つのミッションに取り組み、その向上を図る方策を求めてきた。

　同学会の『大学行政管理学会誌』は、幅広い領域をカバーしている。概観としては、組織、大学職員論、人事、教育、トップ・マネジメント、学生支

授、学生募集、広報、大学設置基準、就職、財務、事務情報システム、自己点検・評価、研究、知的財産、学術情報、法律、国際交流、地域研究、歴史、国庫助成、補助金、奨学金、校友、管財、健康管理等が挙げられる。

同学会の希求する「大学行政管理学」は、取り組むべき課題が比較的に明示しやすい既成の研究分野とは異なり、複雑に入り組んだ諸分野とその課題を包含した領域である。その対象は、経営、教育、学習、評価等の研究であり、そこではさらに、現実に自己の所属する大学をどうするかという問題意識に立った具体的課題解決が求められている。このように社会の具体的な必要に迫られた領域であることが、「大学行政管理学」研究の発展を後押ししている。

同学会へ参加したことを契機として、前述の井原徹理事長をはじめ、多くの畏敬すべき人々に交わる機会を得たことは大きな幸せであった。

福島一政追手門学院大学副学長・理事（元日本福祉大学常務理事、元大学行政管理学会長）には、実務家として大学を支える経営参画の意義を学んできた。松井寿貢広島経済大学理事・事務局長（元広島修道大学事務局長、元大学行政管理学会常務理事）には着実な業務遂行と訴求力をとおし信念の大切さを教えて頂いた。横田利久関西国際大学理事・事務局長（元中央大学総合企画本部担当部長、元大学行政管理学会長）には広くひとを見て行けるコミュニケーション力について御教示頂いたと感謝している。

山本眞一桜美林大学大学院教授（元筑波大学教授・広島大学教授）には、大学経営人材の育成を中心に研究の進め方の重要性を御教示頂いている。寺﨑昌男先生（東京大学名誉教授）には、大学史の中でも、明治以降の近代教育の流れを把握する大切さを説いてくださったことに深く感謝している。そして金子元久先生（東京大学名誉教授）には、大学経営・政策の論理とその養成の展開について学ばせて頂いている。

著者は、大学のなかでも大学図書館司書として出発した。中村正也明治大学大学史資料センター研究調査員（元明治大学図書館副参事）には、図書館を中心にした書誌調査と研究の基礎を御指導頂いたことに深く感謝し御礼を申し上げたい。

あとがき

　本書はこれまで発表してきた論文等に新たにデータを加え、加筆・修正したものである。筆者に論文等の執筆の機会を提供してくださった出版社や学会、専門誌、専門新聞などの編集部の皆様がおられなかったら、どの原稿も日の目をみることはなかったものばかりである。幸いにして、どの原稿も編集部や編集委員会、査読者の方々に叱咤激励、助言や指摘を頂戴して一篇の論稿となったものばかりである。特に大学行政管理学会の学会誌編集委員会には負うところが大きく、その助力に改めて感謝している。大学マネジメント研究会には執筆機会を頂戴したことに御礼申し上げる。また、『私学経営』編集部の的場理江氏には、数年をかけて執筆に協力を頂戴しており、その御配慮に改めて感心するとともに御礼を申し上げたい。さらに『教育学術新聞』編集部の小林功英氏には、御助言を頂戴したうえに「私立大学のガバナンス」をテーマに、4回の連載の機会を頂戴したことに感謝の意を表したい。連載中に同紙の読者の皆様から多くのお便りを頂戴したことに、篤く御礼を申し上げる次第である。

　ここで本書を刊行された出版社に御礼を申し上げることは、特に大きな意味をもつ。本書を出版された東信堂の下田勝司社長には、出版に向けた御面倒をお掛けしたにも拘わらず、いつも親身に対応してくださったことに御礼を申し上げたい。下田勝司社長の貴重な示唆のお陰でこの本は読者の皆さんにお読み頂ける運びとなったのであり、感謝して余りあると思う。

　既に本書の出版を思い立ってから3年が経過した。著者の手元にある出版に関する資料を見直し振り返ってみると、3年程前に書かれた何気ないメモ書きが始まりであった。鉛筆で章立てをメモしながら書籍の出版を漠然と思い浮かべたものの、その後は、日々の忙しさに取り紛れて一向に着想が進展しなかった。

　それが、昨年（2015年）5月下旬に思い立って、編集のプロにお任せすると、ものの見事に書籍出版のスタートが切られたのである。長井編集企画室の長井治氏（元日本エディタースクール出版部）には、この書籍刊行についても、とりわけお世話になった。プロの編集者としていつも暖かい激励の言葉と、可能性を引き出すような御助言を頂戴したことについて、長井治氏に深く御礼

を申し上げたい。

　本来であれば、もっと多くの皆様のお名前を挙げて感謝の意をお伝えすべきところであるが、紙面の余裕がないので、失礼ながら本書の刊行に関わり特にお世話になった方々のみ謝辞を呈させて頂いた。御海容を乞いたいと思う。

　著者は、今後の課題として、大学行政管理に関わる方々や大学職員、或いは、大学院にて大学行政管理学を学ぶ人々に向けて『大学行政管理学叢書（仮称）』のような形態、或いは、大学行政管理学会の研究報告、調査報告等のシリーズを刊行できないかと考えている。

　『文部科学統計要覧』によれば、全国の大学職員数（事務系）は、1996年度68,414人（大学数586）であったが、2013年度には82,483人（大学数782）であった。大学行政管理学会の創立時（1997年）と比較すると大学職員数が14000人余も増加した。このことは全国に広がる大学の若手職員や管理職、学生担当専門職員等に対する優れた教育訓練の提供やその需要が拡大していることを物語る。さらに、研究トレーニングやスキルに対する意識も高まっており、同学会の会員にも学位を求める数は確実に増えている。同学会の研究会や個人の学術的成果の公表と知識資源の構築という観点から、同学会に叢書（モノグラフシリーズを含む）を、可能であれば創刊できないかと考え、その方法を模索している。例えば、修士課程での高等教育科目等の専門領域におけるテキストやリーディングスを目指す意味からも、学術に寄与することを目的に、『大学行政管理学叢書（仮称）』をモノグラフシリーズ等の形態も併せて刊行できないかと考えている。

　最後に、この本について、広く読者の皆様から、様々な御批判・御教示を頂けることを心から期待している。それによって、新たな道が開け、さらにより良いものにすることができると信じている。そして著者からお世話になった方々へ恩返しになれば望外の喜びである。

2016年7月吉日

　　　　　　　　　　　　　　　　　　　　　　　　　　　　新藤豊久

初出一覧

　本書は、以下のような学会誌、専門ジャーナルや専門紙に初出掲載された論稿を基としている。今回の出版に当たり、その基とした論稿に、筆者が適宜、加筆し修正を施した内容となっている。本書の出版に当たり、掲載について、快く応じて下さった関係の各学会、専門機関に御礼を申し上げたい。

第1章：「大学の成果とは何か―〈大学経営評価指標〉を基にした成果志向―」、『私学経営』、2012,11（通巻第453号）、pp.31 ～ 48（2012）

第2章：「大学経営への成果指標の活用―〈大学経営評価指標〉の導入とその成果―」、『大学マネジメント』、vol.7, no.7 :2011,10（通巻第76号）、pp.13 ～ 19（2011b）

第3章：「大学経営学の必要性」、『大学行政管理学会誌』、第13号：2009年度、pp.209 ～ 221（2009）

第4章：「UD（University Development）概念構築の試み―大学の発展力について―」、『大学行政管理学会誌』、第14号：2010年度、pp.61 ～ 70（2010）

第5章：「大学経営人材の方向とマネジメント」、『大学行政管理学会誌』、第11号：2007年度、pp.165 ～ 176（2007a）

第6章：「大学マネジメントからガバナンスへ―概念の差異―」、『私学経営』、2015、9月号（通巻第487号）、pp.41 ～ 53（2015）

第7章：「私立大学のガバナンス改革とマネジメント―概念と具体的提言―」、『大学行政管理学会誌』、第18号：2014年度、pp.55 ～ 65（2015）

第8章：「私立大学のガバナンス概念と構造―社会からの信頼―」『私学経営』、2015、10月号（通巻第488号）、pp.28 ～ 38（2015）

付章：1「私立大学のガバナンス　1―大学マネジメントを誰がチェックするか―」、『教育学術新聞』、2015（平成27）年8月19日（2615号）。2「私立大学のガバナンス　2―概念の差異について―」、『教育学術新聞』、2015（平成27）年8月26日（2616号）。3「私立大学のガバナンス　3―注目されるソーシャル・ガバナンス―」、『教育学術新聞』、2015（平成27）年9月2日（2617号）。4「私立大学のガバナンス　4―社会に信頼される大学を目指して―」、『教育学術新聞』、2015（平成27）年9月9日（2618号）

第 9 章：「大学経営と大学職員の流動化」、『大学行政管理学会誌』、第 12 号：2008 年度：pp.147 〜 154（2008）

第 10 章：「経営マインドの育成―大学職員養成に向けて―」、『大学行政管理学会誌』、第 15 号：2011 年度、pp.117 〜 126（2011a）

事 項 索 引

【ア行】

IR（Institutional Research）……iv, 13, 39, 72, 110, 168～170, 210, 215
ICT社会……203
IDE大学協会……125, 162
アウトカム（Outcomes）……31, 32
アウトカム指標……12
アウトプット（Outputs）……31, 32, 35
アクレディテーション……38
アドミニストレーター……59, 61, 94, 163, 196, 204, 221
アドミニストレーション（Administration）……84, 91
アメリカ独立宣言……150
「新たな未来を築くための大学教育の質的転換に向けて」答申……128, 143
RA（Research Administrator）……iv
アントレプレナー（起業家）……212
意識調査……8
一般社団法人日本能率協会（JMA）……14, 16, 17, 37, 123, 144, 168, 176, 178
EU（欧州連合）……152
インプット（Inputs）……31, 32, 35, 39
SD（Staff Development）……18, 63～68, 70～78, 79, 111, 149, 154, 161, 168, 169
AD（Administrative Development）……79
FD（Faculty Development）……18, 19, 63～79, 111, 149, 154, 161, 168, 169
FDの義務化……156
エンパワーメント……68, 79, 191
OCLC（Online Computer Library Center）……104
Off-JT（Off the Job Training）……216
OJT（On the Job Training）……98, 216
OD（Organizational Development）…66～68, 79
オープン・アクセス……158

【カ行】

回収コスト……7
学位授与機構……64
「学士課程教育の構築に向けて」（答申）……64, 202
学長……151
学長のリーダーシップ……115, 129, 164
学問（Science）……52
学校基本調査……124, 126
学校教育法……15, 17, 114～116, 118, 132, 148
学校教育法施行規則……114
学校法人基礎調査……126
学校法人の業務……141
活動（Outputs）志向……22, 24
活動指標……23
ガバナンス……91, 109, 110, 112, 113, 115, 116～120, 122, 124, 127～134, 138, 139, 141～143, 147, 148, 152～156, 160, 163, 164, 168, 170～172, 174
ガバナンス（協治）……113, 171
ガバナンス改革……126, 127, 143
ガバナンス（統治、統制）……117
ガバナンス論……114, 126
ガバナンス構造……135
ガバメント（行政行為）……121
ガバメント（政府）……150
監視（チェック）……112, 115, 124
監事制度の改善……138
官僚制……114, 124

企業経営······iv
企業制（市場制）······114, 124
企業の社会的責任→CSR······142, 175
擬制······203
寄付財産······156
客観的評価······6, 38
教育学術新聞······iii
教育課程編成権······114
教育基本法······182
教育指標の国際比較······117, 126
教員評価······137
教学経営······202
教学マネジメント······128, 132, 133, 137, 151, 164
行政機関が行う政策の評価に関する法律······15
行政評価······149
業績評価（成果主義）······21, 150, 184, 197
共通言語······10
業務委託（アウトソーシング）······90
グループワーク······43
グレシャムの法則······80
経営会議······85
経営指標······9, 10, 13
経営職層······204
経営専門職······95
経営評価指標······10, 12, 13, 15, 19, 20, 28
経営マインド······25, 26, 28, 201, 203, 204, 207〜209, 212〜214, 217〜219
経済協力開発機構（OECD）······129
経済同友会······115, 124, 126, 127, 129, 143, 145, 162
言語・文化資本······159
公共経営······iv
厚生労働省······72, 201
公立大学法人化······149
国立社会保障・人口問題研究所······72, 102, 201
国立情報研究所（NII）······61, 102
国立大学法人化······70, 149

国立大学マネジメント研究会······91
個人マネジメント······24, 25
コーポレート・ガバナンス······129, 131, 134, 148, 165, 171〜173
コミュニケーションツール······10
コンプライアンス（法令遵守）······131, 142, 173, 175

【サ行】
財務指標······8
サスティナブル社会······147
産業活力再生特別措置法······iv
シェアード・ガバナンス······128
CSR（Corporate Social Responsibility）······142
私学経営······147, 223
自校出身比率······184
自己決定権······91
自己点検・評価······17, 31, 38, 44, 149
市場指向型······117, 128
自治論······114
質的評価······64
質保証······128, 164
質問紙法······7
GP（Good Practice）······43, 51
指標······7
　量的な指標······8
社会関係資本······160
社会資本······159
社会的責任（ソーシャル・レスポンシビリティ）······131, 142
社会の信頼······123
社会の変容（社会変容）······12, 20, 28
社会連携活動······159
主観的評価······6
准経営者······57, 58, 84, 87, 93〜95, 100, 102, 181, 197
准経営職······61, 79
准トップ・マネジメント······85, 93, 110, 166,

　　　　　　　　　　　205, 213, 219
上位成果………………………………24
上位目的………………………………23
職務分析（ジョブ・アナリシス）………91
ジョブ・アナリシス……………94, 100
ジョブ・ディスクリプション………93, 100
私立学校審議会………………138, 150
私立学校法………112, 116, 118, 131, 132, 135,
　　136, 138 〜 140, 147, 150, 153, 156, 166,
　　167, 170
人的資本（Human Capital）………96, 104
信頼ネットワーク………………………20
スタッフ（職員集団）…………………92
スミソニアン研究所…………………104
成果志向………………………22, 24, 27
成果指標………………9, 12, 23, 33 〜 36, 39
成果主義　→業績評価………21, 88, 184
説明責任（アカウンタビリティ）……131
専門職（専門「職種」）………………91
専門職化………………………………92
専門職人材……………………………59
専門的職業（プロフェッション）……94
専門的職業人…………………………27
戦略的経営……………………………89
相互牽制（相互チェック）………112, 121, 122,
　　130
相互補完……………………112, 121, 122, 130
総務省…………………………129, 164
贈与……………………………………25
ソーシャル・ガバナンス………119, 121, 122,
　　132, 142, 159, 160, 171, 172, 174
組織開発部門（Organizational Development
　　Department）…………………………66
組織的評価……………………………6

【タ行】

大学院設置基準…………………64, 149
大学ガバナンス評価指標……………143

大学基準協会…………………………64
大学行政管理…………………………i, 224
大学行政管理学………iv, 163, 176, 222, 224
大学行政管理学会………iv, 6, 14, 16, 17, 37,
　　47, 58, 60, 65, 78, 86, 91, 103, 105, 123,
　　143, 144, 163, 168, 176 〜 178, 186, 193
大学行政管理学会大学「職員研究」グループ
　　………………………86, 91, 103, 105
大学行政（管理）職…………………92, 93
大学経営学………………iii, 47, 49 〜 55, 57 〜 61
大学経営職………………………………61, 79
大学経営人材………83, 93 〜 95, 100, 101, 197
大学経営推進・支援集団……………191
大学経営専門職………84, 92 〜 94, 100, 102,
　　188, 192, 194 〜 196
大学経営評価指標…………6, 14, 17, 19, 20, 27,
　　31, 37 〜 41, 110, 123, 144, 168, 178, 210
大学経営評価指標研究会………6, 14 〜 16,
　　37, 65, 78, 123, 143, 144, 177, 178, 210
大学経営論…………………………56, 57, 60
大学公社……………………………126
大学審議会答申「21世紀の大学像と今後の改
　　革方策について」…………………114
「大学人事」研究グループ…………186, 198
大学設置基準……………44, 51, 64, 148, 149
大学設置基準の大綱化………………64, 149
大学専門職員資格認定試験…………91
大学のガバナンス改革の推進について（審議
　　まとめ）……………………………124, 129
大学の社会的責任　→ USR………142, 173, 174
大学の成果………………………12, 13, 20
大学の成長記録………………………28
大学の発展（University Development）………147
大学マネジメント……………………128, 164
大綱化…………………………………44, 51
第三者認証評価機関…………………17
第三者評価……………………………18, 31
対象指標………………………………23, 24

脱近代 →ポスト・モダン
知識移転 …………………………… 190
知識基盤社会 ………………………… 96
知識経営 ……………………………… 96
知識社会 ………………………… 96, 182
治者（統治者）…………………… 151
知的経営資源 ……………………… 194
チームワーク ……………………… 43
中央教育審議会 ……… 96, 115, 128, 129, 143, 149, 163, 202
中央教育審議会大学分科会 ……… 117, 125, 145, 161, 162, 164
中央教育審議会大学分科会組織運営部会 ……………………… 115, 129, 164
中央教育審議会答申 ……………… 64
ディシプリン（専門分野）…… 51, 59〜61
定性的指標 ……………………………… 8
定量的指標 ……………………………… 8
統合力 ………………………………… 69
統治（ガバメント）……………… 113
統治（ガバニング）…… iii, 113, 171, 172
統治（自治）……………………… 114
　政府による統治（ガバメント）…… 113, 171
投入コスト …………………………… 7
投入（Inputs）志向 …………… 22, 24
同僚制 ……………………………… 114, 124
特定非営利活動促進法 …………… 85
独立行政法人大学評価・学位授与機構 …… 161
独立行政法人等の保有する情報の公開に関する法律 …………………………… 32
図書館学 …………………………… 61
トップ・マネジメント ……… 47, 85, 93, 97, 110, 112, 116, 127, 130, 131, 135〜137, 138, 140, 156, 166, 188, 193, 194, 205, 210, 213, 214, 219, 221
トップ・マネジメント層 ………… 207
トップ・マネジメント・チーム …… 137

【ナ行】

内部牽制 …………………………… 127, 138
内部統制 ………………… 115, 127, 138, 160
NASA ……………………………… 104
ナレッジマネジメント …………… 96
二次の経営者層 …… 87, 95, 100, 197
日本私立学校振興・共済事業団 …… 44, 72, 124, 126, 127, 144, 145, 167, 195, 199
認証評価 ……………… 17, 31, 38, 44, 156
認証評価機関 …………………… 15, 64
認証評価制度 …………………… 149

【ハ行】

場 …………………………………… 50
パブリック・ガバナンス ……… 170〜172
POD（Professional and Organizational Development）………………… 79
被治者（国民）………………… 150, 151
PDCAサイクル ……… 17〜19, 34, 44, 168
PDCA（PDS）…………………… 210
PBL型アクティブ・ラーニング …… 169
評価制度 ……………………………… 21
品質保証 …………………………… 89
ファカルティ（教員集団）……… 92
fact（data）book ………………… 169
ファシリテーション ……………… 43
プロジェクト型学習（Project based learning）…………………………… 44
プロ志向 …………………………… 26
プロフェッショナル（専門的職業）（専門職）…………………………… 26, 52
プロフェッション（専門的職業）…… 84, 89〜91, 188, 190, 192, 193
法人制 ……………………………… 114, 124
法人本部長 ……………………… 151
法人マネジメント ……………… 137, 151
ポスト2020 …………………… 27, 39

ポスト・モダン（脱近代） ………………… 51

【マ行】

マーケット・ガバナンス ………………… 171
マス段階（ユニバーサル段階） ………… 158
マネジメントサイクル ……………………… 149
マネジメント〈PDS〉サイクル …… 18, 34, 39, 139
マネジメントサイクル（PDCAサイクル）
　…………………… 110, 111, 139, 149, 168, 195
ミドル・マネジメント ……………… 85, 194, 210, 214, 219
メトロポリタン美術館 …………………… 104
メンバーシップ ……………………………… 91
目的志向 ………………… 22, 24, 27, 33, 213, 217
目標値 ………………………………………… 8
目標到達制度（成果主義） ……… 21, 34, 88
目標到達（管理）〈Management by Objectives〉
　……………………………………………… 33
モビリティ ………………………………… 196
文部科学省（文部省） ……… 15, 43, 44, 51, 71, 112, 124, 126, 129, 138, 148, 149, 150, 152, 156, 164
文部科学統計要覧 ………………………… 224

【ヤ行】

役員業績評価 ……………………………… 137
USR（University Social Responsibility）……… 131, 142, 174, 175
UMI（University Management Indicator）……… 14
UD（University Development）……… 18, 19, 28, 63, 65, 67, 72〜79, 110, 111, 154, 158, 161, 168
ユニバーサル化 …………………………… 21, 158
ユニバーサル段階 ………………………… 158, 202

【ラ行】

リクルート ……………………… 189, 191, 199
理事の業務執行 …………………………… 141
流動化 ……………………… 181, 188, 190〜194
レギュレーション ………………………… 156
ローカスオブコントロール …………… 219
ロワー・マネジメント ………… 85, 166, 194, 205, 209, 214, 219
論・研究（Study） ………………………… 52

【ワ行】

『わが国の高等教育の将来像』答申 ……… 96
ワーク・プレイス・ラーニング ……… 216, 219
ワンマン型トップ・マネジメント ……… 136

大　学　名　索　引

【ア行】

青山学院大学 ……………………… 163
跡見学園女子大学 ………………… 40
アル・アズハル大学 ……………… 109
岩手県立大学 ……………………… 40
桜美林大学 ………………………… 222
大分大学 …………………………… 198
大阪市立大学 ……………………… 198
大阪府立大学 ……………………… 198
オックスフォード大学 …………… 104
追手門学院大学 …………………… 222

【カ行】

関西国際大学 ……………………… 222
関西大学 ……………… 185, 186, 197, 199
関西学院大学 ……………………… 40
京都大学 …………………………… 198
金城学院大学 ……………………… 40
慶應義塾大学 ……………… 105, 186, 197
ケンブリッジ大学 ………………… 104
県立広島大学 ……………………… 40
神戸学院大学 ……………………… 40

【サ行】

産業能率大学 ……………………… 21
自治医科大学 ……………………… 40
実践女子学園 ………………… 78, 221
実践女子大学 ……………………… 186
女子美術大学 ………… 18, 41, 43, 186
信州大学 …………………………… 198
スタンフォード大学 ……………… 104

【タ行】

中央大学 ……………………… 40, 222
筑波大学 …………………………… 222
東京工業大学 ……………………… 198
東京大学 ……………………… 178, 222
東京電機大学 ……………………… 40

【ナ行】

中村学園大学 ……………………… 40
日本福祉大学 ………………… 40, 222

【ハ行】

ハーバード大学 ………… 104, 186, 197, 198
パリ大学 …………………………… 109
広島経済大学 ……………………… 222
広島修道大学 ……………………… 222
広島大学 …………………………… 222
ブリンマー大学 …………………… 198
ペンシルベニア大学院 …………… 198
ボローニャ大学 …………………… 109

【マ行】

室蘭工業大学 ……………………… 40
明治大学 ……………………… 105, 222
名城大学 …………………………… 40

【ヤ行】

横浜市立大学 ……………………… 198

【ラ行】

立命館大学 ……………… 93, 186, 187, 197
龍谷大学 …………………………… 40

【ワ行】

早稲田大学 ……………… 93, 105, 186, 221

人 名 索 引

【ア行】

有本章 ······ 66, 80
井原徹 ······ 29, 44, 61, 62, 78～80, 93, 104～116, 125, 127, 145, 162～198
岩崎正洋 ······ 126, 162
上田理子 ······ 103, 105
ウェーバー，マックス（Weber, Max）······ 158, 161, 162
潮木守一 ······ 89, 103, 106
江原武一 ······ 123, 125
太田和良幸 ······ 85, 106
大野耐一 ······ 106
大場淳 ······ 81, 146, 220
大平浩二 ······ 129, 146
奥居正樹 ······ 146
奥島孝康 ······ 126, 146, 162

【カ行】

各務正 ······ 103, 105
糟谷正彦 ······ 197, 199
加藤かおり ······ 80
金澤一央 ······ 104, 199
金子元久 ······ 116, 126, 128, 145, 222
カミングス，ウイリアム・K.（Cummings, William K.）······ 80, 195, 198
河村哲嗣 ······ 104, 199
絹川正吉 ······ 115, 126
ギボンズ，マイケル（Gibbons, Michael）······ 61
清成忠男 ······ 139, 145
クラーク，バートン・R.（Clark, Burton R.）······ 117, 125, 128, 144
グレシャム，トーマス（Gresham, Thomas）······ 80
小松親次郎 ······ 131, 145
紺野登 ······ 104, 106

【サ行】

サイモン，H.A.（Simon, Herbert Alexander）······ 79, 80, 219
榊原清則 ······ 53, 62
佐々木恒男 ······ 146
佐々木亮 ······ 84, 102, 106, 129
佐藤成紀 ······ 129, 146
澤井安勇 ······ 178
椎名絵理香 ······ 104, 199
重本直利 ······ 62
島田恒 ······ 62
清水畏三 ······ 124, 126
新藤豊久 ······ 28, 29, 62, 81, 126, 146, 162, 177, 199, 220
神野直彦 ······ 178
菅裕明 ······ 81
センゲ，ピーター・M.（Senge, Peter Michael）······ 98, 105
曽根泰教 ······ 134, 146

【タ行】

高橋清隆 ······ 104, 198, 199
高橋真義 ······ 62, 81, 199, 220
高橋剛 ······ 104, 199
高橋伸夫 ······ 62, 197, 199
蔦田敏行 ······ 144, 146
テイラー，フレデリック（Taylor, Frederick Winslow）······ 62
寺﨑昌男 ······ 62, 81, 91, 93, 106, 126, 222
ドーア，R. フィリップ（Dore, Ronald Philip）······ 98, 105

ドラッカー，ピーター・F.（Drucker, Peter Ferdinand）······28, 44, 61, 84, 103〜105, 129, 136, 144, 161, 219
トロウ，マーチン（Trow, Martin A.）······21, 28, 158, 162

【ナ行】

永井道雄······114, 123, 126
中島（渡利）夏子······80
中原淳······220
中村正也······222
夏目達也······80
行川恭央······104, 199
西野芳夫······139, 145, 162
野中郁次郎······104, 106

【ハ行】

ハーシュマン，アルバート・O.（Hirschman, Albert Otto）······210, 219
秦敬治······103, 105
羽田貴史······80, 220
パットナム，ロバート・D.（Putnam, Robert D.）······134, 145, 159, 162
濱名篤······129, 145
林隆之······130, 146
林直嗣······145
原邦夫······198
バーンバウム，ロバート（Birnbaum, Robert）······80, 114, 123〜125
ファイヨール，ジュール・アンリ（Fayol, Jule Henri）······80, 113, 123, 125, 130, 145, 171, 178, 219
ファウスト，キャサリン・ドルー・ギルピン（Catherine, Drew Gilpin Faust）······197
福島一政······28, 62, 79, 80, 91, 105, 220, 222
福留瑠璃子······103, 105
フーコー，ミシェル（Foucault, Michel）······61
藤川正信······52, 62

藤原久美子······103, 105
プラール，H. ヴェルナー（Prahl, Hans-Werner）······112, 123, 125, 130, 145
ブルデュー，ピエール（Bourdieu, Pierre）······159, 161
ベッカー，ゲーリー・S.（Becker, Gary Stanley）······105, 190, 198
ベビア，マーク（Bevir, Mark）······164, 177
ボイヤー，E. ルロイ（Boyer, Ernest LeRoy）······61

【マ行】

マクネイ（McNay, Ian）······124, 125
孫福弘······81
マーチ，J.G.（March, James Gardner）······80, 219
松井寿貢······222
松尾憲忠······132, 145
マッセン，ピーター（Maassen, Peter）······124, 125, 148, 161
水野雄二······94, 104, 105, 198, 199
三橋紫······103, 105
宮内義彦······129, 145
宮村留理子 →福留瑠璃子······199
ミンツバーグ，ヘンリー（Mintzberg, Henry）······44, 219
モース，マルセル（Mauss, Marcel）······161, 162

【ヤ行】

山口輝幸······104, 199
山田礼子······62
山野井敦徳······81
山本眞一······62, 81, 93, 106, 117, 126, 128, 146, 162, 199, 220, 222
山本淳司······103, 105
山本哲三······129, 146
横田利久······103, 105, 222
吉田信正······198

【ラ行】

龍慶昭 ··84, 102, 106
レビン，クルト（Lewin, Kurt Zadek）··········66

著者紹介

新藤豊久（しんどう　とよひさ）

1955年　愛媛県に生まれる。1978年立命館大学文学部卒業。1978年学校法人女子美術大学入職。女子美術大学図書館司書、入試・就職・広報課長、教学事務部副部長、教育研究事業部長、財務部長、法人本部長、評議員等を経て、2015年学校法人実践女子学園入職。実践女子大学学務部担当部長・研究推進室長。前大学行政管理学会長
現在：実践女子学園理事、教学事務局長・兼学長室部長

主要著書：『美大の就業力育成―伝える・つながる・活用する』（共著、日本エディタースクール出版部、2012）、『美術の素材と環境教育―女子美術大学のプロジェクト実践事例より』（共著、日本エディタースクール出版部、2011）、『障害理解とアートによる社会参画』（共著、日本エディタースクール出版部、2011）

大学経営とマネジメント　　　　　　　　　　＊定価はカバーに表示してあります

2016年9月10日　初版第1刷発行　　　　　　　　　　〔検印省略〕

著　者 ©新藤豊久／発行者　下田勝司　　　　印刷・製本　中央精版印刷

東京都文京区向丘 1-20-6　郵便振替 00110-6-37828　　　　発 行 所
〒 113-0023　TEL 03-3818-5521（代）FAX 03-3818-5514　　株式会社 東信堂

Published by TOSHINDO PUBLISHING CO., LTD.
1-20-6, Mukougaoka, Bunkyo-ku, Tokyo, 113-0023, Japan
E-Mail: tk203444@fsinet.or.jp　http://www.toshindo-pub.com/

ISBN978-4-7989-1378-0　　C3037　　©Shindo Toyohisa

東信堂

転換期を読み解く——潮木守一時評・書評集	潮木守一	二六〇〇円
大学再生への具体像——大学とは何か【第二版】	潮木守一	二六〇〇円
フンボルト理念の終焉？——現代大学の新次元	潮木守一	二五〇〇円
いくさの響きを聞きながら——横須賀そしてベルリン	潮木守一	二六〇〇円
「大学の死」、そして復活	潮木守一	二八〇〇円
大学教育の思想——学士課程教育のデザイン	絹川正吉	二八〇〇円
大学教育の在り方を問う	絹川正吉	二三〇〇円
北大 教養教育のすべて——エクセレンスの共有を目指して	山田宣夫	二四〇〇円
国立大学法人の形成	小笠原正明 安藤厚 細川敏幸 編著	二六〇〇円
国立大学・法人化の行方——自立と格差のはざまで	天野郁夫	三六〇〇円
大学は社会の希望か——大学改革の実態からその先を読む	天野郁夫	二六〇〇円
転換期日本の大学改革——アメリカと日本	江原武一	三六〇〇円
大学の管理運営改革——日本の行方と諸外国の動向	江原武一	三六〇〇円
大学経営とマネジメント	新藤豊久	二五〇〇円
大学戦略経営論——中長期計画の実質化によるマネジメント改革	篠田道夫	三四〇〇円
大学の財政と経営	丸山文裕	三三〇〇円
私立大学マネジメント	(社)私立大学連盟編	四七〇〇円
私立大学の経営と拡大・再編——一九八〇年代後半以降の動態	両角亜希子	四二〇〇円
大学の発想転換——体験的イノベーション論二五年	坂本和一	二五〇〇円
30年後を展望する中規模大学	市川太一	三二〇〇円
マネジメント・学習支援・連携		
大学のカリキュラムマネジメント	中留武昭	三二〇〇円
戦後日本産業界の大学教育要求——経済団体の教育言説と現代の教養論	飯吉弘子	五四〇〇円
アメリカ大学管理運営職の養成——アメリカ連邦政府による大学生経済支援政策	高野篤子	三三〇〇円
【新版】大学事務職員のための高等教育システム論——より良い大学経営専門職となるために	山本眞一	一六〇〇円
アメリカ連邦政府による大学生経済支援政策	犬塚典子	三八〇〇円

〒113-0023 東京都文京区向丘1-20-6 TEL 03-3818-5521 FAX03-3818-5514 振替 00110-6-37828
Email tk203444@fsinet.or.jp URL:http://www.toshindo-pub.com/

※定価：表示価格（本体）＋税

東信堂

大学の自己変革とオートノミー——点検から創造へ	寺﨑昌男	二五〇〇円
大学教育の創造——歴史・システム・カリキュラム	寺﨑昌男	二五〇〇円
大学教育の可能性——教養教育・評価・実践	寺﨑昌男	二五〇〇円
大学は歴史の思想で変わる——FD・評価・私学	寺﨑昌男	二八〇〇円
大学改革 その先を読む	寺﨑昌男	二三〇〇円
大学自らの総合力——理念とFD そしてSD	寺﨑昌男	二〇〇〇円
大学自らの総合力II——大学再生への構想力	寺﨑昌男	二四〇〇円
アウトカムに基づく大学教育の質保証——チューニングとアセスメントにみる世界の動向	深堀聰子編	三六〇〇円
高等教育質保証の国際比較	羽田貴史・米澤彰純・杉本和弘編	三二〇〇円
学士課程教育の質保証へむけて——学生調査と初年次教育からみえてきたもの	山田礼子	三二〇〇円
主体的学び 創刊号	主体的学び研究所編	一八〇〇円
主体的学び 2号	主体的学び研究所編	一六〇〇円
主体的学び 3号	主体的学び研究所編	一六〇〇円
主体的学び 4号	主体的学び研究所編	一六〇〇円
「主体的学び」につなげる評価と学習方法——カナダで実践される――CEモデル	S・ヤング&R・ウィルソン著 土持ゲーリー法一監訳	一〇〇〇円
ポートフォリオが日本の大学を変える——ティーチング・ラーニング/アカデミック・ポートフォリオの活用	土持ゲーリー法一	二五〇〇円
ティーチング・ポートフォリオ——授業改善の秘訣	土持ゲーリー法一	二〇〇〇円
ラーニング・ポートフォリオ——学習改善の秘訣	土持ゲーリー法一	二五〇〇円
アクティブラーニングと教授学習パラダイムの転換	溝上慎一	二四〇〇円
大学のアクティブラーニング	河合塾編著	三二〇〇円
「学び」の質を保証するアクティブラーニング——3年間の全国大学調査から	河合塾編著	二〇〇〇円
「深い学び」につながるアクティブラーニング——全国大学の学科調査報告とカリキュラム設計の課題	河合塾編著	二八〇〇円
アクティブラーニングでなぜ学生が成長するのか——経済系・工学系の全国大学調査からみえてきたこと	河合塾編著	二八〇〇円
初年次教育でなぜ学生が成長するのか——全国大学調査からみえてきたこと	河合塾編著	二八〇〇円

〒113-0023 東京都文京区向丘1-20-6　TEL 03-3818-5521　FAX 03-3818-5514　振替 00110-6-37828
Email tk203444@fsinet.or.jp　URL:http://www.toshindo-pub.com/
※定価：表示価格（本体）＋税

東信堂

アメリカ公立学校の社会史 ——コモンスクールからNCLB法まで	W・J・リース著 小川佳万・浅沼茂監訳	四六〇〇円
アメリカ 間違いがまかり通っている時代 ——公立学校の企業型改革への批判と解決法	D・ラヴィッチ著 末藤美津子訳	三八〇〇円
教育による社会的正義の実現——アメリカの挑戦 (1945-1980)	D・ラヴィッチ著 末藤美津子訳	五六〇〇円
学校改革抗争の100年——20世紀アメリカ教育史	D・ラヴィッチ著 末藤美津子・宮本健市郎・佐藤隆之訳	六四〇〇円
アメリカ学校財政制度の公正化	竺沙知章	三四〇〇円
現代アメリカの教育アセスメント行政の展開 ——マサチューセッツ州(MCASテスト)を中心に	北野秋男編	四八〇〇円
アメリカ公民教育におけるサービス・ラーニング	唐木清志	四六〇〇円
[増補版]現代アメリカにおける学力形成論の展開 ——スタンダードに基づくカリキュラムの設計	石井英真	四六〇〇円
ハーバード・プロジェクト・ゼロの芸術認知理論とその実践 ——内なる知性とクリエイティビティを育むハワード・ガードナーの教育戦略	池内慈朗	六五〇〇円
アメリカにおける学校認証評価の現代的展開	浜田博文編著	二八〇〇円
アメリカにおける多文化的歴史カリキュラム	桐谷正信	三六〇〇円
EUにおける中国系移民の教育エスノグラフィ	山本須美子	四五〇〇円
現代ドイツ政治・社会学習論 ——「事実教授」の展開過程の分析	大友秀明	五二〇〇円
現代教育制度改革への提言 上・下	日本教育制度学会編	各二八〇〇円
日本の教育をどうデザインするか	村田翼夫・上田学編著	二八〇〇円
現代日本の教育課題——二一世紀の方向性を探る	上田学編著	二八〇〇円
バイリンガルテキスト現代日本の教育	岩槻知也他編著	三六〇〇円
人格形成概念の誕生——近代アメリカの教育概念史	田中智志	三六〇〇円
社会性概念の構築——アメリカ進歩主義教育の概念史	田中智志	三八〇〇円
グローバルな学びへ——協同と刷新の教育	田中智志編著	二〇〇〇円
学びを支える活動へ——存在論の深みから	田中智志	二〇〇〇円
教育の共生体へ——ボディ・エデュケーショナルの思想圏	田中智志編	三五〇〇円
社会形成力育成カリキュラムの研究	西村公孝	六五〇〇円
社会科は「不確実性」で活性化する ——未来を開くコミュニケーション型授業の提案	吉永潤	二四〇〇円

〒113-0023 東京都文京区向丘1-20-6
TEL 03-3818-5521 FAX 03-3818-5514 振替 00110-6-37828
Email tk203444@fsinet.or.jp URL:http://www.toshindo-pub.com/

※定価：表示価格(本体)＋税